U0960256

GONGCHENG JIANSHE SHANGWU GUANLI BAIWEN BAIDA

# 工程建设商务管理百问百答

中交第一航务工程局有限公司　编

天津大学出版社
TIANJIN UNIVERSITY PRESS

**图书在版编目（CIP）数据**

工程建设商务管理百问百答 / 中交第一航务工程局有限公司编. -- 天津 : 天津大学出版社, 2025. 5.
ISBN 978-7-5618-8019-7

Ⅰ. F284-44

中国国家版本馆CIP数据核字第20254917CG号

出版发行　天津大学出版社
地　　址　天津市卫津路92号天津大学内（邮编：300072）
电　　话　发行部：022-27403647
网　　址　www.tjupress.com.cn
印　　刷　廊坊市瑞德印刷有限公司
经　　销　全国各地新华书店
开　　本　710mm × 1010mm　1/16
印　　张　14.25
字　　数　331千
版　　次　2025年5月第1版
印　　次　2025年5月第1次
定　　价　68.00元

# 序 PREFACE

在经济转型与行业变革的关键时期，传统基建行业正面临内卷式竞争、管理标准严苛化、施工要求绿色化等多重挑战，项目成本不断攀升与利润空间持续压缩的矛盾日益突出。在此背景下，卓越的商务管理能力已成为施工企业突破发展瓶颈的关键所在，而《工程建设商务管理百问百答》的出版，正是中交一航局积极应对时代挑战、深入践行“158”总体工作部署、强化商务管理体系、彰显商务管理核心作用的重要实践。

《工程建设商务管理百问百答》一书聚焦项目管理中的现实问题，紧密结合项目实际运作场景。书中重点分析了项目成本管理中的痛点，并提出了具有针对性的解决方案，全面贯彻大商务管理理念，致力于提升项目商务管理人员的专业素养与综合能力，进而增强项目盈利能力，为企业发展注入新动力。书中所凝结的商务管理经验，是中交一航局多年实战经验的系统性总结。希望本书能成为商务管理人员提升专业能力的实用工具书，推动“策划 – 执行 – 复盘”管理闭环在项目中的有效落地，为企业在激烈的市场竞争中实现盈利突围，并为商务管理体系升级提供有力支撑。

本书的出版，旨在为项目管理提供可借鉴的解决方案，推动优秀经验在企业内部广泛应用。希望本书能共同推动工程建设商务管理水平迈上新台阶，助力企业在激烈的市场竞争中稳步前行、再创佳绩！

中交一航局

2025 年 5 月

# 前　言 FOREWORD

随着我国经济转型和发展进入新赛道，传统基建行业竞争愈发激烈。项目多以低价中标，现场管理日益规范化、标准化，绿色施工也已成为常态。然而，这导致项目管理成本越来越高，项目利润越来越低。工程建设商务管理是施工企业健康发展的关键环节，做好商务管理是实现项目盈利的重要手段。因此，如何做好工程建设商务管理，是施工企业必须探讨和学习的重要课题。

本书以“项目是成本中心”为核心理念，围绕“项目难题如何解”的实践目标，立足实际项目场景，系统提出成本管理问题的解决方案，努力践行大商务管理理念，重点提升项目商务管理人员专业素养，推动项目盈利水平持续增长。

本书主要内容分为五部分。第一部分主要介绍项目前期策划、标前成本测算及标后预算中的常见问题、应对措施及管理经验，并结合三个商务策划典型案例进行分析，指导实践操作；第二部分主要介绍项目日常经济活动分析、预收预本（预收账款 + 预计成本）核算中的常见问题、应对措施及管理经验，并结合四个经济活动分析典型案例进行分析，指导实践操作；第三部分主要介绍项目对上计量、二次经营、变更索赔、材料调差、设计优化、应对审计风险等常见问题、应对措施及商务创效经验；第四部分主要介绍项目 0# 清单管理、分包方面的管理、物资管理、船机设备管理等常见问题、应对措施及成本管控经验；第五部分结合一些典型问题分享商务管理经验。

本书以打造项目商务管理团队为目标，立足市场发展与项目管理实践需求，系统整合一航局多年积累的商务管理经验，形成具有可操作性价值的指导方案。希望本书的出版能为项目管理中的问题破解和经验传承提供参考和借鉴。

由于编者水平有限，书中难免存在错漏之处，敬请广大读者指正。

本书编写组

2024 年 10 月

# 目 录 CONTENTS

## 第一部分 商务策划与成本预算



## 第二部分 经济活动分析

## 第三部分　收入管理

## 第四部分　成本管控

## 第五部分　商务管理经验分享

## 附录

# 第一部分

# 商务策划与成本预算

聚焦项目启动阶段的策划工作，剖析标前成本测算及标后预算管理中普遍存在的难题，并提出应对策略，提炼出管理精髓。同时，整合公路、房建、市政三大领域的商务策划经典案例，通过深入分析，为实践操作提供明确的指导。

## 1. 采用模拟清单投标的EPC（工程总承包）项目，在无法准确测算工程量时，该如何准确测算项目的建安成本？如何编制项目前期的成本策划？

>> 问题详述　EPC项目作为房地产模拟清单投标项目，在项目投标时往往由于缺少设计图纸，难以准确测算项目工程量。因此，该如何准确测算项目的建安成本与间接费用呢？这种情况下，该如何编制更具指导性的项目前期成本策划？

第一，可借助历史数据和类似项目经验，参考以往已完成的类似项目的成本数据，包括建安成本和间接费用，作为估算的基础。同时，应结合当前项目的特点，例如地理位置、规模、技术要求等，对类似项目的成本数据进行合理调整。

第二，采用估算方法。应利用预估成本模型，结合项目的基本信息（如建筑面积、层数、结构类型等）进行成本估算。通过指标测算法分析每平方米造价的合理性，若发现关键指标（如每平方米钢筋、模板、混凝土含量等）偏离正常水平，应适当调整建安成本，必要时可向设计院寻求协助。

第三，开展市场调研和询价。需了解当前市场上主要建筑材料的价格走势，尤其是大宗材料（如钢材、水泥等）的价格波动情况；同时应向劳务公司、设备租赁公司询价，掌握劳务费用和设备租赁费用的市场水平。

第四，充分考虑风险因素。应对项目可能面临的风险进行全面评估，例如设计变更、材料价格上涨等，并预留相应的风险备用金。在成本估算过程中，应留有一定的弹性空间，以应对不可预见情况的发生和成本超支的风险。

## 2. 公司各项目之间成本数据尚未实现完全共享，应如何建立成本管理数据库？

>> 问题详述　目前，公司各单位、各项目之间的成本数据尚未实现完全共享，导致前期成本测算与实际成本之间存在偏差，成本测算的准确度有待很高。如何建立成本管理数据库？

第一，制定公司业务数据标准。如分包编码、项目名称、单位、组织模式、分包内容及甲方提供的材料等，还有主要材料、周转材料、设备编码、项目名称、单位等。目前，公司已建立了公路专业成本数据业务标准，并搭建了相应的成本数据库，其他专业也要尽快建立。

第二，建立成本数据库入库标准。为确保成本数据库中数据的真实性和有效性，需要建立成本数据库入库标准，如数据库来源可分为标后预算、成本分析、成本复盘等。目前，公司已建立了成本复盘入库标准。

第三，提升数据库的应用水平。

第四，实现智能成本数据分析。

### 3. 如何提高前期成本策划的合理性?

先掌握方法，再开展工作。应按照公司相关办法、思路和提供的样本开展前期策划和成本策划工作，尽可能保证标前策划与标后策划人员的一致性和连续性。

组织具备丰富专业知识和实践经验的技术、经济、财务等相关人员，与项目主要管理人员共同组建策划团队，明确分工，协同推进项目成本策划工作。

在进行成本策划时，应充分考虑项目可能面临的各类风险和不确定性因素，如政策调整、市场波动、技术难点等。通过制定具体有效的风险应对措施，降低项目成本的不确定性。

### 4. 商务策划中，对项目漏项、虚量、盈亏项应采取何种措施来实现增盈减亏?

>> 问题详述　部分项目的商务策划流于形式，策划内容在广度和深度上存在不足，造成效益流失。在商务策划时，对项目漏项、虚量、盈亏项，应采取何种措施来增盈减亏?

第一，分析总包合同及交底资料，包括招投标文件、项目投标策略（含不平衡报价）、报价水平、合同主要条款（特别是存在风险的条款）、潜在变更索赔点以及标前成本测算等内容，其中应重点分析针对项目漏项、虚量、盈亏项的应对措施。

第二，要结合漏项、虚量、盈亏项的项目特征以及项目实施环境等因素，深入分析成本控制的重点、难点和风险点，进而制定有效的成本管控措施和策划效益最优的实施方案。

第三，对于漏项，应及时按照合同要求进行组价，上报业务联系单，由监理、设计和业主方确认是否实施该漏项，并明确清单工程量和价格；对于亏损项，应提前策划设计变更，通过变更重组0#清单，上报施工预算，实现扭亏为盈；对于盈利项，应研究如何合理增加现场施工工程量，进一步提升其价值和收益（需与合同条款相匹配）；对于虚量，应策划完善相关过程资料，同时加强计量管理，争取实现全额计量回收。

第四，强调刚性执行原则。项目部必须严格执行已批复的商务策划文件，不得擅自更改相关内容。应加强与业主、设计等单位的沟通协调，确保策划方案顺利实施。

## 5. 如何做好大小临（临时设施）策划，有效管控成本支出？

>> 问题详述　部分项目大小临建设超标，导致成本超支，甚至因大小临布置不合理，还引发了其他成本增加。如何做好大小临策划，管控成本支出？

第一，认真编制大小临策划方案，必要时可邀请公司内外专家指导，确保大小临“布置合理、标准适当”。策划时应关注以下方面：大小临要通过自建、租赁、建租结合等方式的经济对比分析后，确定实施模式；大小临的选址要进行经济对比分析（综合考虑征拆、恢复、运距等因素）；严格控制大小临的建设规模；严格控制大小临的建设标准；大临设备配置应按照项目进度计划的需求进行，充分提升设备利用率；设备配置要从全公司的角度出发，对购、租、调三种方式的经济进行对比分析；有迎检要求的，要单独设置迎检点；在保障安全的前提下，通过科学管理和技术创新，实现装修高标准与成本优化的双重目标。

第二，大小临实施前，要做到“三全”，即“施工设计图纸全、施工方案全、工程量清单准确齐全”。

第三，大小临实施前，应编制大小临成本预算（工程量清单要实现量和价格的有效控制），且要与标后预算进行对比，实施过程中要根据成本预算严格控制建设费用。

第四，大小临专项策划方案、施工设计图、成本预算必须经过上级主管部门的审批。

## 6. 应从项目商务创效策划的哪些方面切入？

第一，商务创效策划应以增加收入和降低成本为主要目标，“盈利”是商务创效策划的根本目的。要通过商务盈亏数据引导技术人员进行合理的设计优化、方案优化、图纸优化等。项目初期，商务人员根据成本数据资料以及市场询价、技术方案等进行成本测算，并出具盈亏分析表，根据盈亏分析表列出所有可能的创效点。项目经理要组织商务和技术等各部门联动，并通过头脑风暴等形式，召开创效策划会。

第二，项目商务创效策划应以项目盈亏分析为切入点，围绕投标报价、合同优化、施工方案、深化设计、图纸会审、设计变更、重新组价、认质认价、报量节点、费用补偿、分包分供降本、结算策划及税务筹划等项工作展开整个项目的创效点策划。同时，还要围绕创效策划点分门别类进行列项，并尽可能列出所有创效点；项目策划小组要研究可实施性较强的点，进行相应责任分工，并制定考核机制，提高大家参与创效策划的积极性。

## 7. 提高标前成本测算准确度的措施有哪些？

>> 问题详述 标前成本测算是投标的重要决策依据，也是对项目全生命周期进行成本管控的重要环节。请列举、说明提高标前成本测算准确度的措施。

第一，成立标前测算组织机构，明确职责分工及工作流程。

第二，认真研读招标文件、图纸、答疑文件等资料的每一个细节，包括项目范围、技术要求、质量标准、交付期限、节点工期及资金来源等，以确保全面准确地理解项目需求。

第三，组织项目前期调查工作，包括现场勘察、环境考察、当地材料价格调研以及对施工地相关政策（如环保要求、税务政策）的了解。

第四，依据图纸复核项目全部细项及其对应的工程量，细项需注明结构部位和具体参数。根据图纸核算出的细项和工程量，与招标工程量清单进行比对，梳理缺项、漏项和错项，并据此制定相应的报价策略。

第五，根据项目具体情况，编制实际实施的施工组织设计和专项施工方案（包括施工工艺、资源配置计划、进度计划等），用于标前成本测算。

第六，准确确定分包、物资、设备等要素的价格。

第七，评估可能的设计优化和潜在风险，分析其对项目成本的具体影响。

**8. 请举例说明，应如何操作公路项目中前期的商务策划?**

以广西某高速公路为例，进行项目商务策划，详见附录 1 “广西某高速公路项目商务策划”。

**9. 请举例说明，应如何操作房建项目中前期的商务策划?**

以广西某房建项目为例，进行项目商务策划，详见附录 2 “广西某房建项目商务策划”。

**10. 请举例说明，应如何操作市政项目中前期的商务策划?**

以厦门某市政项目为例，进行项目商务策划，详见附录 3 “厦门某市政项目墩台预制工程商务策划”。

# 第二部分

# 经济活动分析

对项目日常经济运行活动进行分析，并针对预收预付核算中的常见问题，提出有效的应对措施与管理建议。通过铁路、轨道、水工、公路经济活动分析的四个优秀实例，为实践操作提供宝贵的借鉴与指导。

## 11. 在物资料耗分析中，如何确保形象进度使用量与实际使用量保持一致，以提升核算准确度？

>> 问题详述　在钢筋损耗分析中，工程部门提供当期实际完成工程量，物资部门提供的钢筋当期消耗数是按照入库量减去半成品和剩余原材料计算的，这种计算方式可能导致施工现场临时堆放和正在使用的钢筋也被算入当期消耗中，影响损耗率核算的准确性。如何提高钢筋月度核算的准确性？

第一，加强分包策划及甲供钢筋的预算管理。要合理划分钢筋加工和安装分包单位（班组）的施工范围及内容，并在合同中明确约定钢筋的损耗系数、超额领用部分的核算及扣款方法，还要区分钢筋加工和钢筋安装分包单位（班组）的钢筋领用程序、超耗核算方法。

第二，强化钢筋的进料、领料及库存盘点管理。工程部门应根据进度计划提报物资进货计划，物资部门按计划限额进料，在限额领料环节要加强领料记录管理，应采取合理的方法区分原材料、半成品并进行库存物资盘点。

第三，加强关联部门间的沟通协作。项目部商务经理应协调制订统一周期的分包结算工作计划，明确统一的甲供物资消耗核算的时间周期以及相关部门核算单提报的时间节点。

第四，加强数据审核和复核，确保从形象进度统计、材料应耗计算到领用消耗记录的每一个环节，都有明确的数据记录方式、计算统计复核责任人，尽量减少数据传递过程中的误差和遗漏。

第五，每月均采用开累数据进行甲供钢筋消耗分析核算，避免过程计算、领用、库存盘点的误差不断放大。

## 12. 在月度经济活动分析中，房建项目如何解决钢筋等主要材料盘点误差较大、实际使用量计算不精准问题？

>> 问题详述　房建项目建筑单体多、分包队伍多，半成品钢筋零散地分布在各个工作面上，导致钢筋等主要材料半成品盘点误差较大，实际使用量计算不精准。如何解决经济活动分析中，主要材料损耗测算不准确的问题？

第一，明确分析周期和核算时点，确保物资应耗量计算、物资领用核算和物资盘点对应的工程形象和时间节点基本一致。

第二，建立严格的材料管理制度。明确各分包单位的材料管理责任，确保每个分包单位都有专人负责钢筋等主要材料的领取、使用和回收。

第三，加强现场管理，规范堆放与标识。对半成品钢筋进行规范堆放，按照规格、型号、批次等进行分类，并设置明显的标识牌。

第四，完善数据记录与分析。明确项目物资管理人员的职责分工，确定分包单位领料及管理人，对钢筋等主要材料的采购、入库、出库、领用、使用及损耗等全链条进行详细记录。

第五，加强部门间沟通协调。工程部、成本部与物资部等相关部门要加强沟通协调，确保在盘点、使用（明确使用部位名称）、损耗等方面的数据统计口径一致。

第六，制定统一的盘点流程和标准，明确盘点时间、人员分工、盘点工具及方法。

## 13. 结合商务新算法，如何对上材料调差、变更索赔收入进行核算？

>> 问题详述　部分项目盈亏数据核算不及时、不准确，导致项目的盈亏情况不明，等到发现问题时，项目可能已经亏损严重，来不及采取措施。结合 2024 年公司发布的建筑工程项目盈亏数据新算法，简述如何对上材料调差、变更索赔收入进行核算？

第一，按正常收入核算承包合同约定的材料调差。

第二，对于当期已经完成，但因签字手续等原因当期未能上报甲方收入，但后期计量无任何问题的变更索赔，应按正常收入计算。对于当期已经完成，但后期计量不一定实现的变更索赔（如尚未签认的索赔），本期不计算收入，与此对应的直接费成本（分包、材料、船机）应计入其他成本项。

第三，坚持收入从紧的原则。应根据合同对签证、索赔、变更的约定，按风险等级考虑，如合同明确约定该部分费用不予计量，该收入则按 0 考虑，如合同约定该部分收入予以签认，该收入则按报送金额的合理百分比计入。

## 14. 结合商务新算法，如何对分包工程成本进行核算?

>> 问题详述 结合2024年公司发布的建筑工程项目盈亏数据新算法，如何核算分包工程成本?

第一，在正常情况下，即先签合同后进场施工。按照月度形象进度收入工程量乘以分包合同单价计入成本（默认无量差），无须考虑每家分包队伍实际完成多少，不用等分包结算办理完成，也不用考虑分包扣款（本项按财务核算方法不能计入成本）。

第二，在特殊情况下，即未签合同先施工。暂按收入工程量乘以标后预算分包单价（无标后预算，按分包指导价）计入成本（默认无量差），分包合同签订后据实调整。有分包量差的，量差成本（量差乘以分包单价）计入其他成本。对于同一清单项存在不同分包单价的，应分别计算。分包单位质量安全等问题产生的罚款，应计入其他成本（负成本）。

## 15. 结合商务新算法，如何进行主要材料成本及消耗核算?

>> 问题详述 结合2024年公司发布的建筑工程项目盈亏数据新算法，简述主要材料成本及消耗如何进行核算?

第一，正常情况的材料价格，应采用当期价格（核算当期）或截至核算当期的加权平均价格（开累核算）。材料数量按照收入计算的材料理论消耗量乘以分包合同中规定的消耗系数计算。无须考虑每个分包单位领用多少，不用等月底进行物资盘点，也不用考虑分包超耗扣款（只要能扣回，分包超耗并不影响成本，但需提醒分包单位注意，以免超耗过大无法扣回）。物资部门可根据以上材料的使用数量和实际采购价格，办理当期入账手续。物资盘点随后进行，重点是核算分包单位超耗情况，如有超耗，要提供给商务部门在当期结算时扣回。混凝土原材料消耗量还需根据实际配合比计算，同一标号有多个配合比时，采用当期配合比（当期核算）或截至核算当期的加权平均配合比（开累核算）。配合比和标后计算的差额，在材料核算分析时界定为配合比因素、非管理因素影响。配合比用量和实际用量的差额，在材料核算分析时界定为管理因素影响。

第二，在特殊情况下，未签合同先使用的材料费的价格暂按标后预算单价或市场单价考虑，合同签订后据实调整。项目部代分包单位购买的材料（原则上不提倡)，不计入成本（因为可以扣回)。项目部自用的材料要计入相应成本清单项下。无法区分的应计入其他成本。分包单位超耗过大、无法扣回的材料费也应计入其他成本（原则上应扣尽扣，无法扣回的部分应计入其他成本)。

## 16. 如何提升项目月度经济活动分析会质量？

>> 问题详述 个别项目月度经济活动分析会流于形式，未深入剖析管理问题，会议效果不显著。如何提升项目月度经济活动分析会质量，进而提高项目管理能力及经济收益？

第一，建章立制。要明确经济活动分析会的分工，确定由谁负责，什么时间开展，如何具体操作，落实领导责任、主体责任等，明确部门分工及岗位职责，建立部门协同工作机制。

第二，明确原则，设立统一的经济活动分析基础模板。要以“及时、全面、准确、匹配”为原则，并借助公司经济活动分析报告模板、预收预付报表等，结合项目实际，建立项目经济活动分析基础表格，对全要素进行阶段性统计和动态分析。根据岗位职责分解工作任务，由组织者发布任务，明确基础资料收集、整理、上报要求及时间节点。

第三，强化全员参与度，并结合成本要素，重点把控岗位职责与工作质效的转化落实。针对人、材、机、管、税等成本要素，在做好收入端与支出端数据统计的基础上，要求各分管部门进行相应的分析，发现问题、分析问题、解决问题，而不是只提供数据。

第四，强化分析结果的应用，及时纠偏。经济活动分析的最终目的不仅是找出盈亏情况，更重要的是降本增效，防亏止亏治亏。要切实做好盈亏点分析，做好创效策划等，要对问题提出建设性解决办法，制定整改或增效措施。例如，发现某分部工程钢筋消耗量系数明显偏大，要及时找出问题所在，是下料问题、绑扎问题还是存在材料丢失等情况，应针对问题制定措施及时解决以减少损失，并在下一阶段对问题整改情况进行反馈。

第五，建立奖惩制度。为保障部门协同机制良性运转，要结合承担工作完成质量，采取相应的奖惩措施。例如，对数据资料上报及时性、准确性，对分管成本分析结果、采取措施及控制纠偏等开展情况进行奖惩等。

第六，要对工作进行总结与计划。经济活动分析要对之前组织开展的工作进行总结反馈，说明完成情况等，发现亮点，总结经验教训；要对后续拟开展的工作进行部署安排，提前谋划。

### 17. EPC 项目如何核算预收预本利润率？

>> 问题详述　EPC 项目，合同约定以被批复的施工图预算单价作为结算价，因施工图预算批复较晚，在收入不确定的情况下，如何合理进行预收预本核算？

第一，预计总收入，分两种情况。对于有施工图的项目，可以编制一版经内部评审且总体保守的施工图预算，将其下浮后作为预计收入。对于无施工图的项目，可利用被批复的概算额，并参考项目业主实施的类似项目预算审计降低幅度，或批复预算较概算的降低幅度，来估算 EPC 项目的预计收入。

第二，预计总成本，同样分两种情况。已出施工图部分，可以结合分包指导价、设备租赁指导价、材料信息网刊价格及以往项目的施工组织和施工技术方案进行测算。未出施工图部分，可结合初步规划方案、初步设计方案先确定主要结构形式及主体工程数量，再参考以往施工项目成本指标及材料价格变化幅度来估算预计总成本。

第三，预计利润应基于以上预收预本测算数据，并结合同地区、同类已完工项目利润情况进行适当修正。

### 18. 在项目成本核算中，对多个分项共用的周转材料如何进行摊销？

第一，识别与分类。首先，需要对共用周转材料进行明确的识别和分类，区分不同类型，并按照相应的摊销方法和期限进行摊销。

第二，选择摊销方法。根据周转材料的性质和使用情况，选择合适的摊销方法。常用的摊销方法有一次摊销法、分期摊销法、分次摊销法等。对于使用次数较多、周期较长的周转材料，如脚手架、模板等，可以采用分期或分次摊销法；而对于使用次数较少或不经常使用的材料，如特定模板、挡板等，可以采用一次摊销法。

第三，摊销核算。按照摊销计划定期进行核算，计算每期周转材料的摊销额，并将其计入相关成本费用科目。要确保核算过程的准确性和完整性，保持相关账务的清晰、合规。

### 19. 请举例说明，应如何编制铁路项目的经济活动分析报告？

以青海某铁路项目为例，阐述项目季度经济活动分析报告的编制方法，具体报告内容详见附录 4“青海某铁路项目经济活动分析报告”。

### 20. 请举例说明，应如何编制轨道交通项目的经济活动分析报告？

以中山某轨道交通项目为例，说明项目经济活动分析报告的编制过程，详见附录 5“中山某轨道交通项目经济活动分析报告”。

### 21. 请举例说明，应如何编制水工项目的经济活动分析报告？

以大连某水工项目为例，编制项目经济活动分析报告，详见附录 6“大连某水工项目经济活动分析报告”。

### 22. 请举例说明，应如何编制公路项目的经济活动分析报告？

以玉林某公路项目为例，编制项目经济活动分析报告，详见附录 7“玉林某公路项目经济活动分析报告”。

# 第三部分

# 收入管理

深入分析项目对上计量、二次经营、变更索赔、材料价格差异调整、设计方案优化及审计风险控制等收入管理关键环节的常见问题，并提供详尽的应对措施，分享商务创效的宝贵经验，从而助力项目实现收益最大化。

## 23. 建设单位以口头形式要求项目部进行赶工，项目部如何降低损失、维护自身权益？

>> 问题详述　建设单位没有下达书面赶工指令，仅以口头形式要求项目部赶工，项目部应该如何降低损失、维护自身权益？

第一，项目部收到建设单位口头形式赶工要求后，应尽快编制并上报赶工措施方案，待获得建设单位批复后方可正式实施。同时，项目部应仔细研究承包合同中关于合同工期、工期延误、赶工费用等条款，依据国家相关法律、法规、计价文件及承包合同约定，以正式函件的形式向监理单位和建设单位提出赶工费用申请，详细说明赶工原因、增加的费用及计算方法等内容。

第二，项目部在赶工过程中应注重留存施工记录文件、影像资料、施工日志等，作为赶工费用索赔的依据。要按照合同中规定的索赔程序，在规定时间内分阶段、及时报送索赔意向通知书、索赔报告等资料，做好收发存记录，并安排专人负责跟踪监理和建设单位的批复情况。

第三，项目部在赶工过程中应加强对施工方案、施工组织的优化与调整，强化施工成本的控制和管理，避免出现不必要的浪费和损失。

第四，赶工事项完成后，如果建设单位不承认之前的口头承诺，项目部可咨询专业律师或法律顾问，了解自身权益的法律保障和维权途径。必要时，可以运用法律的手段维护自身利益。

## 24. 市政管网类项目，如何策划二次经营，实现降本增效？

>> 问题详述　市政管网类项目在策划阶段，如何开展二次经营，实现降本增效？

第一，组织保障。成立二次经营工作小组，明确小组成员分工和岗位职责，并制定相应的奖惩办法。

第二，优化设计方案。借助两级总部及外部专家的力量，在确保项目功能和质量的前提下，通过优化管网布局、管材材质型号、基坑开挖断面、基坑支护形式等设计方案，提高工程价值、增加项目效益。

第三，优化施工管理。制定周密科学的施工计划，合理组织施工，确保施工均衡有序进行。同时，优化施工现场管理，提高施工效率和质量，减少资源浪费和损失。

第四，技术创新与应用。引入先进的施工工艺和设备，提高施工自动化和智能化水平。运用BIM（建筑信息模型）技术，提高设计精度和效率，减少不必要的设计变更和返工。此外，要鼓励技术创新和研发，不断加强与高校、科研机构的合作，引进新技术、新工艺和新材料，提升项目的技术含量和附加值。

## 25. EPC项目设计及预算审核周期长，在收入不确定的情况下，如何控制成本，实现目标利润率？

>> 问题详述　EPC项目的设计周期和施工图预算审核周期较长，甚至可能出现工程基本完工，施工图预算审核还未完成的现象。在收入不确定的情况下，如何管理对上收入、对下成本，实现目标利润率？

第一，对上收入管理。

一是要充分发挥EPC项目设计采购施工总承包的优势，从控制成本的角度完善、优化设计，如保证设计质量、避免漏项，增加利润率高的项目，将施工措施费纳入图纸，充分利用现有设备和周转材料等。二是要积极对接第三方咨询机构，了解财审的原则和核减方向，有针对性地提升施工图预算编制质量，做准、做细预算定额子目，避免审减风险。三是在项目预算审核阶段，与咨询单位、财审单位积极沟通，避免不合理的审减情况。

第二，对下成本管理。

EPC项目成本管控可参照现汇项目，对下合同可综合考虑局指导价、市场询价、标后预算价等多方因素后确定分包单价，尽量避免因对上收入未定、未签合同就先进场施工的情况发生。合同签订后，对下结算工程量应据实计算。

## 26. 项目实施过程中如何全面识别项目变更项以增收节支？从哪些方面寻找二次经营突破口？

>> 问题详述　项目实施过程中如何通过多方位、多部门协作识别项目潜在变更项，提高合同收入，增加项目利润？该从哪些方面快速切入二次经营？

第一，加强合同管理。开展主合同交底工作，确保各部门主要人员了解合同主要内容，为项目变更梳理做好准备。深入研究合同条款，挖掘增加合同收入的机会。

第二，关注外部因素。密切关注政策、法规、市场等外部环境的变化，及时调整二次经营策略和计划。与业主、监理等利益相关方保持密切沟通，及时获取相关信息。加强与其他类似项目的交流学习，了解其他项目变更项的动机、起因等，拓宽变更思路。

第三，优化设计方案和施工方案。借助内外部专家力量，通过技术创新和施工双优化，降低施工成本，提高项目利润。关注新材料、新技术和新工艺的应用，提高施工效率和质量。

## 27. 如何避免对业主的材料负调差或尽可能少调差?

>> 问题详述 某项目投标时间为2022年5月，合同约定钢筋、商混为可调差材料，以投标时对应的2022年5月材料信息价为基价，施工期间各月份材料信息价变动超过基价的5%时调差。实际施工时，2022年5月至今，钢筋、商混材料市场价和信息价都出现大浮下跌，跌幅超过20%，按合同约定，材料费用调整将出现较大负调差。作为施工单位，在此种情况下，如何尽可能减少调差?

一是认真研究承包合同条款，查找是否有减少调差的相关条约，比如因业主原因造成的调差增加等情况。如果合同中存在类似条款，且施工过程中也存在相关事实，可以申请减少调差费用。

二是施工过程中，适当选择在信息价较高期进行集中计量，从而尽量减少调差费用。

## 28. 如何提高变更索赔工作质量和工作成果?

>> 问题详述 某项目的工作人员变更索赔意识薄弱，策划不具体且深度不够，在某隧道施工中后期提出注浆变更，虽经业主多次讨论后同意，但业主要求据实收方计量，因实际剩余工程量已经不多，项目错过了通过变更降本增效的最佳时机。项目部应如何提高变更索赔工作质量和工作成果?

第一，强化全过程变更索赔意识。一是在项目策划阶段，应仔细研读承包合同中关于变更、索赔的条款，立足合同约定，并结合业主的常规操作和策略灵活应对，制定变更索赔策划方案，挖掘变更索赔策划点。二是在项目实施过程中，要对潜在的变更索赔机会保持高度敏感性，避免错过变更索赔的最佳时机。

第二，加强施工中的证据管理，以审计及诉讼的思维留存相关资料，确保基础资料齐全、过程签认手续完整。

## 29. EPC 总价合同对上结算时，怎么解决设计优化部分可能无法结算的问题？

第一，重视 EPC 合同管理。确保合同条款中明确约定的甲乙双方权利和责任，尤其是针对设计变更和未实施项目等，要有明确的计量支付约定，充分考虑设计优化等可能导致工程量变化的问题，最大程度保护自身利益。

第二，加强设计管理。当出现因设计优化导致工程造价减少的情况时，应以实现多方共赢为出发点，通过策略性“预埋虚量”进行填补。“预埋虚量”部分要进行合理性、合规性和可操作性评估，尽量争取将其“做实做大”。

第三，以审计的眼光和视角归集过程基础资料，尤其对于“预埋虚量”部分要做实做全基础支撑资料。

第四，对于可让步的争议，可与业主、审计机构协商，争取达成一个合理的解决方案，如部分扣减费用、调整结算方式等。

第五，对于恶意审减的，不能轻易在审计报告上签字盖章，要第一时间与公司相关部门沟通研究，必要时可向甲方发函，明确表示不接受审计结果。

## 30. 有暂估价的项目，为了避免后期审计的审减风险，应采取哪些措施？

第一，明确暂估价范围及关键事项约定。在项目投标阶段，应通过分析、答疑等方式，明确暂估价费用所对应的工作范围和应用场景，确保双方对暂估价的理解一致，避免理解偏差。

第二，强化材料设备认质认价工作。工程施工前，需及时协同建设单位、监理单位等共同开展材料、设备的认质认价工作，确保暂估价部分的定价合理合规；在施工过程中，应妥善保存认质认价的书面记录与证据；对于大宗材料、设备，还需额外进行市场调研，以保障其价格的公正合理。

第三，完善施工记录与资料管理。详尽记录暂估价部分的施工过程，包括但不限于材料进场记录、施工日志、变更签证等。要妥善保管相关资料与证据，以备审计时查证。

第四，加强与建设单位及审计单位的沟通。在施工过程中，要与建设单位及审计单位保持紧密沟通，积极阐述暂估价设置的合理性与必要性，以及认质认价过程的合规性。针对审计单位提出的疑问与异议，应迅速响应并提供相应证据与资料。同时，主动了解审计单位的工作计划与进度，积极配合审计工作。

第五，提升迎审意识与应对能力。应增强迎审意识，深入了解审计要求与流程。审计前，主动整理相关资料与证据，为审计工作的顺利开展奠定基础。

## 31. 项目完工后，项目施工图预算超过调整后的设计概算，导致无法进行结算上报，应如何应对?

>> 问题详述　设计方案经过建设单位许可，政府同意，但超过原设计概算，经沟通后建设单位同意调整概算。项目完工后，施工图预算又超过了调整后的设计概算，导致无法进行结算上报，且建设单位不组织竣工验收。上述情况该如何应对?

第一，收集证据，提前预防。施工图预算修编时，及时与调整后的设计概算进行比对，如果部分或整体超过设计概算，应以书面形式向业主提出预警。

第二，分析原因，提出解决方案。分析施工图预算超过调整后的设计概算的具体原因，根据问题根源，向建设单位提出切实可行的解决方案，如减少工作内容、重新审核施工图预算、申请追加投资概算、优化施工方案等。

第三，积极与建设单位协商。

一是明确责任与义务。施工过程中加强与建设单位的沟通，明确双方在项目实施过程中的责任与义务，特别要明确关于设计概算调整、施工图预算控制以及竣工验收等方面的具体要求。

二是协商达成共识。通过协商，争取建设单位的理解和支持，共同确定解决方案，并明确后续工作的时间节点和责任分工。

## 32. 如何保证施工措施钢筋在计量结算中能够计入?

>> 问题详述　施工措施钢筋一般在施工图中不太明确，或者图纸中备注的

施工措施钢筋较少，如何保证施工措施钢筋在计量结算中能够顺利计入？

第一，研究合同模式和计价规范。清单组价时，措施钢筋已计入定额含量和综合单价中，此时应按专业工程的工程量清单计价规范进行计算。

第二，加强与设计单位的沟通。对于施工图纸中不明确或遗漏的措施钢筋，尤其是工程量较大的部分，应及时与设计单位进行沟通，争取在出图时，将其涵盖在设计图中。

第三，完善施工方案描述。详细描述布置方式及计算依据，并完成方案批复。同时，加强施工过程中的记录、签证及隐蔽工程验收工作，留存施工影像资料。

## 33. 如何与业主沟通计量有争议的工程量?

>> 问题详述　某项目循环水管道安装工程施工过程中，开展了浇筑混凝土基础及管道支墩的工作，且合同清单中有此部分数量及单价。但业主以概算定额中管道安装工程包含浇制混凝土管道基础、浇制管道支墩等内容为由，拒绝结算该项工程量，但预算定额中明确管道安装定额中不包括支墩、基础等内容。如何与业主沟通计量该部分工程量？

第一，准备相关证据材料。

①合同文件。包括合同正本、合同清单等，尤其要关注涉及混凝土基础及管道支墩部分的条款和单价。

②预算定额文件。应提供预算定额的具体章节和条款，明确说明管道安装定额中不包含支墩、基础等内容。

③施工记录与影像资料。应提供施工过程中的相关记录、照片或视频，以证明该部分工程量的实际完成情况。

第二，沟通策略与步骤。

①友好协商。应积极与业主进行沟通，说明概算定额与预算定额之间的差异，以及该部分工程量应单独计算并支付的理由。

②提供证据。在沟通过程中，适时展示准备好的证据材料，以增强说服力。

③明确诉求。明确提出自己的诉求，即要求业主按照合同清单中的约定，对该部分工程量进行结算并支付相应款项。

④寻求第三方协助。如果协商无果，可以考虑邀请监理单位、第三方专业机构介入，对工程量进行复核和确认。

⑤仲裁或法律途径。若业主仍坚持不予结算，且双方无法通过协商达成一致意见，可以考虑通过仲裁或其他法律途径解决。

## 34. 如何将0#清单更好地应用到对上对下计量支付、变更索赔工作中?

>> 问题详述 部分项目未能充分利用0#清单，做好对上、对下计量结算工作，也未根据变更索赔批复进度及时对0#清单进行更新，如何将0#清单更好地应用到对上及对下计量支付、变更索赔工作之中?

第一，对上计量方面。应结合现场实际施工形象进度，在0#清单中统计已完工程工程量，并严格按照合同条款、行业计量规则进行对外计量。同时，要做好计量工作动态管控，及时完成相应的测量图、试验检测报告等支撑资料的整理工作。

第二，对下计量方面。将0#清单中已完工程量按分项工程统计，再以分包单位为单元进行汇总，以此辅助对下计量。当同一分项由多个分包单位共同实施时，该分项的多个分包合同当月结算合计工程量之和，应小于或等于更新的0#清单对应的该分项工程量。若出现不符情况要及时分析问题成因，并采取相应措施。

第三，变更索赔方面。一是对于编制0#清单时发现的施工图工程量清单漏项及亏损项，要做好变更索赔策划，积极与设计部门沟通，争取通过设计变更或其他方式解决漏项及亏损项问题。二是施工过程中，要及时收集设计变更数据和签证确认信息，完善0#清单，更新正负变更台账，以实现项目利润最大化为目标，开展变更索赔工作。三是收集相关证据，包括变更通知、设计文件、施工记录等，为变更索赔提供有力支持，并确保0#清单的更新有理有据。

## 35. 如何做好变更索赔策划及动态管控，实现增收创效?

>> 问题详述 部分项目变更索赔策划缺乏针对性和可操作性，无法起到增收创效作用。如何做好变更索赔策划及动态管控，实现增收创效?

第一，项目部应结合项目实际情况，编制变更索赔管理办法及奖惩制度，明确责、权、利。要研究行业定额和通常做法，深入挖掘变更索赔点。

第二，变更方面。一是在前期准备阶段，对招标文件、投标文件、承包合同条款及工程量清单、施工图进行核算分析，并结合标后预算，确定项目成本关键点，还要以增盈减亏为目的进行主动变更策划。二是在实施阶段，如遇特殊情况，要及时更新主动变更策划。三是主动、被动变更资料要及时、有效、完整、规范。四是建立主动、被动变更台账（能够体现变更进展情况），秉持效益为先的原则，及时更新台账。

第三，索赔方面。一是在准备阶段仔细研究招标文件、投标文件和承包合同条款，并找到索赔点，并编制索赔策划方案。二是在实施阶段，发现索赔点时，应根据索赔策划方案，及时开展索赔工作。三是索赔资料要及时、有效、完整、规范。四是建立索赔台账（能够体现索赔进展情况），并及时更新。

## 36. 如何做到项目形象进度产值“应计尽计”？

>> 问题详述 公司现汇项目整体计量比例偏低，导致公司“合同资产”增加，施工产值难以形成稳健的现金流。如何做到项目形象进度产值“应计尽计”？

第一，熟悉合同内容及行业计量规则。

第二，做好工程量核算和0#清单梳理等基础工作。

第三，完善相关计量支撑内业资料，梳理已完成的产值无法计量台账，详细写明不能计量的原因、拟采取措施、计划完成时间，并将责任落实到具体人员。

第四，与监理方、业主保持良好沟通，维护好各方关系。

第五，针对合同计量规则中不利条款进行协商，签订补充协议，修改计量规则，确保形象进度产值能够应计尽计。

## 37. 如何做好变更索赔工作，确保“颗粒归仓”？

>> 问题详述 变更索赔“先干后报”现象较为普遍，未获审批就进行施工，若最终变更未获批复，可能导致项目亏损。如何做好变更索赔工作，确保“颗粒归仓”？

第一，强化意识，精细管理。变更索赔工作需要得到足够的重视，并将其制度化、标准化。成立专门的变更索赔领导小组，制定相应的管理办法和奖惩制度，有效调动相关人员的积极性。

第二，诚信履约，保证工期和质量。通过诚信履约，确保工期和质量达标，从而赢得业主的信任和支持。在得到业主认可的前提下，提出的变更索赔请求更容易得到响应和批准。

第三，熟悉合同，寻找变更索赔机会。合同是变更索赔的基础，因此需要认真分析合同条款，寻找可能的变更索赔机会。例如，合同中可能有关于工程量变化超过一定比例时单价调整的规定，可以将其作为争取利润的一个切入点。

第四，强化资料搜集和管理。变更索赔工作的成功很大程度上依赖充分、准确的资料支持。因此，要建立健全资料搜集和管理体系，确保所有变更索赔都有据可依。

第五，及时完善确认手续。变更索赔有时效性要求，因此需要及时完善相关的确认手续，避免因资料不及时而导致变更索赔无法成立。

第六，注重沟通和协调。变更索赔工作涉及与业主、监理方等多个方面的沟通和协调。建立良好的关系，采取合适的沟通策略，有助于变更索赔工作顺利进行。

第七，动态策划和实施。变更索赔的策划和实施应是一个动态的过程。要根据工程进展和现场实际情况，不断更新和完善变更索赔策划台账，以保证其具有前瞻性和全面性。

第八，强化考核与奖励。为了充分调动广大员工的积极性，可以设立变更索赔考核与奖励机制。要根据变更索赔的成果，给予相关人员一定的奖励。

## 38. 因非承包人原因导致项目停工，应采取哪些策略向建设单位索赔？索赔的事项有哪些？

>> 问题详述　项目因征地拆迁、施工许可办理滞后等非承包人原因导致停工，应采取哪些策略向建设单位索赔？索赔的事项有哪些？

第一，索赔策略。一是及时通知。以书面形式及时将停工情况及原因通知建设单位，并要求确认收到通知。二是证据收集。要全面收集与停工相关的各种证据，包括但不限于往来函件、会议纪要、施工日志、现场照片、工人闲置证明、材料设备闲置损失凭证等。三是分析合同。要仔细研究合同中关于索赔的条款，明确可索赔的范围和条件。四是编制索赔报告。要详细阐述停工的原因、时间、造成的损失及索赔金额的计算依据。

第二，索赔的事项主要包括工期索赔和费用索赔两种。费用索赔主要包括以下方面。①停工期间的人员窝工费用，包括工人工资、管理人员工资等。②机械设备闲置费用，如租赁费、折旧费等。③材料积压损失，因停工导致材料过期、损坏或价格波动造成的损失。④增加的现场管理费用。⑤ 预期利润损失。⑥因停工导致的赶工费用，如后续需要赶工以弥补工期延误所产生的费用。⑦若因停工导致承包人向第三方承担违约责任，该违约损失也可进行索赔。

### 39. 合同外项目计量结算，如何做好费用梳理归集、工作量签认及计价工作？

第一，0#清单梳理完成后，若发现合同漏项，要及时依据合同要求进行组价，并上报业务联系单，请监理、设计、业主方明确是否实施该漏项内容，并确认清单工程量及单价；对业主委托的施工范围，根据委托内容确认工程量及单价，待量价确认完成后方可进行施工。施工涉及隐蔽工程的，一定要做好隐蔽工程验收记录，经监理或业主方确认，并留存好影像资料（注明时间、地点、工程部位、施工内容，包括监理或业主方旁站验收的影像）。

第二，费用梳理归集。要对合同外项目进行细致梳理，包括但不限于项目名称、工作内容、完成时间、涉及部门等信息，确保每一项工作都有清晰的记录和合理的分类。

第三，工作量签认。每一项合同外工作都需要业主、监理进行签认。签认内容应包括工作量的确认、完成质量的评定以及完成时间的记录，确保每一项工作都有完整的证据支撑。

第四，计价工作。要综合考虑合同外项目的性质、难度、工作量以及市场行情等因素，进行合理计价。可以参照合同中类似单价、预算价或以往类似项目的计价经验来确定价格。

### 40. 公路工程的变更创效点有哪些？

>> 问题详述　近年来，公路工程合同额、预计总收入在公司各专业板块中

排列第一，是公司转型升级过程中的重要板块。请提出公路工程的变更创效点。

公路项目的变更创效如表 3–1 所示。

表 3–1　公路项目变更创效策划点

| 序号 | 策划点 |
|---|---|
| 1 | 土石比例调整（增加石方） |
| 2 | 清淤换填（增加换填数量） |
| 3 | 涵洞基础清淤换填（增加换填数量） |
| 4 | 涵洞、天桥取消 |
| 5 | 原地面复测，增加土石方工程量 |
| 6 | 取弃土场优化 |
| 7 | 填石路基的高填深挖段、填挖交界，半填半挖增加强夯处理 |
| 8 | 上路床变更成灰土或外借碎砾石填筑 |
| 9 | 片石混凝土挡土墙与浆砌片石混凝土挡土墙方案比选优化 |
| 10 | 台背回填材料选用（根据具体情况选用砂砾、碎石土、掺灰、无砂混凝土等） |
| 11 | 路基填方掺灰处理 |
| 12 | 植草、喷播植草、三维网、铁丝网绿化变更（具体根据清单单价高低及利润率） |
| 13 | 施工便道永临结合，施工引入便道变更为完工后改路 |
| 14 | 桥梁改路基 |
| 15 | 取消桩系梁或抬高桩系梁 |
| 16 | 统一管段内桥梁墩台设计断面形式和尺寸大小、设计孔跨形式和孔径尺寸，以减少定型钢模板和梁型变化带来的投入 |
| 17 | 增加桩长 |
| 18 | 变更清单中无单价项目，争取重新组价确定单价 |
| 19 | 石方爆破开挖变更为非爆开挖 |
| 20 | 采用碎石加工厂生产的机制砂替代河砂 |
| 21 | 混凝土、沥青混凝土、水稳料配合比优化 |
| 22 | 围岩级别的调整，围岩档次提高是增加工程项目数量和利润的关键，目前分Ⅰ至Ⅵ级，不同的围岩应对不同的初期支护、喷锚、开挖的单价 |
| 23 | 滑坡段增加抗滑桩及清理回填处理 |
| 24 | 明洞地基换填处理 |
| 25 | 桥涵地质变更。将普通地质设计为软弱地质，并增加地质处理措施，如增加桩的设计长度和虚桩长度等 |
| 26 | 隧道遇大溶洞时，增设桥梁结构物或增加大回填数量 |
| 27 | 隧道遇水时进行超前及径向止水固结处理，二衬前加强防水措施，或围岩级别降级 |
| 28 | 针对隧道帷幕注浆和采空区等特殊地质处理的费用，因投标阶段未进行报价，施工时要加大公关力度，实现增收创效 |
| 29 | 变更弃碴场位置，增加运距、增加弃碴场防护设计，改变洞门形式，隧道废弃工程的处理 |

续表

| 序号 | 策划点 |
|---|---|
| 30 | 隧道遇大变形时增加超前、初期支护措施 |
| 31 | 软岩进洞时增设套拱及大管棚超前支护 |
| 32 | 软岩地段初支拱墙脚增设锁脚、托梁或大脚措施 |
| 33 | 浅埋偏压地段地表处理或增设抗滑措施 |
| 34 | 喷射混凝土和二次衬砌施工时，在满足设计数量的前提下避免虚拟工程量等 |
| 35 | 根据初期支护各项措施的价格等综合情况，调整注浆锚杆、超前砂浆锚杆、钢拱架、小导管等工程数量或型号 |
| 36 | 路面：利用路基交验时路基顶面标高的合理误差，减少路面工程量 |
| 37 | 根据当地地材供应情况、施工难易程度及中标单价的高低，改变路基防护的种类和形式 |
| 38 | 根据投标情况增加新的防护种类，重新申报新增防护形式的施工单价 |
| 39 | 利用好土石方调配方案，一是要增加运距，二是要做好利用方、借方、弃方的调配工作，重点是将部分利用方改为弃方，然后增加借土填方的数量 |
| 40 | 采用粉喷桩、旋喷桩、砂井、塑料排水板、碎石桩、预应力管桩等施工工艺处理软土路基，通过增大软基处理深度来增加工程量 |
| 41 | 跨线支护棚架，交通维护等（临时保通费用）不在安全费中计取 |
| 42 | 低填浅挖段翻挖后变更为超挖换填 |
| 43 | 挖石方较多时，将排水防护工程结构变更为浆砌片石结构 |
| 44 | 桥涵构造物变更：根据水文地质条件、交通需求及建设成本等因素，对桥涵构造物进行优化设计或变更。例如，将小桥变更为涵洞，或调整桥梁跨径、墩台形式等，以适应地形地貌和交通流量变化 |
| 45 | 桥梁水中施工变旱地施工。公路桥梁工程基础位于水中的，可考虑通过河道升级，跨径调整，抢抓有利枯水季节施工黄金期，使基础施工出水面。或者采用常规土石筑岛围堰方案，降低水中施工措施费用 |
| 46 | 换填材料优化：在保证工程质量的前提下，将换填材料改良优化为更经济实惠的材料 |
| 47 | 边沟由预制变更为现浇 |

## 41. 港航工程项目变更创效点有哪些？

>> 问题详述 港航工程项目数量、预计完工利润额在公司各专业板块中排列第一，依然是公司重要的支撑板块。请提出类似水抛改陆抛的变更创效点（项目类型包括但不限于重力式码头、高桩码头、板桩码头、防波堤、后方堆场等）。

港航工程项目的变更创效点如表 3-2 所示。

表 3-2 港航工程项目变更创效策划

| 序号 | 港航工程项目变更创效策划点 |
| --- | --- |
| 一 | 重力式码头 |
| 1 | 基槽开挖，依据《水运工程质量检验标准》（JTS257—2024），采用设计标高与土质双控原则，当槽底土质满足设计要求时，可适当减少开挖深度，同时做好与设计断面量差计量，在保证质量的前提下增收创效 |
| 2 | 依据预制厂的预制能力、船机出运及安装能力，优化重力式构件（如沉箱、方块）的尺寸，减少出运及安装数量，在加快工期的同时降低船机使用成本 |
| 3 | 对于小型重力式码头，由沉箱结构优化为重力式方块结构，减少预制场及附属机械投入 |
| 4 | 沉箱内回填、沉箱背后棱体等分项工程，要采用“宁陆勿水”的原则，如将沉箱后的二级抛石棱体优化为一级抛石棱体，实现陆上施工 |
| 5 | 码头前沿线后方地基处理选取定额利润较高的工艺，如将堆载预压工艺优化为低能夯工艺 |
| 二 | 高桩码头 |
| 1 | 在水深满足打桩船进入的施工部位，将灌注桩优化为 PHC（预应力高强混凝土）桩 |
| 2 | 引桥灌注桩的施工方式由钢栈桥+灌注桩钢平台优化为钢围堰（钢绞线对拉）+吹填砂，减小涨落潮对灌注桩质量的影响，同时降低措施成本 |
| 3 | 通过试打确定灌注桩钢护筒的长度及壁厚，在满足施工要求的同时降低成本 |
| 4 | 争取对灌注桩与钢护筒之间扩孔部分的混凝土进行计量，或通过缩小护筒直径与成孔桩锤规格，降低混凝土超耗量 |
| 5 | 在现场条件允许及安全论证合理的前提下，采用履带吊、架桥机、塔吊等安装工艺替代起重船安装工艺，节约施工成本 |
| 三 | 板桩及地连墙码头 |
| 1 | 对于淤泥质土层，在地连墙成槽前采用低标号水泥高压旋喷桩或水泥搅拌桩进行地基加固，且经设计入图，在保证成槽质量的前提下实现增收创效 |
| 2 | 地连墙槽段接缝采用止水钢板、高压旋喷桩等工艺处理，且经设计，在保证地连墙墙体质量的前提下增收创效 |
| 3 | 结合地下水位标高，在地连墙施工前增设深层降水井，且经设计，降低水头差对地连墙混凝土浇筑的影响，在保证质量的前提下增收创效 |
| 4 | 结合地质情况，在导墙施工前进行水泥稳定砂换填碾压，导墙施工完成后增设导墙木支撑，通过设计入图或现场签证进行签认，实现增收创效 |
| 5 | 在建设单位未提供淡水水源，地连墙采用打井取水施工时，针对苦咸水搅拌泥浆导致膨润土用量增加的事项进行索赔 |
| 四 | 防波堤 |
| 1 | 回填工程依据《水运工程工程量清单计价规范》（JTS 271—2020）要求，回填工程原土体的沉降量应单独计算并计入工程量，施工过程中采用体积平衡法、钻孔探摸法、预埋沉降盘等方法测定原土体沉降量（在合理范围内适当增加），结算时准备计算工程量以确保收入 |
| 2 | 扭工字块、扭王字块、四脚锥的安放数量按《水运工程质量检验标准》（JTS 257—2008）要求，安放数量偏差应控制在 5%以内，做好与设计量差的计量工作，实现增收创效 |
| 3 | 优化护坡工艺，例如采用预制块拼接替代现场浇筑，以加快施工进度 |
| 五 | 堆场道路 |
| 1 | 就地取材，采用吹填砂、积砂石等材料替代水泥稳定碎石基层的细骨料，降低施工成本 |
| 2 | 将轨道梁两侧矩形排水沟优化为“V”形排水沟，降低施工难度 |

续表

| 序号 | 港航工程项目变更创效策划 |
| --- | --- |
| 3 | 将轨道梁上部预制皮带机支墩优化为通长现浇基础，降低施工难度 |
| 4 | 将轨道梁上部连锁块铺面优化为 250 mm×250 mm 方砖，降低施工难度 |
| 六 | 通用工程 |
| 1 | 钢筋采用直螺纹套筒、电渣焊等连接方式，索赔与原设计、原清单组价的焊接接头价差。如原设计为焊接工艺，可优化为直螺纹套筒、电渣焊等连接工艺，在减少钢筋损耗的同时实现增收创效 |
| 2 | 混凝土底板采用主筋上下翻筋，主筋间焊接 L 形钢筋作为架立筋，减少架立筋的投入 |

## 42. 房建工程变更创效点有哪些?

>> 问题详述 房建工程项目数量、预计收入、预计完工利润额在各专业板块中均列前三名，已形成公司新的规模和利润支撑点。请提出房建工程变更创效策划点。

房建工程的变更创效策划点如表 3-3 所示。

表 3-3 房建项目变更创效策划点

| 序号 | 策划点 |
| --- | --- |
| 1 | 针对标前测算工程量可能大幅增加的分部分项工程提高报价，而对于实际工程量可能减少的则降低报价（需控制在合理范围内，防止废标或不得分） |
| 2 | 投标阶段清单项目特征描述不明或者与图纸做法不符，以及需要后期二次深化设计的项目，可适当降低报价，待后期变更后重新核价 |
| 3 | 投标文件技术标编制过程中，若实行费率报价，施工方案应编写得“华丽”一些，不但能提高方案评价，也能依据定额计算出更高的收入。若措施费包干的，施工方案要“简约”些，尽可能与报价吻合，确保方案经济性，以降低成本；也在发生抢工时，可进行方案调整，有利于索赔 |
| 4 | 总包合同签约时，争取由我方代为起草总包合同，重视总包合同条款的制定以及谈判工作，为项目日常经营工作打下基础。一般约定清楚发包人现场代表的名称、职责，以便于现场签证、函件往来、索赔等工作的开展，提高风险防控能力、加强履约管理 |
| 5 | 总包合同涉及调差风险系数条款时，要提前摸清信息价的走势，在谈判中争取较高的基期价，减少后期调差损失 |
| 6 | 清单报价项目要做好中标后的清标工作，第一时间完成总包收入三点（盈利点、亏损点、风险点）分析，费率报价项目要摸清当地定额利润和信息价水平，分析定额盈利和亏损子项，确定项目变更工作的方向 |
| 7 | 场地施工应满足政府规定的发包人应提供的各项条件，如三通一平、临设用地、水电接口等，如业主提供不到位，应及时办理额外签证 |
| 8 | 无论现场条件如何，总包进场后都要记取一次场地平整收入，现场土方分包时，若可直接开挖，可不进行场地平整 |

续表

| 序号 | 策划点 |
| --- | --- |
| 9 | 通过策划土方开挖前方格网原始标高增加总方量；必须分别与发包人分包商进行测量并签字确认，以实现量差。施工方案应策划土方开挖工作面距离、放坡系数等内容 |
| 10 | 提前摸清项目周边当地土方市场情况如弃土场、存土场位置及费用等，做好当地市场调研。根据土方施工时期可能出现的工期延误、政府活动及卸土点变化等不同情况的影响，与相关部门及时沟通，对渣土运距进行策划，对运输距离进行确认。根据运距的增加，结合当地渣土办公布的运距指导价，向业主申请重新认价或进行补偿 |
| 11 | 根据现场实际情况，如果地下水位较高，土层含沙量较大，渗透系数高，素土回填不利于保证质量，可与业主沟通将素土回填改为灰土回填，本身具有防水的作用，可有效降低地下水对地下室外墙的侵蚀，提高防水效果。同时，可重新认价。<br>灰土回填收入较高，在不影响质量情况下，可适当减少石灰掺量，以降低成本 |
| 12 | 项目团队加强联动，技术方案上报监理、业主前必须由商务经理进行审校，增加有利于提高和确保收入的相关内容 |
| 13 | 钢筋专项施工方案中对大于等于 120 mm 板厚双层钢筋网需使用钢筋马镫，施工中地上部分若板厚不超 150 mm 厚度可使用水泥马凳（乙方提供）。进行钢筋专项策划，通过钢筋翻样、技术创效、结算精算等方式，实现钢筋效益最大化 |
| 14 | 钢筋施工方案中应明确钢筋连接方式，测算绑扎搭接和其他连接方式的收入情况，上报合适的连接方式，对下要求采用焊接或者机械连接，在不增加成本的前提下进行优化。对于不计算钢筋搭接的工程，一般会在搭接设置时将搭接设置改为直螺纹连接。若修改为直螺纹连接，则在接头范围内不会计算箍筋加密，在与业主结算时此部分钢筋容易漏算。计算方法：使用广联达软件提取工程量时，若搭接设置为直螺纹连接，则提取直筋工程量，若搭接设置为搭接时，则提取箍筋工程量，直筋+箍筋工程量为全部钢筋工程量 |
| 15 | 以墙体容重低、砌筑质量好、速度快等为切入点，说服设计院、业主将墙体材质由加气混凝土砌块变更为连锁砌块（外墙、地下室墙体及防火分区墙体视情况而定），实现墙体砌筑、芯柱重新组价，同时实现降低分包成本。另外，依据投标情况，探索砌体材料在加气混凝土砌块、BM 连锁砌块、砂加气、空心砖、灰砂砖、伊通砌块、煤矸石砌体等材质之间的变更，实现重新批价，达到扭亏增效的目的 |
| 16 | 重视结构设计总说明和建筑设计总说明的细节，确保工程量不出现漏记情况 |
| 17 | 较多省份定额中砌筑为亏损项，可策划将砌体墙改为 ALC 隔墙板，实现扭亏 |
| 18 | 设计有天棚抹灰，实际施工可交由涂料施工，采用薄石膏代替。如交房标准无装修做法，直接刮涂料，可依据定额向业主索要清水模板费用 |
| 19 | 由于地下土方存在的不确定性及实际开挖中出现暗浜、淤泥等情况，需进行策划论证，提前与相关部门做好沟通，对开挖、外运及处置方式进行评估，并重新报价 |
| 20 | 土方开挖过程中出现建筑垃圾、生活垃圾及有毒有害物体时，应及时组织各方管理人员进行取证，对土质进行有毒有害评估，对开挖、外运及特殊处置编制专项方案特殊处理，并重新报价。现场可根据实际条件处理部分建筑垃圾 |
| 21 | 土方开挖过程中，由于地质条件的复杂性以及地下设施的不可预见性，开挖中易出现地下管道、障碍物等。应针对障碍物的清除及处置编制相应的施工方案，做好费用策划，及时与业主进行认价，同时申请工期补偿 |
| 22 | 现场进行肥槽回填时，施工区域如机械没有施工面，施工道路不畅通，无法进行机械回填土或灰土并分层夯实，结合工期因素，可将土方回填变更为混凝土回填，并重新认价 |

续表

| 序号 | 策划点 |
|---|---|
| 23 | 如现场无可用土方进行回填，必须进行分包招标选土方队伍进行购土回填时，成本较高。项目部可进行资源考察，与其他工地正在进行土方外运的分包单位合作，将基坑需回填土的部位提供给土方公司作为卸土场，既节省了外购土的成本，同时也节省了土方单位的运距，实现互惠互利 |
| 24 | 桩基充盈包含在综合单价中，原设计图纸充盈系数要求不低于 1.1，通过对地勘报告研究，结合现场实际土质情况，与设计院沟通将充盈系数调整为不低于 1.3，并在图纸会审中确认。根据充盈系数的修改，重新认价 |
| 25 | 承载力压桩过程中，设计图纸会明确桩长以实际长度为准，现场打桩前会进行试桩，利用好试桩的机会，争取多计入桩长，如超出试桩长度应及时对上做签认。做好打桩的原始资料的闭合性工作 |
| 26 | 原设计方案中没有设计降水井，通过与勘察单位沟通，根据水文地勘报告中的描述，与业主及设计沟通，在施工前增加降水井，并单独报价 |
| 27 | 混凝土外加剂添加的使用范围：包括但不限于地下室混凝土掺加高性能膨胀混凝土添加剂、底板及外墙添加抗裂纤维膨胀剂（GB-A）、基础、挡土墙、车库顶板及消防水池外墙采用 SY-K 抗裂纤维外加剂、基础底板混凝土增加钢筋阻锈剂等（与土壤接触部位都可以，其他地下部位可以根据项目实际情况添加）；由于市场上混凝土外加剂种类繁多，价格不一，市场不规范，业主批价时可以通过提前沟通材料供应厂家提高报价、提高外加剂掺入量或者在混凝土检测报告中明确外加剂掺量等获得较高的业主批价；建议项目自行采购外加剂由商品混凝土站添加，可以控制外加剂的掺量或者项目决定是否掺加外加剂；对于原设计没有抗渗要求的，可以根据当地的地质条件，沟通设计院对于地下室与土壤接触部位增加抗渗要求，现场实际施工时适当进行优化；对于需要添加外加剂的部位，在浇筑时需要注意混凝土小票中一定要按图纸设计要求注明外加剂类型（必要的可明确掺量），注意资料的完整性和闭合性 |
| 28 | 一般业主下发的施工图中不含地下室及裙房构造柱布置图，仅在结构设计总说明中说明构造柱的布置原则。实际施工中，可以由项目部发起出具深化图纸，严格按照规范要求绘制构造柱平面布置图，并请业主的各确认方签字，作为最终结算用蓝图；同时，现场施工时优化构造柱布置图，并要求分包单位按照优化后的图纸进行施工 |
| 29 | 项目应派专人随时关注进入冬季施工的时间节点，在满足冬季施工期的条件时，立即报送冬季施工方案并完成审批。对于冬季施工可单独记取费用或者可争取费用的项目，可在报送冬季施工方案时，应明确混凝土外加剂同时使用防冻剂和早强剂并采取其他保温防冻措施，报监理及业主确认，同时，沟通商品混凝土搅拌站，要求其在开具混凝土小票时注明添加防冻剂和早强剂，实际施工时根据需要满足冬季施工要求即可 |
| 30 | 对于按照形象进度调整主要材料价格的项目，可选择性地报送业主确认的形象进度，适当提高主要材料价格较高的月份的形象进度确认量，以增加主要材料调差利润 |
| 31 | 以预留甩筋无法保证位置准确性以及难以适应后期墙体变更为由，与设计院沟通并获得同意采用后植筋方式；在主体结构方案中写明不预留甩筋，在二次结构方案上写明后植筋，并争取将采用后植筋写入图纸说明、图纸会审或变更洽商文件中。最终实现以后植筋重新认价 |
| 32 | 可根据投标情况，与设计院、业主沟通，策划耐磨地面与自流平地面之间的调整方案；另外，自流平地面分水泥自流平、环氧自流平、聚氨酯自流平，可通过分析不同做法的优缺点，结合工程特点及业主、设计的关注点进行引导性沟通；还可以利用材料品牌寻找策划切入点 |
| 33 | 依据工程特点及房间功能，对于墙面装饰做法中有龙骨基层且设计要求有抹灰层时，实际施工中可适当减少抹灰层做法，减少成本投入 |

续表

| 序号 | 策划点 |
|---|---|
| 34 | 依据工程特点，对于地下一层层高较高的情况，可通过结构施工时控制混凝土质量，在装饰阶段基层处理后直接进行腻子施工，省掉抹灰打底工序，从而降低施工成本 |
| 35 | 防水保护层一般为细石混凝土或砂浆，人工费一般都会亏损，且对于筏板下柱墩较多的工程，施工极为不便。将其优化为水泥加压板直接铺贴，既能加快施工进度，也可以重新组价，同时还能规避抹灰人工亏损 |
| 36 | 通过编制防水专项方案，明确附加层做法，并对比投标报价中的含量，对于超出的部分，要求进行调整 |
| 37 | 对造型怪异、小节点多、线条多的外墙进行优化设计，尽量降低施工难度，减少施工成本 |
| 38 | 以性能指标、工期等作为切入点，将珍珠岩、陶粒等轻集料混凝土变更为发泡混凝土，该策划应用较广 |
| 39 | 利用幕墙深化设计，以深化设计为依据，将保温材料优化变更，在经设计院确认的施工蓝图上进行修改，以便重新认价 |
| 40 | 针对措施费包干情况，策划对投标图纸进行变更，按实际发生情况实计取变更部分的措施费；或从图纸变更、施工环境、政府政策等方面入手，突破措施费包干合同条款。对投标模板及支撑方案进行优化升级（如采用新型模板及支撑体系等），取得相关方认可，突破措施费计价方式 |
| 41 | 石材幕墙：优化石材材质，合理选择背栓与挑件，优化钢材或铝型材含量；玻璃幕墙：优化玻璃厚度及种类，铝型材的选型；铝板幕墙：优化铝板的厚度，表面喷涂种类的选择，铝板的板跨优化等 |
| 42 | 设计选用易成活、较常用、价格适中的树种，综合考虑冠幅、胸径、高度、地径、施工期等因素进行优化。减少硬铺装工程量，最大限度改为草皮造价较低的做法、优化道路基层及面层厚度 |
| 43 | 甲定乙供的材料、设备品牌进行优化，在甲方允许的品牌范围内，选择低价优质产品。部分供应商可能会提前对接设计院，在设计中植入专利等产品，并提前进行市场垄断，造成采购成本增加，要做好特殊工艺和参数的敏感性分析，提前摸排市场，一旦出现此类问题，要主动向业主提出变更或者索赔，寻求参数变更，实现与业主的共赢 |
| 44 | 定额含量仅包含了瓷砖的正常施工损耗，不含排版损耗。<br>若瓷砖认价，可采取以下两种方式：<br>1. 在定额中把瓷砖类别调整为主要材料，在此情况下，损耗率是可以编辑的，我们可以通过图纸核算出排版损耗，并取得甲方认可后将其计入，瓷砖认价就只需要认整块砖的价格。此外，瓷砖一般是先送到加工厂加工再运到工地，加工费需要单独按 m 或按刀进行认价，由于定额中没有合适的子目，可以采用补充子目的方式计入。通过拆分，认价的金额显得较低。<br>2. 定额中的瓷砖材料价是指加工完成并运至现场可以直接用于施工的瓷砖价格，在认价的时候，要计算排版损耗和加工费，综合计入瓷砖认价的单价中。这样认价，认价金额会显得较高。可以通过深化铺贴地砖，加大或缩小单块地砖尺寸，以重新分格排版为由，提高材料损耗率，增加单位面积内的材料用量，从而抬高报价 |
| 45 | 1. 基层误差：因非承包人原因造成地面铺装厚度超过原定合同清单厚度。应对现场土建结构平整度进行测量，测出误差值，并形成图像和书面资料，制定施工整改方案，明确高低面剔除或者增加水泥砂浆垫层厚度的具体措施，需注明剔除面积、厚度和垫层面积、厚度，并报报监理、业主确认，以保证预期收益。<br>2. 更改基层方案：预拌细石混凝土基层，EPC 类项目可直接在图纸中显示，其他项目可通过设计变更形式来提高实际利润率 |

续表

| 序号 | 策划点 |
|---|---|
| 46 | 定额中勾缝属于较高盈利子目。在图纸深化设计时，要体现出勾缝的工艺，并在施工方案中进行说明。定额陶瓷地面砖的工作内容中未注明勾缝，可争取套用此子目 |
| 47 | 针对精装和机电主要材料认质认价，要提前做好策划，结合当地信息价，寻求在设计阶段介入，引导设计院明确对我方有利的材料参数，对于信息价利润高的材料，要明确参数与信息价相同，对于信息价倒挂的材料要避开信息价，形成有利的认价局面 |
| 48 | 精装修类材料的档次和品牌及种类均较多，可从材质变更上着手，引导甲方和设计院进行对我方有利的变更，结合收入和成本价，寻求在不增加业主造价的前提下的最优解 |
| 49 | 定额类项目，精装修在套项时，要注意对上收入子目套项一定要分开套。例如墙板装饰基层龙骨往往有通顶要求，但墙板面仅做到吊顶底面，分开套能充分记取合同内收入，避免过多的含量调整。同时，对下要合并做法，形成固定单价包干的态势，减少分包后期索赔的风险 |
| 50 | 若前期为中标降低了苗木材料价格，而后期施工中采购价高于中标价，可和业主、设计沟通进行变更，将苗木变更为与原苗木形态相似且成活率较高的苗木，再进行材料认质认价。查询施工当地苗木信息价，对比分析施工当期信息价及市场价，对信息价有利于我方的苗木进行设计变更 |
| 51 | 考虑施工现场永临结合类策划，常见的有室外道路永临结合、临时配电转正式电、消防立管永临结合、围墙永临结合等，要根据项目情况做针对性的策划 |
| 52 | 编制高架支模方案，扩大高架支模范畴；组织专家论证，确保方案批复；搜集、分析现场实际人、材、机消耗量，并办理高架支模补充定额 |
| 53 | 对比分析钢框木模板、铝模板、塑料模板等新型工艺，结合项目实际情况选用，对周转次数、施工质量、节能环保、工期、工序、成本等方面进行策划 |
| 54 | 对垂直运输设备的规格型号、进场数量及位置进行策划论证，优化设备配置方案 |
| 55 | 设备招标前，要对节假日、气候变化、停电、不可抗力及政府干预等停工因素提前充分考虑，并在招标文件中明确相关系数 |
| 56 | 一般房建项目，增值税差占比合同额的 1%~2%，增值税及附加等税务相应增加<br>1. 工程量与分包清单分拆，拆分人工 3%（或 9%）及材料 13%，且拆分比例可进行调整。<br>2. 工程量与材料数量分拆，钢材、水泥、地材等材料，需按照相应税率计算进项税额。<br>3. 设备同样按照相应税率计算进项税额。<br>4. 试验检测、安全、环保、保险等可能发生的费用需根据相应税率计算出进项税额。<br>5. 计算出销项税额与进项税额进行比较，可按照进项税稍微低于销项税的原则进行预控，从而选择适合分包模式及税率。<br>策划合同拆分，将人工及材料进行拆分，专业分包材料也可拆分。与财务部门共同制定专项税筹策划方案 |
| 57 | 外墙抹灰交由外保温单位施工，施工模式由原来的抹灰（劳务分包）+抗裂砂浆（专业分包）+涂料（专业分包）改为抹灰（专业分包）+抗裂砂浆（专业分包）+涂料（专业分包）。将外墙抹灰分包给外保温单位能降低人工费成本。并将后期维修的风险转移给一家分包单位，避免扯皮。同时降低了项目材料管理成本 |
| 58 | 落实政府（省、市、县）相关文件的收集工作，包含因政府举办活动、环保管控、不可抗力、强降雨、高温等极端天气造成的停工。管控过程中，工程部每日收集现场实际的人工、材料、机械使用情况，也可用手机软件“今日水印相机”来定位地点和时间，留存影像资料，并报给监理业主确认 |

续表

| 序号 | 策划点 |
| --- | --- |
| 59 | 建筑图与施工图结合后，项目商务部在前期下发图纸完成后应及时进行商务预算并建立模型。在与设计沟通并取得设计同意的基础上，将构造柱、门窗过梁、厨房卫生间反坎、门垛、飘窗台等二次结构混凝土尽可能在一次结构施工时并完成 |
| 60 | 利用好深化图的机会，对亏损项进行主动变更，与设计院沟通并取得认可，做成事实变更，同时，可利用好隐蔽部位的深化图，扩大隐蔽部位的含量 |
| 61 | 利用好竣工图的机会，进行二次经营，策划融入图纸的可能性较高（能画入的全部画入） |
| 62 | EPC 类项目，要提前策划到设计阶段，提前对接设计，做好商务策划的提前量，将有利于我方的图纸设计植入正式图纸中，在正式图纸下发前充分做好图纸的审查工作，细化图纸设计，减少后期设计变更，为后期工作顺利推进以及减少签证变更索赔工作打下基础 |
| 63 | 重视财评跟审的作用，做好充分沟通，可以通过咨询公司的渠道了解政府地方财评单位库，在上报结算卷前与咨询单位沟通，当地咨询单位熟悉财审的要求及审核的特点，可以支付一笔费用委托咨询单位复核以及调整我方预算、结算资料的完整性，并规避审计审减风险等工作，从而极大地保证我方的收入，要真正做到“花小钱、办大事”，也要防止偷工减料情况的发生 |
| 64 | 做好对业主指令和变更的响应时间管理。做好项目基础资料管理，重视日常管理及业主和监理单位的往来函件，严格按照合同管理要求上报变更签证索赔类资料，避免超管理时限 |
| 65 | 梳理外部关系，找准关键少数人，分配对接层级。各对接人做好各层级关系的维护，确保财评认价核心资源掌握在自己手里 |
| 66 | 工期索赔是一个很好的切入点，工期定额工期较为宽裕，一般业主设定的工期往往不够。在项目施工过程中，要重视工期索赔点，如不可抗力、异常恶劣气候条件，业主图纸下发和变更确认以及付款滞后等情况均可索赔工期，要充分利用好施工日志、业主和监理例会、工作群聊天记录等一切手段做实基础资料，再结合工期定额索赔抢工费 |
| 67 | 止水节策划：排水管穿楼板预留洞口后补洞的费用不单独记取，对业主无收入，厨卫排水支管预留洞口后补洞的费用高，且存在质量隐患，留洞、补洞的费用已含在清单内，不单独记取。预埋件的效果能满足实际需求，后续施工过程中不会产生额外费用 |
| 68 | 不锈钢管连接方式策划：投标清单中，不锈钢给水管约定的连接方式是螺纹卡粘连接，在清单组价时未计取管件价格，导致单价亏损。现场实际安装中，管件消耗量大，成本费用高昂。要仔细研究对比不锈钢给水管安装的相关国家规范及图集标准，反复权衡双卡压连接、螺纹卡粘连接、卡凸连接等不锈钢管安装工艺之间的利弊；积极对接设计单位，并多次讨论不锈钢给水管安装方式，考虑本项目为超高层大型综合体，需立足安装的可靠性、高效性、安全性及后期维护的可操作性，建议设计单位将不锈钢给水管安装方式变更为双卡压连接；利用业主变更建筑布局，机电图纸重新变更的契机，说服设计单位进行变更。项目部要以安装方式变更为由，报送不锈钢管件认价清单，对不锈钢给水管的安装进行重新组价；要对管道安装工艺做深入研究，利用设计变更，组织重新认价 |
| 69 | 镀锌钢管策划：设计要求消防管全部采用加厚型镀锌钢管；然而采购期钢材价格对比投标期大涨，且钢材不可调差；业主对项目材料质量管理严格，必须满足合同要求；钢材价格上涨导致采购成本高于收入，出现单价亏损。要提前进行材料询价，对比不同材料成本价格；可考虑选择更换材料品牌、降低镀锌层标准、更换材质等方案，并与代建方沟通其可行性；根据《消防给水及消火栓系统技术规范》，建议将工作压力 1.2 MPa 以下管道变更为普通壁厚镀锌钢管，并通过技术论证会确认；对普通壁厚镀锌钢管进行重新认价，减少亏损 |

续表

| 序号 | 策划点 |
|---|---|
| 70 | 喷头策划：业主认价单指定了喷头的两家供应商分别为供应商 1 和供应商 2；<br>业主指定办公楼喷头的品牌为“品牌 1”，酒店喷头的品牌为“品牌 2”；但只有供应商 1 有这两个品牌的授权，导致供应商一家独大不予降价。业主给予“品牌 1”喷头的定价严重低于市场价格；经考察“品牌 1”喷头为一个小作坊生产，（无）消防 3CF 强制性认证。应以“品牌 1”喷头缺少消防 3CF 强制性认证，不能通过消防验收为理由，将事实告知业主，要求更换或者增加品牌；同时就该问题质询供应商 1，供应商透露业主有增加更好品牌的意向，可借此给予其压力，要求其同时将“品牌 2”喷头降价；做通业主工作，由我司推荐品牌供应商重新报价，最终达到（变更品牌）的目的 |
| 71 | EPS 电源变更策划：业主方技术管理力量较薄弱；而我方与设计院关系良好，在设计阶段，我方的合理化建议多被采纳；本项目为三甲医院，对 EPS 电源要求相对较高。与设计沟通，将 EPS 电源持续供电时间变更为不小于 1.0 h 并在修改版本的施工图上落实；准备 EPS 电源的认质认价报审单，报送至甲方审批，以确定收入；施工过程中，及时锁定预期利润。与设计院建立良好的沟通，对 EPS 电源供应商底价了解清楚，并获得业主对 EPS 电源品牌及招标控制价的确认 |
| 72 | 电梯认价策划：业主公司有电梯相关资源，但品牌较差，业主要求采用该品牌；业主委托的代建公司也有电梯资源，品牌为某一线电梯品牌，代建公司要求采用该品牌。若不采用该品牌，需采用一线品牌，且按照代建公司掌握的某一线电梯品牌的价格作为代建公司审核的电梯招标控制价；我司作为招标人，招标控制价及品牌需要经过代建公司、业主委托的造价公司及业主审核通过；然而业主公司与代建公司互不买账。为此，需寻找可靠且有实力的欧美一线品牌供应商，锁定内部成本，获得其技术支持，同时做好其他欧美一线品牌的价格保护；利用好代建方使用一线品牌的要求，在多方参加的监审会上的技术管理要求中，按照一线品牌的技术要求确认参数，排除业主方公司要求的较差品牌的厂家。同时，在技术管理要求中，明确可以获得附加值的工作内容，如承重钢梁单价另计，残疾人操纵箱，电梯内装等；要向业主方阐明日系电梯存在的弊端。欧美电梯的优势，利用好业主方与代建方的矛盾，说服业主采用高品质的欧美品牌。做好背后各方沟通工作，在第二次监审会上使所有相关方表态采用欧美一线品牌，突破代建公司以某一线电梯品牌的价格作为其审核的招标控制价；在报送招标控制价时，突出品牌大型号，模糊其高中低档的区别，以获得较好的招标控制价；编制可行的招标文件，掌控招标代理公司，确保供应商顺利中标并签约 |
| 73 | 低压柜元器件变更策划。目前，用于消除谐波的装置主要有两种：有源滤波和无源滤波，其中有源滤波造价较高；当前，主流厂商都已推出并将电容电抗器组作为一个整体，以同时达到补偿和抑制谐波的功能的产品。与厂家核对详细配置和元器件选型，确定成本偏高的原因；查阅相关资料、了解具有抑制谐波的功能的产品，并根据设计要求选择成本较低的产品；仔细研究合同，业主若认可合同存在漏洞；要确定谐波处理装置的选择方案；并由设计院出具体设计变更图纸 |
| 74 | 线管变更：核心区内检查非常多，焊接容易起明火，导致被查，且冬天、春天季节风多，影响施工工期，同时工期会经过两个雨季，地下室焊接钢管容易生锈；清单中，焊接钢管焊接、镀锌钢管丝接、JG 管紧钉连接均为亏损。要让业主接受焊接钢管焊接量大，施工效率低，而且地下室容易受潮生锈的事实；针对镀锌钢管丝接亏损严重，以施工效率低，增加成本为由，打消业主偏向镀锌钢管丝接的念头；JDG 管安装效率高且成本不增加，但以 JDG 容易堵塞为由，建议变更为厚壁 JDG，加长接头后可重新认价；通过图纸会审，将线管全部变更为厚壁+长接头 JDG 管 |

续表

| 序号 | 策划点 |
| --- | --- |
| 75 | 冷水机组策划：冷热水机组投标安装费有利润，但设备单价偏低，若按设计型号采购，我司将亏损严重；合同约定为固定单价，按实结算；材料变更时仅调整材料价格，不再另行组价。可利用地理环境差异，改变设计参数。利用项目所在地冬季室外干球温度比设计规范低2°~3℃的实际情况，与气象站对接，收集贵阳市和项目所在地近5~10年天气情况，收集权威气候数据提供给设计院。提供项目由于面积增加，需要增加一定负荷数据。找厂家技术人员配合，与设计院对接，结合项目所在地实际气候情况，重新取冬季空调室外设计干球温度和设备融霜系数，对主机原设计选型进行修正和比较，提出原来的选型不满足设计计算负荷要求，为了更好地保证冬季的制热效果，建议将冬季空调室外设计干球温度由-2.5℃修订为-4.5℃，并重新计算选型。通过设计院出具设计变更，最终达到变更型号并重新认价的目的 |
| 76 | 风管策划：原设计梁底净空为3.4 m，标准层风管较高（2000 mm×500 mm），且与其他机电管线交叉较多，地面又有150 mm的架空地板，导致房间净空未达到业主预期；风管制作安装的单价有较高利润，增加风管工程量即可增加项目的利润。要通过深化设计了解业主的想法，按业主要求展开工作；对原图纸的风管规格进行变薄增宽处理，形成变更方案；对变更增加的工程量进行核算，并做好完工确认依据 |
| 77 | 冷媒管策划：业主要求较高，项目蓝图变更幅度较大，工期紧张，且冷媒管图纸设计深度不足；项目以工期紧张，设计深度不足，变更幅度大，为满足施工需现场深化为由发函说服业主和设计同意由我司进行冷媒管深化，深化成果需经业主、设计院确认；项目对多联机铜管的走向和管径进行优化，并报与设计和审计审核，与业主、设计院有关人员有效对接，经业主审核确认后按照我司深化方案执行；向业主申报深化方案增加冷媒管管径规格的清单单价并确认，锁定价格 |
| 78 | 橡塑保温策划：设计图纸对于橡塑棉的规格要求较薄，与厂家规格存在冲突；且保温供应商与业主关系密切。可由厂家对项目部发函，附上厚度校核明细表，申明设计的保温厚度过薄；携厂家的发函与业主项目部及设计部谈判，从专业性角度说服业主，要求设计院调整保温棉厚度设计；同时，要求有意与我司合作的材料商（该材料商与业主关系密切）同时与业主沟通，建议做该项调整；在取得业主的调整意向后，催促设计院将该调整的设计变更及时发出 |

## 43. 如何避免房建项目土方边坡开挖工程量不予计量?

**问题详述** 某房建土方开挖项目，合同工程量计算规则执行《建设工程工程量清单计价规范》，规范中明确规定，计算规则以基础垫层底面积乘以挖土深度计算工程量。请问如何避免边坡开挖工程量未被计入？

第一，根据《房屋建筑与装饰工程计量规范》，挖沟槽、基坑、一般土方因工作面和放坡增加的工程量（包括管沟工作面增加的工程量）是否并入各土方工程总量，应按各省、自治区、直辖市或行业建设主管部门的规定执行。若将此并入各土方工程量中，在办理工程结算时，应按经发包人认可的施工组织设计规定进行计算，施工单位可根据此项条款开展结算策划。

第二，《建设工程工程量清单计价规范》规定，土方开挖工程量的计算应以基础垫层底面积乘以挖土深度为基础。根据计量规则，边坡开挖的工程量不予计量，但可以通过以下方法来减少损失。①优化设计。在设计阶段，可以通过优化基础垫层的设计，降低边坡的开挖深度，从而减少边坡开挖的工程量。②优化施工方案。在施工过程中，可以采用边坡稳定处理技术，减少边坡开挖的工程量。③应对地质变更。对存在淤泥层的深基坑，可以采用钢板桩、旋喷桩支护等措施，减少边坡开挖的工程量。

## 44. 由于非承包方原因待工期间产生损失的主要索赔策略、索赔事项、计量计价方式有哪些？

>> 问题详述 某项目因施工图纸出图滞后及第三方监测单位需招标确定等原因，造成灌注桩基础无法施工，工程进入待工期。待工期间，按建设单位要求作出以下相应安排：现场人员、自有设备及租赁设备停滞待命、并安排值班人员看护工地。针对此情况，应采取哪些策略向建设单位索赔？索赔的主要事项有哪些？待工期间人员、设备等损失应如何计量计价？

第一，索赔策略。①研究合同条款，找出合同中针对类似情况的相关约定。结合实际情况可以确认，该事项的发生非我方过错，应由业主方承担责任。因此，可以依据合同约定向建设单位报送索赔意向通知书、索赔报告等相关索赔材料，注意不要超过合同约定的时间（不超过 28 d），以免索赔失去时效性。②要求业主代表或监理代表向项目部下达书面指令，作为后期索赔的依据，同时收集包括但不限于以下支撑性证据：往来函件、会议纪要、施工日志、联系单及影像资料等。③在待工期间，应每日持续上报窝工人员、值班人员及窝工设备数量，报监理、业主方签认。

第二，索赔事项。可进行工期索赔和费用索赔。工期索赔需关注是否影响总工期。如业主单位不同意工期顺延，则应要求补偿赶工费。费用索赔要考虑全面，包括分包人员窝工费、管理人员工资、机械台班闲置费（含折旧、租赁费用）及停工期间材料涨价费用等。

第三，工程量应根据签证记录如实上报，单价按照清单价执行；没有清单价时，可参照当地计价依据及定额确定。

## 45. 冬季施工措施费如何进行索赔？费用应如何计量计价？

>> 问题详述 北方某项目因业主原因造成工期延误3个月。为了保证工期，上部结构于11月8日上报了《冬季施工方案》，并按批复后的方案进行了冬季施工。冬季施工期间混凝土采用抗冻混凝土，塑料布、保温被覆盖保温，电暖气加热等措施。针对以上情况，冬季施工如何进行费用索赔？冬季施工费用应如何计量计价？

第一，在向建设单位提出费用索赔之前，必须深入研究合同条款及其附带的清单，确认其中是否已包含冬季施工的相关费用，并明确合同中是否允许对此类费用进行索赔。

第二，针对本项目，因业主原因造成工期延误3个月，项目部应在第一时间向业主明确指出该延误并非我方责任，并获得业主的书面认可，例如会议纪要或确认文件等。对于冬季施工措施费用，无论合同中是否已包含该费用，我方均应按时提交冬季施工措施费用索赔申请及相关证明材料，以避免错过索赔期限（通常为事件发生后的28 d内）。此外，在索赔申请中，应将此前已收集到的、业主确认的、非我方原因导致工期延误的文件作为冬季施工的证明材料。在施工过程中，应保存现场按照业主批准的《冬季施工方案》执行的影像资料，包括采用抗冻混凝土、塑料布和保温被进行覆盖保温，以及在气温低于零下5 ℃时使用电暖气加热等措施。同时，应与业主积极沟通，将现场实际使用的人工、材料、机械及其他施工辅助材料等相关资料形成签认单，并整理业主批准的《冬季施工方案》以及相关的合同、供货清单、结算和发票等资料，以此作为依据，及时向业主提出现场冬季施工费用的索赔。

第三，冬季施工措施费用的计量计价有两种方式，一种是按照签认单及我方实际的费用单价进行计量计价；一种是按照定额计价，按照项目所在地区的冬季施工措施费计费标准进行取费。项目部应充分核算两种方式的总体金额，在保证我方利益最大化的原则下，与业主沟通谈判，争取选用费用更高的方式进行计量计价。

## 46. 发包人未按合同约定接入网电，承包方采用自发电费用如何索赔和计量计价?

>> 问题详述　某项目根据施工合同约定，发包人应在计划开工日期14天前，开通进出施工现场的交通通道，提供水、电、通信接点。施工开始后，发包人未提供水、电接点，直至1年后施工现场才接入网电。无网电期间，施工单位采用发电机自发电进行生产生活。针对以上情况，如何向建设单位进行费用索赔？自发电费用应如何计量计价？

第一，向建设单位进行费用索赔的策略。

①学习合同条款，明确合同具体约定。

②书面报告。一是及时向建设单位发送书面报告，说明其未提供水、电接点对施工造成的严重影响，要求建设单位及时下发由我方代为发电指令单，并表明我方将进行费用索赔的意向。二是编制用电专项施工组织设计并报送业主单位审批，为后续计量做支撑依据。三是提交详细的索赔报告，包括事件经过、造成的预估损失和预估索赔金额及计算方式等。

③证据收集。保存所有与自发电相关的文件和记录，如发电机租赁协议、燃油购买发票、发电记录等，并获取甲方、监理的旁站材料作为签字确认记录佐证。

④费用明细核算。应详细列出自发电期间产生的各项费用，包括发电机租赁费用、燃油费用、维护费用、操作人员工资等。

⑤进度影响评估。应对因自发电导致的施工进度延误情况进行分析，并评估可能产生的工期及间接损失。

第二，自发电费用的计量计价方法。

①据实结算。

a. 发电机租赁费用。根据租赁协议的单价和实际租赁时长计算。

b. 燃油费用。按照燃油的实际消耗量和单价计算。

c. 维护费用。提供发电机维护的记录和发票，按照实际发生金额计算。

d. 操作人员工资。根据操作人员的人数、工作时长和工资标准计算。

e. 额外损耗费用。考虑发电机使用过程中的额外损耗，如零件更换等，根据实际情况估算费用。

②定额结算。根据已完工程量和定额机械设备用电量计算用电总量，再根

据公路、铁路等定额发电机发电价格计算公式，计算自发电单价，发电机总费用=用电总量 ×（发电机发电价格-合同约定网电价格）。

## 47. 项目暂估价，如何确认价格，避免审减风险？如何利用暂估价增收创效？

>> 问题详述　某项目合同约定110 kV主变电站、水电管网管材、深层淤泥地基处理等项目为暂估价，如何确认设备及材料价格，避免将来审计的审减风险？如何利用暂估价增收创效？

第一，对于专业性较强的项目，如案例中的110 kV主变电站，自主施工难度大，效益难以预测，可与建设单位联合进行公开招标，以公开招标确定价格，避免审计审减风险。

第二，对于常规项目，如案例中的水电管网管材，要根据合同条款向业主确认定价原则，若采用信息价确定价格，项目部可根据信息价走势，科学研判采购期信息价与合同工期月信息价之间的价格差异，选择合适的月份准备相应采购资料；若以市场询价确定价格，可依据材料设备的特殊性、稀少性等合理提高采购价格，从而增加收入。

第三，暂估价项目可避免投标竞争带来的降价，创效策划具备一定的操作空间。如案例中的深层淤泥地基处理，要强化技术与商务的结合，在满足地基承载力要求的前提下，选择效益最佳的地基处理工艺或工艺组合，从而实现效益最大化。

## 48. 如何通过认质认价工作提高项目利润？

>> 问题详述　污水处理厂类项目涉及的无信息价材料、设备种类动辄多达上千项，材料、设备的费用在工程造价中占比较高，往往能决定项目盈利与否。如何通过认质认价提高项目材料、设备的盈利空间，避免亏损？

第一，项目启动初期，应联合建设单位，制定认质认价工作办法，明确认价小组成员、需认质认价的范围、价格确认程序等。常见的价格确认方式包括招标确定、参考类似工程价格、线下询价等。

第二，进行市场调研与比选。通过多种渠道收集相关材料、设备的市场信息价，了解不同品牌、不同规格型号的材料、设备的性能特点、质量差异和价格范围。在此基础上进行比选协商，确定能提供符合设计及各类规范要求且性价比较高、能多让利给我方的供应商。针对已确定的设备材料型号种类，提前介入前期设计，可将相应材料设备型号种类入图，避免后期因为设备型号选择及供应等问题出现变更，增加成本，影响工期。

第三，根据施工进度，分批次编制需认质认价计划表，与参建各方共同确定相关材料设备的质量标准、技术参数、数量等，按项目认质认价工作规程进行价格确认。

第四，若认质认价工作已经滞后于采购工作，应变不利条件为有利条件，按认价工作流程，主动为询价小组提供询价资源（污水厂专用设备可供应厂家较少，与潜在询价供应商提前沟通），力争实现预期利润。

第五，与造价站建立联系，以补充造价信息形式体现认质认价材料价格。

## 49. 因地质条件与业主提供地勘报告不符，如何主张增加费用?

>> 问题详述　某工程项目，原合同清单中土方开挖及外运单价偏低，实际施工过程中发现现场开挖土质与地勘报告差异较大，开挖难度增加。作为商务人员，应如何减少亏损并争取合理利润?

第一，认真研究合同内容，特别是关于变更调价的条款。

第二，组织现场勘查，收集证据证明土质差异。

第三，与甲方、监理方协商，根据合同提出变更单价的诉求，并提供相关证据支持。

第四，优化施工方案，降低施工难度和成本。

第五，如果协商无果，考虑通过法律途径解决争议。

## 50. 初设文件招标项目，施工内容发生重大变更，过程如何正常计量?

>> 问题详述　采用初步设计文件招标形成的固定总价合同，实施阶段的清单与概算清单项目难以对应，实施阶段工程数量较初设阶段变化较大，导致进度计量存在一定难度。上述情况下，如何避免无法正常计量的风险?

固定总价合同中，中间计量是为付款提供依据，而不作为竣工结算使用。

可以采取以下方式解决过程计量的风险。

第一，与业主协商，按照实际发生工程量进行计量，实行总价控制，而非总量控制。或签订补充协议，明确按工程进度百分比进行付款，不以计量金额为依据。

第二，及时梳理实施阶段0#清单，在总价不变的前提下，上报业主单位进行工程量变更调整，以便于过程计量。

## 51. 固定总价合同模式下如何创效？

>> 问题详述 固定总价合同中，超过清单量的项目不予认可，少于清单量的项目按实际发生结算。固定总价合同模式下如何创效？

（1）合同签订前。

第一，需仔细审查项目特点，明确固定总价所包含的内容及存在风险的部分；对存在的风险进行评估，在合同中明确风险承担原则，进行风险转移及风险规避。

第二，要深度参与前期项目设计，提出优化建议，通过做大盈利项工程量及措施项入图等措施优化设计方案，提高项目效益。

（2）合同实施过程中。

第一，要严格控制成本，合理安排施工进度，缩短施工周期，确保项目施工质量。

第二，积极争取变更和索赔。虽然固定总价合同中超过清单量的项目不予认可，但在实际施工过程中，可以创造或者争取将超出合同清单量的项目转化为合同范围外的工作或业主提出的变更要求，进而争取获得业主认可。

（3）项目结算阶段。

第一，在项目结算阶段，确保资料的完整性和准确性。

第二，在结算过程中，要根据合同约定和实际情况，合理确定结算价格。若业主对于清单中少于清单量的项目存在异议，要按照实际发生的工程量进行结算，为避免结算争议，在结算上报时，应尽量使实际发生的工程量接近清单工程量（将包干部分清单量做满做实）。

（4）对于一些存在争议的问题，如合同内有不利于我方结算的霸王条款，在协商无果的情况下，可以通过仲裁、起诉等法律途径解决，力争取得合理的结算价格。

## 52. 如何足额计取安全措施费？

>> 问题详述 安全措施费为不可竞争费用，如果无法完全使用，可能导致计量金额减少。如何足额计取安全措施费？

第一，收集、分析合同及项目中关于安措费使用和计取的相关约定和文件。

第二，制定安措费策划方案，内容包括但不限于分包合同中涉及的安措费和安全物资采购、安全设施投入、人员设备投入等。

第三，按照策划方案制定安全保障方案并报监理、业主批复。

第四，收集相关支出发票、留存现场影像资料及相关合同、结算资料作为计量依据。

第五，将相关联的或类似的支出项目，以安措费名义列支。

## 53. 如何防范业主延期支付风险，保障我方权益？

>> 问题详述 在项目建设过程中，可能遇到业主延期支付工程款，导致施工进度受影响、拖欠下游供应商款项的情况。如何防范业主支付风险，保障我方权益？

第一，加强合同管理，在合同中明确约定资金支付的时间节点、方式及违约责任，确保合同条款具备可操作性和可执行性。

第二，提交履约保函后，应要求业主提供支付担保。

第三，加强过程计量结算管理，做到早计量、早收款。

第四，根据业主资金到位情况，合理调整施工计划，优先保障关键线路和关键节点的施工，确保项目整体进度不受太大影响。

第五，通过精细化管理，严格控制项目成本，减少不必要的开支，提高资金使用效率。

第六，加强与供应商的沟通与协调，及时通报项目进展和资金状况，争取其理解和支持。

第七，在项目执行过程中，注意保留与业主、供应商之间的往来函件、会议纪要、付款凭证等证据材料，以便在发生纠纷时作为证据。

第八，建立风险预警与应对机制，对项目执行过程中资金风险进行识别和评估，制定应急预案，确保在风险发生时能够迅速响应并有效处理。

第九，对于业主长期拖欠工程款的情况，应及时咨询法律专业人士，采取诉讼、仲裁等法律手段维护自身权益。

## 54. 如何降低施工图预算结算项目审计阶段，因支撑性依据不足等问题产生的审减风险？

>> 问题详述　某项目合同采用施工图预算下浮模式，图纸中台背回填材料为碎石土，预算中碎石土按照碎石与土 1∶1 的比例，考虑拌和计算后为 87.65 元/$m^3$。审计提出“信息价计取有误，未按当期信息价计算（信息价无碎石土材料，审计按三角砂信息价 47.57 元/$m^3$ 计取）”。碎石土常规没有拌和工序，碎石土含义也有争议，致使结算审减风险极大。上述情况下，如何避免结算审计阶段，因支撑性依据不足等原因产生较大的审减风险？

第一，对于施工图预算下浮的结算模式，在预算编制时，要精心优化每个分项预算价，不能一味追加总价而忽视单价，否则，预算价格可能虚高，严重偏离市场价，且缺乏支撑性依据，审减风险极大。

第二，要充分研读合同及招标文件中关于材料基期信息价的相关条款。

第三，根据施工图纸文件及技术说明，研判碎石土配合比、碎石质量要求和技术参数。

第四，参考类似定额。例如参考二八灰土定额，将材料和含量按照设计要求进行替换。

第五，若缺乏可参考的定额，可通过试验段（首件）施工，合理优化试验数据及技术参数，凭借批复的试验段总结报告，为预算组价提供依据。

第六，与地方造价站沟通，补充碎石土材料的信息价。

## 55. 海中桥梁基础工程钢护筒一次性摊销，如何获得业主和审计支持？

>> 问题详述　某项目合同采用施工图预算下浮模式，由于施工现场作业条件限制，在海中桥梁基础施工过程中，钢护筒无法拔出。按照定额规定，钢护筒需按照一定的周转次数进行摊销。如何获得业主和审计单位支持，争取钢护筒按照一次性摊销计入单价？

第一，通过对业主合同相关条款研判，与业主及设计单位确认现场实际施工作业条件与投标期条件不一致，确定此项属于变更项。

第二，向监理单位、业主单位、设计单位上报具体的典型施工方案，待各方确认典型施工方案后，启动相关变更程序，如需召开专家评审会，应组织对方案进行评审。

第三，详细记录施工情况。对施工现场的作业条件进行详细记录，包括海洋环境、海底地质情况、桥梁基础施工的具体工艺过程等，可以通过拍照、录像、文字描述等方式，真实反映钢护筒无法拔出的实际情况。

同时，记录钢护筒的规格、数量、使用时间等信息，以及在施工过程中为尝试拔出钢护筒所采取的措施和付出的努力。

第四，提供技术分析报告。对钢护筒无法拔出的原因进行技术分析。报告应包括对海洋环境、地质条件、施工工艺等因素的综合分析，以及钢护筒无法拔出对工程成本的影响评估。技术分析报告应具备权威性和客观性，能够为钢护筒一次性摊销提供科学依据。

第五，收集相关定额和规范。查找并收集与钢护筒摊销相关的定额规定和行业规范，证明在特定的施工现场作业条件下，钢护筒无法按照定额规定的周转次数进行摊销，而应按一次性摊销计入单价。

## 56. 如何应对业主布置的合同外的工作并拒绝签认？

>> 问题详述 在项目实施过程中，经常出现各级领导布置合同外的工作，或者调整现场施工安排等情况导致项目成本增加。签认过程中业主相关人员以各种理由拒绝签字，签认工作因无书面资料而最终无法确认。如何应对上述情况？

第一，明确合同内容和范围。

详细审查合同条款，明确合同规定的工作范围、费用承担方式以及变更程序，以此确定哪些工作是合同内的，哪些工作是合同外的，同时明确合同对于变更和额外费用的具体规定。

与业主方进行充分沟通，明确各级领导布置的合同外工作是否属于合同变更范畴，以及是否应纳入合同外费用确认流程。

第二，加强签证管理。

a. 建立签证制度。制定完善的现场签证管理制度，明确签证的流程、责任人和权限，确保所有合同外的工作都有明确的签证记录和书面资料。

b. 及时办理签证。对于合同外工作或施工安排调整，应及时与业主方沟通并办理签证手续，避免事后因缺乏书面资料而影响费用确认。

c. 保证签证内容的准确性。签证内容应准确、详细，涵盖工作项目、工程量、单价、总价等关键信息，确保签证资料能够准确反映实际情况，为费用确认提供有力依据。

第三，应对业主拒绝签字的策略。

a. 加强沟通。与业主方保持密切联系，了解拒绝签字的具体原因。并针对原因进行解释和说明，争取达成共识。

b. 提供充分证据。准备充分的证据材料，如现场照片、施工日志、会议纪要、邮件往来等，以证明合同外工作的真实性和必要性。

c. 向上级部门反映。如果业主方内部存在意见分歧或责任推诿，可以向其上级部门或相关监管部门反映问题，寻求支持和帮助。

d. 寻求法律支持。如果沟通无果，可以考虑咨询专业律师或法律顾问，了解相关法律法规和合同条款，评估自身权益，并视情况采取法律手段维护自身权益。

# 第四部分

# 成本管控

审视项目 0#清单管理、分包管理、物资管理以及船机设备管理等成本管控的核心要点，本书针对常见问题，提出具有针对性的应对措施，分享成本控制的有效策略，并确保项目成本得到有效管控。

## 57. 在项目实施过程中，如何科学地降低管理费？

一是优化管理人员配置。根据工程进展的不同阶段，合理配置管理人员，提高工作效率，避免人力资源的浪费。

二是重视收尾阶段管理。加快竣工结算收尾工作进程，减少因工程延期或收尾工作过长导致的管理费用增加。

三是优化内部管理流程。精简管理层级，优化业务流程，取消冗余管理环节。

四是适当提升劳务外包人员比例。将部分非核心业务交给外包人员负责，以降低内部管理成本，提高整体管理效率。

五是强化成本控制与预算管理。制订详细的预算计划，对各项管理费用进行严格的预算控制。定期进行成本分析，确保管理费用处于可控状态。

## 58. 如何提升 0#清单准确化、标准化、动态化高质量应用水平？

>> 问题详述　“0#清单”为项目的成本核算、进度控制、计量支付、变更管理等提供了基础数据和重要依据，如何提升“0#清单”准确化、标准化、动态化高质量应用水平？

第一，提升 0#清单的编制质量。由商务经理或总工牵头，组织工程、技术、商务等人员，按照 0#清单的格式进行编制。同时，由总工牵头，对现场与图纸的差异进行勘误，及时编制清单勘误表，并上报建设单位，争取合同内工程量的足额计量。

第二，强化对 0#清单的认识。0#清单作为基础数据台账，可用于物资采购计划、施工产值统计、对上计量、对下月度结算、物资应耗量统计等方面。

第三，加强信息化建设。利用先进的信息化手段，如项目管理软件、数据库等，建立 0#清单的数字化管理系统。通过系统化管理，实现清单数据的自动汇总、分析、查询等功能，提高管理效率。

第四，实现动态化管理。

要建立定期更新机制，根据项目实际进展情况，定期对 0#清单进行更新和修正。确保清单数据能够真实地反映项目的实际情况。

要加强变更管理，变更事项要及时在 0#清单中进行记录和更新，确保清单数据的准确性和完整性。

要建立预警机制，通过对清单数据的分析，及时发现潜在的问题和风险，为项目决策提供预警信息。

## 59. 如何加强材料管控力度，保证钢筋、混凝土等主要材料的消耗量及成本受控？

>> 问题详述 如何加强材料管控力度，规避材料超耗发现不及时、甲供材料扣款不及时等问题，保证钢筋、混凝土等大宗主要材料用量及成本受控？

第一，制订详细的材料采购计划，明确所需材料的种类、规格、数量、采购时间和地点等细节。

第二，根据施工进度和工程量，制订材料使用计划，合理分配材料的使用数量和时间，避免材料浪费和积压。

第三，加强材料的使用和消耗监控。准确记录材料的进出库情况；建立材料使用台账，明确材料的使用量和领用去向。制定合理的材料消耗指标，对材料的使用过程进行实时监控，及时发现并纠正浪费现象。

第四，加强合同管理，严格执行扣款条款。在合同中明确甲供材料的范围、数量、价格、扣款方式等内容，避免后期出现纠纷。一旦发现材料超耗或质量问题导致的扣款情况，应及时按照合同条款进行扣款处理，做到月结月清，确保甲供材料成本受控。即使责任难以明确界定，也应进行部分扣款，以达到对分包单位进行材料管理警示的目的。

## 60. EPC 项目如何在合规的前提下保持对上、对下结算之间的匹配关系？

>> 问题详述 EPC 项目经常分批次出图，业主方审核施工图预算的时间较长，施工图预算批复时间在分包合同签订之后，由于存在时间差，往往先签订的分包合同清单与后批复的施工图预算清单，在清单描述及清单所包含的内容上会有较大差异，造成分包合同工程量及单价会发生变化。如何在合规的前提下，保持 EPC 项目对上对下结算之间的匹配关系？

第一，要充分认识到，对上收入管理与对下成本管控属于两条管理线，对上与对下清单项并不需要完全匹配。

第二，即使施工图预算尚未批复，项目部仍可依据施工图编制工程量清单，用于开展分包策划，并据此编制分包工程量清单。编制时，可参照既有类似项目分包清单、公司指导价清单及项管系统相关标准。

第三，分包招标限价由项目实施单位成本部门参照局分包指导价、市场询价、类似项目单价等确定。

第四，加强分包施工过程收方管理，分包完成的工程量应依据合同据实结算。

## 61. 在分包合同履约过程中，如何管控三零（零星用工、零星机械、零星材料）费用？

>> 问题详述 在分包合同履行过程中，现场可能出现合同外零散小任务，且这些任务具有急迫性，而分包合同及结算又要求规避此类签证。该如何管控项目实施过程中的三零（零星用工、零星机械、零星材料）费用？

第一，将零星任务与主要任务合理组合，通过“大带小”的方式，将零星机械和用工安排到与之相关的合同中，并在分包清单综合单价中综合考虑，尽量避免单独为零星任务安排用工和机械设备。

第二，对于确需发生的合同外少量工作，或发生合同外少量零星人工、机械设备使用的事项，允许形成签证资料并办理结算，但要按照公司制定的分包合同外签证管理办法规范办理，并将该办法纳入分包招标文件及合同条款，明确签证立项、签认模板、签字审批（经济往来事项不得少于2人签字与盖章方有效）、备案等相关的人员和程序要求。明确未按要求办理并签认的费用，不得纳入分包单位的结算和计量，严格按制度审核，按制度审批，避免施工阶段随意签证，从而在结算阶段引发涉诉、维稳事件。

## 62. 在对上计量产值未确认，或工程款未到账时，应如何做好对下分包结算？如何有效缓解对下分包的付款压力？

>> 问题详述 项目对上计量产值未确认，或工程款没有及时到账时，如何做好对下分包结算、缓解对分包的付款压力？

第一，加强过程对上收入计量及完工结算管理，及早锁定债权，按合同约定及时收取工程款，做到量入为出。

第二，在分包招标文件中明确分包结算、工程款支付的程序、方式和比例，以及延迟支付工程款的期限和赔偿条件，并将相应条款写入分包合同。

第三，利用好资金平衡会，合理安排资金计划。要优先确保农民工工资及时发放。

第四，丰富资金支付方式及渠道，可采用提高金融产品支付比例或以房抵债等方式支付部分费用或消化部分债务，减少项目付款压力。

## 63. 如何加强联营单位的分包合同、结算及付款管理，规避联营单位履约能力不足和索赔风险？

>> 问题详述　如何做好联营项目分包策划、分包合同条款约束、把控分包合同结算付款，规避联营协作单位履约和成本失控、索赔的风险？

认真学习公司下发的《联营合作项目指导意见》，根据文件要求开展联营项目管理工作。

第一，在合作前要审查联营单位的资质及承揽业务的能力，或对联营单位的资产、诉讼及公司经营状况进行实地考察，并据此确定合作意向。

第二，在投标前要签订联营项目框架协议，明确双方的责、权、利。要确保合同条款的详细性、准确性，且具有可执行性。对于业主计量、付款、变更、调差等事项要有背靠背条款约定。

第三，分包、物资、设备专项策划和包件划分须符合合规原则；要参与并监控联营单位在管段工程中的履约情况和成本管控，避免甩手掌柜现象。

第四，加强谈判，细化研究合作模式，如统一管理、拌和站、梁场统一管理，挖掘创效点。

第五，要求联营单位按分包合同约定，及时缴纳履约保证金和农民工工资保证金，以降低其履约风险。

## 64. 在项目对上最终结算未确定时，如何对劳务结算工程量进行总体管控，避免超结？

>> 问题详述　项目尚未完成最终结算审计时，如何把控分包结算，避免出现超结现象？

第一，分包结算的基本原则是依法合规、遵守合同，同时还应遵循“以收定支”原则。项目部应在此原则基础上，参照局、公司相关制度办法，实事求是地办理结算。对于确有资金压力的项目，可参照“百问百答问题 16”的意见办理，但仍要尽量做到“欠钱不欠账”。

第二，在分包合同签订时要明确工程范围、单价、总价、结算方式及付款条件等关键条款，并在合同专用条款中约定结算的工程量计算规则。

第三，要做到月清月结，避免过程预结；严格审核，做到应扣尽扣。

第四，在办理分包结算时，要根据合同约定的工程量计算规则，对分包单位已完成的工程量逐一核实，严控收方量，防止出现超合同量或超出图纸及 0# 清单工程量结算情况。对有审计风险的清单项，可采取暂不办理完整结算手续或降低结算数量的方式，规避超结风险。

第五，加快已验收项目对上结算办理及审计定案工作，具备条件的项目，待完成审计后再对该分包单位办理完工结算。

## 65. 如何归集成本费用，避免成本遗漏？

加强学习和培训，提升相关人员的专业能力。

确保形象进度、收入、成本归集的口径及时间节点相互匹配。

做好成本数据的分类（如分包、物资、周转材料和设备等），确保科目设置准确、费用归集方法正确，并做到归集及时。

强化部门协同，加强与工程部门的沟通，核对实际形象进度及工程量，调整预结超结项和已完未结项；加强与物资部门核对领用盘点、消耗库存盘点，做到应扣尽扣（未完成的要予以调整），应销尽销（以库存为主）；加强与财务部门的核对工作，找出偏差项，调整账面成本（含间接费）；加强与其他部门及业务人员的协同沟通，识别其他偏差项并进行预估调整。

建立健全成本核算制度和流程，采用先进的成本管理软件和工具，如采用公司推荐的“商务算法”等，以提高成本归集的效率和质量。

## 66. 在月清月结工作中，若未明确对上收入量或施工图预算，如何提高分包结算的准确性，并规避超结算问题？

注意加强如下工作。

第一，采取系统策略及措施，确保施工图预算编制质量。

第二，加强分包合同谈判和起草工作，在合同中明确计量原则和方法，针对没有对上收入量或施工图预算的情况，设置结算办理的针对性条款，例如，在过程中根据工程进度，基于已实际完成的工程量，采用“保守方案”办理月度结算，待对上结算完成后，再对前期分包结算进行二次修订和确认。

第三，对于可能存在收入确认风险的工程量，应同步做好预警预判分析，避免出现超结情况。同时要注重加强结算复核，确保结算资料的完整性和准确性。

第四，对于部分无法准确确定的工程量，可以先进行暂估，并签订审计风险承诺函，最后根据项目结算审计定案情况，并进行调整和修正。

## 67. 分包单位低价中标，后期以停工等方式索赔，在商务管理工作中如何避免及应对此类情况？

>> 问题详述　某项目预制梁板施工，分包单位低价中标，施工后期要求调价，遭到项目部拒绝后，分包单位私自停工，恶意索赔，停工索赔时间长达 50 余天，导致项目工期延误、成本增加。在商务管理工作中如何避免及应对此类情况？

第一，招标时应科学制定限价和标底，实行双控，确保以合理价格中标。同时择优选择分包商，考察和评估拟中标单位的履约能力和信誉状况。

第二，合同中应设置反索赔条款，施工过程中收集各项证据材料，必要时采取法律手段，对分包单位给项目造成的工期延误和其他相关成本损失进行索赔。

第三，加快新单位的招标采购进度，避免对项目整体进度造成更严重的影响。

## 68. 项目前期临时设施费用在经济活动分析中如何摊销？

>> 问题详述　项目前期产值较小，临时设施及管理费用较大，占比较高。为真实反映项目效益情况，在经济活动分析中，这些成本费用需不需要进行摊销？如需要摊销，应按什么标准摊销？

第一，临建费用应按照局成本快报的编制原则执行，即“临时设施原则上按照一次性计算收入、成本，不考虑计量周期。临时设施要有设计、有方案、有预算、有分包分供合同，正常办理结算，按照标准成本清单，把相关工料机费用汇总后计入。临时设施成本应根据临时设施的确认收入比例进行摊销，确保收支同步”。

第二，正常前期管理费用如数额较大，可按工期占比或已发生成本占预计总成本的比例进行摊销，逐月计入成本。

第三，非正常前期管理费用（比如在不具备施工条件时未及时调整管理人员数量，造成管理费用过大），应计入当期成本，以便尽快采取纠偏措施，同时避免成本失真。

## 69. 对于无中标工程量清单及图纸，或分阶段出图纸的项目，对下合同及对下结算应如何处理?

>> 问题详述 某管理型项目，无中标工程量清单及图纸，中标后按照分阶段图纸施工，业主根据初步审核价款支付进度款，最终按照政府财评结果进行调整。这种情况下，对下合同及对下结算应如何处理?

第一，应尽可能根据现有资料，在投标前做好标前测算，规避项目整体亏损或少收多支的现象。

第二，原则上先按公司类似项目的价格体系、管理制度和市场实际询价进行分包招投标和结算，同时在分包合同中明确约定详细的“工序、材料、设备价格库”和价格调整原则，便于在施工过程中对新增项目进行重新组价。

第三，施工过程中根据出图进度，及时更新0#清单，修正对上和对下清单。及时对变更项进行确认，确保整体收益处于可控状态。

## 70. 桩基单位因桩位偏差导致下构单位处理费用增加，应如何处理此类问题?

>> 问题详述 某项目桩基单位完成钻孔灌注桩后，由桥梁下构单位进行凿桩头工作。由于个别桩位偏差较大，桥梁下构单位增加人工对桩位进行调整，并因此向项目部提出索赔。项目部该如何处理此类问题?

第一，核实桩位偏差的实际情况，分析偏差原因并明确责任归属。如果偏差系桩基单位施工不当所致，则相关责任应由桩基单位承担；如果偏差系不可抗力或设计缺陷所致，则相应责任不能完全由桩基单位承担。

第二，查阅施工合同，根据相关条款和索赔规定，为责任判定提供依据。

第三，进行索赔处理和协商沟通。项目部应与桥梁下构单位进行充分沟通，说明桩位偏差的实际情况和责任判定结果，听取桥梁下构单位的诉求，初步判定其诉求是否合理。如果桩基单位确需承担责任，应明确其应承担的赔偿金额和整改措施。如果责任并非完全由桩基单位承担，应协商确定合理的分担比例和解决方案。三方就索赔方案达成一致后，应签订书面协议，明确各自的权利和义务，以确保索赔处理的合法性和有效性。

### 71. 如何才能及时、准确地编制项目 0#清单？

>> 问题详述　部分项目 0#清单编制不及时、不准确，且未分解细化分部分项工程量，影响 0#清单的运用。如何才能及时、准确地编制项目 0#清单？

第一，项目经理应高度重视 0#清单编制工作，施工图工程量清单确定后，应牵头组织相关人员及时开展 0#清单编制工作。

第二，0#清单的编制应采用三级清单格式，并将分部分项工程量进行分解细化。

第三，根据施工图及施工图工程量清单，及时梳理 0#清单，查明是否存在漏项、虚量和虚价问题。

第四，0#清单应包含承包合同工程量和价、设计图纸量、项目实施实际工程量、下游分包工程量和价、物资采购工程量和价等内容。

第五，0#清单需要由商务部、工程部相互协同配合完成。工程部应对施工图纸工程量与招标工程量、承包合同签订工程量进行横向对比，梳理漏项、错项并进行补充修正，完善项目所有工程量清单。商务部负责对工程量进行抽查复核，并检查项目特征的完整性，针对漏项、错项清单进行梳理，制定变更索赔方案。对于价格存在偏差的情况，要深入分析原因，研究是否可结合市场价格波动进行价格调差，同时要注意收集佐证资料和信息价数据作为支撑。

## 72. 如何做好分包招标采购，保证下游合同能够及时签订？

>> 问题详述 部分项目分包策划未落实，未结合现场施工进度提前组织分包招标采购，合同签订流程缺乏提前量，先进场施工后签订分包合同现象未能有效遏制，甚至导致分包价格谈判时处于被动状态。如何做好分包招标采购，保证下游合同能够及时签订？

第一，严格遵循承包合同中有关分包条款的约定，结合项目组织模式确定分包模式（如劳务分包、专业分包）。

第二，组织有经验的专业人士进行分包策划，确保分包策划内容科学合理、可操作性强。根据分包策划，及时开展分包招标采购工作。招标阶段要明确分包费用所对应的具体内容及边界条件（包含安全生产、环境保护内容），应用0#清单管控分包招标、合同签订、计量结算。同时，应提前办理合同会签手续，确保分包队伍在进场前完成合同签订。

第三，严格落实“无策划不采购、无采购不签约、无合同不进场、不履约不结算、无结算不支付”的原则。项目实施单位要对项目进行不定期督促检查，按照分包招标采购、合同签订所需时间倒推，确定分包最迟招标采购时间，确保各项工作合规合法。

## 73. 如何做好项目分包月清月结工作？

>> 问题详述 部分项目月清月结存在以下问题：一是分包月度计量与实际完成情况不符；二是分包应结未结、月清月结流于形式；三是分包计量额超出分包合同额；四是分包最终结算出现大额索赔；五是分包商清退场索要退场费；六是分包成本关门不及时。如何做好项目分包月清月结工作？

第一，项目部应按月对所有分包单位办理结算。

第二，对于没有分包单价的签证、变更等项目，在实施前必须先确定分包单价，并签订原合同补充协议。

第三，合同范围外的所有费用应按月办理清算，重点包括签证的量、价与变更的量、价。

第四，因特殊原因，当月未能完成清算的分项，应在月度中间结算清账承诺书“已发生未清算项目费用表”中列清列全，且必须在下个月将所列项清算完毕，同时要注意清算和清账承诺书的连续性和闭合性。

第五，因施工条件变化或项目部原因等因素导致费用变化而引发的纠纷事项，要结合现场实际情况及时签认，留存详细资料，并按月清月结要求及时进行处理。

第六，最后一期结算书的累计结算额即为最终结算额。每月的结算书应体现本月结算清单和开累结算清单，结算清单项须为合同全部清单项与合同外项目，每月按所有分项进行累计。

第七，由于分包最终结算和退场存在时间差（退场时最终结算未完成），退场协议须明确退场具体时间，且应明确退场协议签订后，乙方的人员、设备、材料、工具，无论是在甲方工地范围内或是退场途中还是其他新工地，因任何原因遭受的任何意外、损失等风险均与甲方无关。

第八，专业分包队伍最终结算时须签认、提交承担审计风险承诺书，如发生业主或政府方审计核减费用，相关费用将直接从专业分包结算款中扣除；如甲方已超付，乙方应返还超付款及超付款利息。

## 74. 如何做好施工过程中钢筋、混凝土等主要材料的使用量及成本管控？

第一，建立采购管理相关制度，成立工作小组，明确权责分工、落实责任到人。

第二，分析并策划承包、分包、供应合同，从源头梳理钢筋、混凝土等主要材料的进、出方式。做好主要材料策划，例如在钢筋采购合同中明确检尺或称重计量方式、商业混凝土润管砂浆是否予以计量等。

第三，确立定额标准，实行限额领料。在施工前，根据设计图纸和施工方案，精确计算所需钢筋、混凝土等材料的理论用量，结合指导标准、定额或实际测算成果，设定领用数量的限额。

第四，优化工艺，降低主要材料耗量。例如钢筋搭接绑扎与焊接工艺比选；控制钢筋绑扎间距、合理利用模板支设的负偏差等，以降低耗量等。

第五，做好材料采购计划，控制的材料进场时间，优化库存。制订详细的材料采购计划，包括采购时间、数量、价格，根据材料市场价格走势，适时锁价，确保材料采购成本可控。

第六，做好材料进场管理，有效控制成本。譬如钢筋原材料进场计量以称重为主，辅以检尺复核等；混凝土使用掐灰量控制；商品混凝土进场过磅复验方量、严格控制砂石料含水量等。

第七，自拌混凝土时要注意砂率等拌和原材料质量对消耗量的影响，要加强理论配合比与实际配合比偏差控制。

第八，选择信誉良好、价格合理的供应商，并与其建立长期合作关系，以获得更优惠的价格和质量保证。

第九，充分利用经济活动分析，及时对超耗情况进行纠偏。

## 75. 如何在高速公路项目标段内合理组织土方平衡以实现成本最优？

>> 问题详述 某高速公路项目标段内存在土方平衡问题，二分部需弃土100万 $m^3$，三分部路基缺土90万 $m^3$，二三分部间存在有一座新建1 km隧道无便道可通。实际施工中，二分部就近弃土，三分部借土填方并发生大额亏损。如果你是项目管理者，应如何组织实现成本最优？二分部弃土是否能满足三分部路基缺土需求？

第一，在二、三分部之间无便道可通的情况下，若要实现二、三分部土方平衡，隧道必须作为先期开工点，优先打通1 km隧道。二、三分部分包单位进场后，二分部应在隧道口征一小型弃土场，以满足隧道打通前二分部的弃土需求。三分部可利用隧道洞渣填筑路基。隧道打通后，三分部利用二分部挖方及隧道洞渣实现土方平衡。

第二，此施工方案可有效节省二分部挖方及隧道弃方所需弃土场的征地、防护结构、“环水保”（环境保护与水土保持简称环水保）及复垦费用投入。但受隧道施工工期影响，二、三分部工期较为紧张，因此还需考虑二、三分部因赶工造成的成本增加，择优选取最终施工方案。

第三，二分部弃土共100万 $m^3$，按1.16比例系数折合后，共计86.21万 $m^3$ 压实方，三分部路基缺土90万 $m^3$，利用完二分部土方后仍缺3.79万 $m^3$，所以二分部弃土不足以满足三分部缺土需求，但三分部缺土可利用隧道洞渣补足。

## 76. 如何做好0#清单在项目进度、分包、物资管理、成本核算中的动态应用？

>> 问题详述 如何将“0#清单”动态应用到项目进度管理、分包管理、物

资采购、成本核算等工作之中?

（1）进度管理。

①用于进度计划编制。利用0#清单工程数量，结合劳动定额或施工经验，计算资源配置数量，确定各工序工作时间，编制进度计划方案。②用于跟踪工程进度。定期收集0#清单中各分项工程完工数量，计算实际进度，通过与计划进度进行比对，检查关键线路上各项工作的进度偏差。③用于工程进度纠偏。基于工程进度跟踪结果，找出滞后的关键工作，研究其是否影响工期目标，采取措施进行纠偏。④根据变更索赔批复情况，及时对0#清单进行更新。

（2）分包管理。

①用于分包策划及采购计划编制。利用0#清单工程数量，并结合项目总体工期要求及项目计划采取的管理模式，合理划分施工段，确定各分包施工范围及分包资源配置数量。②用于分包清单编制。根据分包策划确定的分包范围，从0#清单中提取相应分包清单。③用于分包结算。利用0#清单作为分包结算工程量的控制上限，严禁出现对下超量、对上结算工程量不足的现象。

（3）物资采购。

①用于物资策划及采购计划编制。从0#清单中提取物资材料需求量，并结合设计图纸和技术规范要求，提出采购需求计划。②作为限额发料的依据。0#清单各分部分项工程数量是审核领料计划和限额发料的依据，严禁超量领用。③用于材料节超核算。以竣工0#清单数量作为设计总量，与实际消耗量进行比对，计算材料的节超情况。

（4）成本核算。

①用于编制预算成本。利用0#清单数量及预算单价，计算分包（人工）、材料、机械等各项成本。②用于目标成本管控。通过0#清单计算已完工程收入和成本，测算未完工程收入和成本，计算预计成本与目标成本的偏差，找出亏损点，并及时采取纠偏措施。

## 77. 分包策划的主要内容有哪些?

>> 问题详述　部分项目分包策划未落实，未结合现场施工进度提前制订分包合同招标采购计划，合同签订流程无提前量，出现先进场施工后签订分包合同的现象，导致分包价格谈判时处于被动。分包策划的主要内容有哪些?

根据《中交集团暨中国交建工程施工分包管理办法》，项目在策划阶段应开展分包策划，明确工程分包范围及分包边界条件、分包模式，提出人员、设备等资源配置要求，拟定分包采购时间。分包策划主要有以下内容。

第一，工程概述。简单介绍工程的背景、目的、范围和施工条件。

第二，分包原则。根据工程特点和实际情况，确定分包的原则和依据，如技术质量要求、甲供材料设备范围等。

第三，分包范围及边界条件划分。明确需要分包的施工内容，施工段落的划分方式，以及分包边界条件的划分。

第四，分包模式。包括分包采购模式，如公开招标、邀请招标、竞争性谈判等；以及分包合同模式，如专业分包、劳务分包等。

第五，计划开始时间及分包单位进场时间。根据施工进度安排及招标采购所需时间，确定计划开始时间及分包单位进场时间。

第六，分包合同。针对分包内容和特点，制定有针对性的合同条款，明确分包商的权利和义务，约定合同条款和风险责任。

第七，分包管理。建立科学的分包管理制度，包括进度管理、质量管理、安全管理等方面。

第八，分包风险识别及控制。针对拟签订的分包合同进行识别风险，制定应对意外事件的应急预案和措施，提高分包风险控制水平。

## 78. 分包单位施工任务界面划分需重点考虑哪些因素？

>> 问题详述　分包管理是决定项目成败的关键因素，在确定各施工单位界面划分时，需重点考虑哪些因素？

第一，分包单位的自身情况应包括资质、技术能力、专业优势、履约信用、资源配置、协调组织能力、应急管理能力、资金财务状况等。

第二，分包界面划分应细致清晰，避免包件内容过于分散，导致界面交叉影响、协调工作量大；要确保质量问题可追根溯源，避免分包商之间相互推诿扯皮。

第三，包件专业性要保持统一，避免横跨数个不相关专业，导致中标分包单位无法发挥专业特长，或出现中标后的转包情况。

第四，综合考虑项目部综合管理能力，以及甲方提供的材料和机械设备情况，要合理划分包件大小与数量。

第五，要考虑业主对分包的要求。

## 79. 项目物资策划的主要内容有哪些？

>> 问题详述　物资成本是项目成本的主要组成部分，有效的物资管理是项目实施过程中降本增效的重要手段。在项目策划中，物资策划的主要内容包括哪些？

第一，物资需求确认。需要明确项目所需的物资种类、数量、规格等。

第二，物资前期市场调研。认真调查材料资源分布、市场价格、运输情况，并进行供需分析。

第三，物资采购计划。根据物资需求清单，制订物资采购计划，包括采购的时间、数量和来源等。

第四，物资采购流程。明确物资采购的流程，包括物资需求审批、供应商选择、采购合同签订、物资验收等环节。

第五，物资存储与管理。建立物资存储和管理方案，包括物资的分类、编号、分区、标识等。

第六，物资使用与调配。根据项目需要，合理安排物资的使用和调配，确保物资的高效利用和资源的合理配置。

第七，物资报废与清算。根据项目的进展和终止情况，及时处理项目物资的报废和清算工作。

第八，物资管理的监控与评估。通过建立科学的监控和评估机制，对物资管理的效果进行监测和评估。及时发现潜在的问题和风险，并采取相应的措施进行调整和改进。

## 80. 如何降低对下违规零星签证，规范印章管理，避免诉讼风险？

>> 问题详述　如何规范管理对下零星签证，避免用印和管理疏忽可能导致的项目效益流失，甚至引发维稳和法律诉讼风险？

第一，完善合同条款，在合同中明确签字授权人员及权限。加强合同交底工作，确保相关部门及现场相关人员熟悉并掌握合同的主要条款。

第二，制定零星签证管理制度，规范零星签证的操作流程，使用零星签证之前，需向项目部提交使用计划，并严格履行审批手续。

第三，根据现场实际情况，对于确实需要签证的部分，我方现场管理人员、分管领导、签证实施方以及相关第三方及时做好签认手续，为后续可能发生的扣款预留依据。

第四，建立项目部用印审批制度，严格执行“谁用印，谁签字，谁负责”的原则。

第五，对于因管理不善造成损失的情况，要追究相关当事人的责任。

## 81. 在施工过程中如何进行船机管理？

>> 问题详述　在工程施工过程中，需要使用大量的船机设备，如各种船舶、塔吊、起重机、挖掘机等。如果船机设备管理不善，就会导致闲置浪费、成本过高。在施工过程中如何进行船机管理？

科学配置。根据策划文件和施工组织设计确定船机需求计划，法人单位应依据自身资源并结合项目实际情况，选定合适的船机类型及配置模式。按照实际生产进度，科学配置船机装备，以保障施工生产的顺利进行。

集中调配。强化对既有设备的利用意识，对船机装备进行合理调配，充分发挥船机效能，同一项目内的船机资源必须进行统筹调配。

安全使用。加强装备管、用、养、修等常规使用管理，强化装备安全管控措施，预防装备相关安全事故的发生。

节能增效。选用绿色节能装备，做好装备能效分析，开展装备节能改造，降低装备能耗，减少使用成本。

## 82. 如何有效控制无清单收入的信息化费用？

>> 问题详述　面对业主对项目信息化、智能化持续走高的建设要求，项目施工过程中不可避免地会增加一些前期策划、标后预算等难以考虑到的技术服务成本，这部分成本绝大部分没有对应收入。如何有效控制上述成本、降低额外费用对项目整体效益的影响？

第一，充分研究招标文件、合同条款及地方或业主的相关管理规定，判断增加内容是否包含在合同范围内，是否可以申请业主补偿。

第二，无收入的项目。凡是与安全管理相关的技术服务内容，应纳入安全生产费支出管理范围，保证安全生产费用的足额归集，降低审减风险，确保项目利益不流失。

第三，对于可以列入科技研发费用的项目，要策划并完善相关手续，将其计入科技研发费用，以享受税收政策优惠。

第四，对于必须实施且实用性强的技术服务，要细化项目方案，满足项目需要，避免流于形式。方案报监理审核，进行经济比选，并通过公开招标的方式，降低成本。

第五，对于必须实施且实用性不强的技术服务，以满足迎检最低要求为标准，优先选择内部单位提供服务，以降低成本。

## 83. 大型水工项目如何控制船舶油耗?

>> 问题详述 大型水工项目外租船舶众多，船舶耗油量大，油耗成本甚至超过船舶租赁成本。项目部如何控制船舶油耗，降低用油成本?

第一，根据船舶的类型、用途、运行方式，选择相应的租赁形式。

第二，做好现场施工组织，合理调度使用船舶设备。

第三，船舶进场时详细登记船舶柴油机型号、额定耗油率等信息，做好进场燃油量确认工作，作为评估船舶耗油率的重要依据。

第四，引入信息化管理手段，采用远程油耗监控管理系统，实时监测油耗数据，对超耗情况及时预警。

第五，所有施工船舶均需按照要求填写《船机设备燃油消耗日报表》，如实反映船舶的工作内容、时间和油耗，项目部每月对物资和船机部门进行一次船机设备油耗专项检查，平时采取不定期抽查的方式，以确保油耗登记的真实性。

船机部和计合部每月月底对每艘船舶进行理论和实际油耗对比分析，如遇数据差异较大的情况要查明原因，制定纠偏措施并确保措施落实到位。

## 84. 在商品混凝土垄断的前提下，如何通过有效手段降低采购成本?

>> 问题详述 某项目使用海工耐久性混凝土，合同约定必须采用商品混凝土，而商品混凝土站受业主单位下属商品混凝土公司垄断，报价大大高于投

标报价，且后续存在涨价风险。如何通过有效手段降低商品混凝土采购成本?

第一，尝试以保障海工耐久性混凝土的质量、性能、供应能力等为理由，向业主单位提出申请，争取自建混凝土拌和站。

第二，通过招标文件及合同寻找突破口，比如以配置低收缩、高耐久性混凝土为由，在混凝土中掺加新材料，策划设计变更。

第三，深入研究合同中材料调差条款，寻求实施商品混凝土材料调差的可能性。

第四，扩大供应市场调查范围，寻找具备可行性的其他商品混凝土站，确定可以获得的最低供应价格，作为谈判压降的筹码。

第五，与业主单位沟通，探讨能否将混凝土变更为业主甲方提供材料，价格按投标报价中的材料单价扣除。

# 第五部分

# 商务管理经验分享

本书针对工程建设商务管理中的典型问题，分享丰富的商务管理经验。通过实例剖析，提供实用的管理建议，并助力项目管理者在复杂多变的商务环境中做到游刃有余。

## 85. 如何全面提升线上办理结算、付款等事项的工作效率？

>> 问题详述　目前公司已启用业财一体化、财务云等平台多年，合同审批、用印审批等均已实现线上审批无纸化管理，大大提高了办公效率，但部分项目部对下结算、付款等事项，涉及多个部门，仍采用传统的线下会签方式，且会签后仍需线上审批，大大降低了效率。如何实现项目部无纸化线上结算审批？

第一，对于项目部内部无须用印的文件传阅或审批，可以利用协同办公平台通用业务流程等功能，实现项目部内部审批传阅代替线下审批。

第二，可以探索建立项目“智能用印”流程，实现项目用印线上审批或项目加密电子印鉴等功能。

## 86. 如何发挥项目保险优势，增加理赔率，实现创收效益？

第一，提前开展保险理赔专项策划，分析梳理不利因素，对于可能导致工程施工期间风险损失的情况，制定专项的保险理赔策略方案。

第二，加强谈判力度，降低保险合同保费金额，或在相同保费的情况下，争取购买更适合本项目的保险条款或保险内容。

第三，明确项目部保险理赔工作的主责部门，避免出现内部推诿现象。要加强保险知识培训，提高管理人员的保险理赔意识。

第四，按照保险合同约定的理赔流程，及时通知保险人，做好预防、险损、施救全过程费用证据的收集与保存。积极配合保险公估机构，提供详尽的损失清单，做好查勘、检验、鉴定和估损理算工作，确保理赔收入及时到账，将险情损失降至最低。

第五，合理利用在保险理赔范围内的现场损失，有针对性地收集损失证据，提高上报理赔金额，加强与保险业务经办人及保险公估公司的沟通协调，争取将非保险范围内的损失通过合理方式纳入保险理赔范围。

## 87. 高速公路项目交工通车后，“克缺”（缺陷修复）涉及的相关费用如何扣除质保金？

>> 问题详述　高速公路项目交工通车后，进行建设期遗留问题处理时，经

常由业主单位或总包部统一委托处理。此种情况涉及的相关费用，如何有效地从参建单位预留的质保金中扣除?

第一，问题排查期间，由项目公司的相关部门、监理单位、总包部、参建单位（工区）对沿线结构及设施进行排查和责任划分，并建立对应的问题清单库。总包部对责任单位发文，要求责任单位按期处治。

第二，若责任单位未按期处治，经项目公司、运营团队、总包部协商后由业主单位或总包部统一委托处理的，应及时向责任单位发文通知（包含相关依据、处理方式、问题清单、预估费用等），并抄送上级单位。

第三，问题处理过程中，应做好合同签订、处治验收、计量签认等工作，并保存好相应资料以备查阅。

第四，问题处理完成后，应及时将所产生的费用通知到责任单位，并在后续质保金支付时做好扣减。

第五，如责任单位对已发生的费用存在疑问，可以遵循“谁质疑，谁举证”的原则，由牵头单位进行回复。若依旧不能达成一致的，可提交仲裁机构裁决。

第六，具体措施可参照《中交第一航务工程局有限公司关于加强投资项目建运移交评定、收尾克缺及保修管理的指导意见》。

## 88. 高速公路项目运营期间，中修、大修、专项工程等，在选定方案后，如何有效控制成本?

第一，在中修、大修、专项工程的实施年限内，应于年初做好对应项目的年度预算。可对接局相关部门、向周边高速运营单位交流学习、聘用造价咨询单位、与设计单位沟通，共同做好相关预算工作，确保各项费用有据可依。

第二，设计阶段要与设计单位做好沟通，通过组织专家论证，推动设计优化，进一步降低项目成本。

第三，招标工作按照相关法律法规及集团、局、项目公司相关管理制度进行。针对项目特点，灵活采用公开招标、内部竞标、询比价、养护单位议价等方式，有效控制项目费用。

第四，施工期间，项目公司运营路产部门应做好现场施工管理，及时处理过程中的方案调整，尽量减少变更，控制结算费用。

第五，按照“养护替小修、小修替中修、中修替大修”的原则制定养护方案。

第六，引入公路项目运营期全过程造价管理机制。在日常养护、小修、中修、大修期间，可以结合以往项目情况，根据项目所在地特点，总结项目施工过程中出现的各类问题，整理形成高速公路运营期养护施工指导单价，制定有针对性的养护方案，不断完善项目运营期养护管理工作。

## 89. 线性工程如何做好农民工实名制工作？

第一，根据国家相关法律法规，如《保障农民工工资支付条例》，以及集团、局、子分公司及项目业主相关管理制度，结合项目属地主管部门要求及项目特点，制定本项目行之有效的管理规定。

第二，落实农民工工资专户办理及使用制度，确保进场人员、考勤签到、发放记录三者一致，并要求分包单位每月签订农民工工资结清承诺书。

第三，在分包合同中明确农民工实名制及农民工工资保证金的相关要求。

第四，利用技术手段实现实名制管理，如在工人宿舍区加装人脸打卡设备，每天利用早班交底会进行打卡记录；在手机端安装定位打卡软件等。

第五，联合当地银行进场，为工人办理工资卡。

第六，采用不定时、不定点的形式对农民工进行抽查。

## 90. 跨度长达多年的项目，如何做好已完工未结算项目的收尾工作？

>> 问题详述　某些项目跨度长达多年，中途受到人员变更、财税改革等各种因素的影响，同时清账所需支撑资料不足。在此情况下，如何做好已完工未结算项目的收尾工作？

第一，成立工作组，制订工作计划。成立由实施单位领导牵头的项目收尾工作组，协调各项资源，推进项目结算收尾工作。对已完工未结算项目，按紧要程度进行分级，确定当年重点跟踪项目，并建立跟踪项目台账。

第二，选定跟踪团队，制订收尾计划。通过揭榜挂帅、奖罚激励的形式调动全员积极性，选定专业收尾团队对指定项目进行重点跟踪。收尾团队要制订详细的项目收尾计划，明确各个阶段的任务和责任人。

第三，联系前期人员。收尾团队与原项目团队成员进行沟通交流，了解施工过程中积累的项目信息、背景和存在的问题等，做到精确施策。

第四，梳理完善过程资料。全面清理手头已有的各项资料，结合项目施工图纸明确项目已完工内容。同时，注意从其他渠道收集资料，比如监理、业主等可能留存的资料比较齐全，可设法向其找回诸多过程资料。对于已经遗失的资料，可通过寻找和收集缺失部分对应的支撑资料，或通过现场可见的实物，证明该部分已施工，再与相关方沟通，补充对应资料。

第五，借用各方资源。了解项目未结算收尾的根本原因、业主方的诉求及难处，从业主方的角度提出建设性的意见，帮助其消除顾虑。积极调动各方力量（如政府部门、分包单位等）共同推进项目的收尾工作。

第六，定期监督与跟进。定期召开项目推进会，检查和讨论各项任务的完成情况，及时发现并解决问题，确保项目按计划推进。

## 91. 重力式沉箱结构码头设计变更优化方案有哪些?

>> 问题详述　某EPC码头项目为重力式沉箱结构，后轨道梁基础采用PHC桩（直径$\phi$800 mm和$\phi$1000 mm），码头后方回填砂采用振冲工艺，码头前沿线后方50 m内进行堆载预压（静载期150 d）。请结合初设图纸（如图5-1）和项目描述，提出设计变更优化方案?

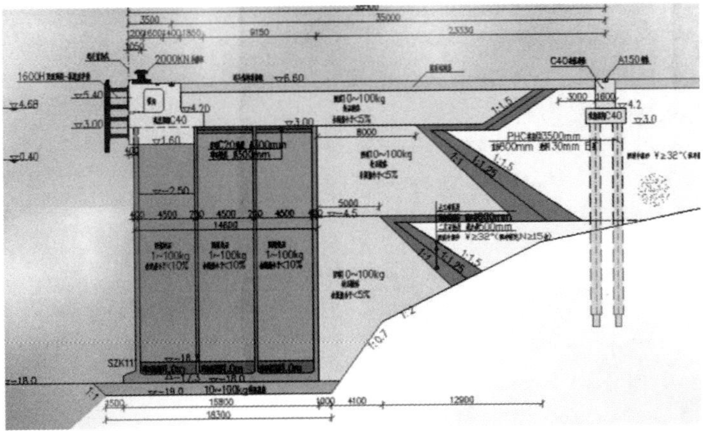


图5-1　初设图纸

第一，将沉箱后二级抛石棱体（顶宽8 m）优化为一级抛石棱体，实现棱体抛填、回填砂及振冲实现陆上施工，降低施工成本。

第二，将沉箱顶300 mm厚碎石垫层+300 mm厚素混凝土C20垫层，优化为在过渡段内保留，其余部分取消，减少施工工序。

第三，后轨道梁 PHC 桩直径 $\phi$800 mm 和 $\phi$1000 mm，属于非常规桩，施工费与主要材料费较高，建议优化为 $\phi$600 mm 和 $\phi$800 mm。

第四，码头前沿线后方 50 m 内的堆载预压，依据地基承载力要求，可优化并缩减堆载静载期，将静载期由 150 d 降至 100 d，降低施工成本，也可变更为低能夯工艺（水工定额此项利润较高）。

第五，沉箱间结合腔倒滤结构优化，取消沉箱间结合腔回填料。

第六，将两鼓一板护舷变更为浮式球形护舷，浮式球形护舷可采用移动形式，减少护舷数量，降低合同总造价。

## 92. 如何开展保险理赔工作？列举常见的工程保险险种。

问题详述 某项目遭受 50 年一遇的大浪，导致防波堤主体被冲毁、丁坝（挑流坝）临时围堰被冲坏。项目部应甲方要求开展灾后清理及工程修复，大幅增加了施工成本，导致项目亏损，损毁前后现场情况如图 5-2 所示。针对以上情况，如何开展保险理赔工作，保证项目不受损失？请列举常见的工程保险险种。

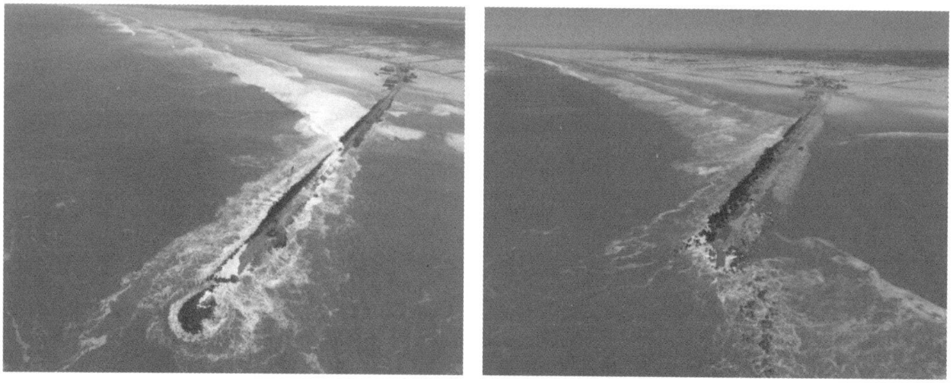

图 5-2 损毁前后现场情况

第一，应按照以下步骤开展保险理赔工作。

（1）前置工作。开展保险理赔的前提是要购买相关保险，因此前期要开展保险策划工作，根据项目模式选取保险类型。需要关注购买保险时提供的工程相关资料（包括设计图纸、施工方案等）与实际施工是否一致，如果在施工过程中设计图纸、施工方案等发生变化，要及时按照保单要求提交保险公司，防止在保险事件发生后，保险公司以设计、施工方案前后不一致为由拒绝赔偿。在制订可能发生的风险事件应急预案或策划时，应包括保险理赔应急预案或策划。

（2）及时报案。项目遭受损失后，应立即向保险公司报案，说明事故发生的时间、地点、原因及损失情况，并提交相关证明材料，如现场照片、损失清单、气象证明等。同时要与公司、业主、监理等相关单位沟通联系，获得指导与帮助。尤其是项目部，要立即将涉险情况上报公司，便于公司在最短的时间内给予指导。

（3）现场勘查。保险公司接到报案后，会派保险公司人员和保险公估公司人员前往事故现场进行勘查，核实损失情况，并确定损失原因是否属于保险责任范围。

（4）现场清理及临时防护。按照《保险法》规定，被保险人应当尽力采取必要的措施，防止或者减少损失。在保险公司与保险公估人完成初步勘查后，项目部要进行清理和必要的修补，确保施工通道通畅；要对受损防波堤进行临时防护，防止损失加剧；现场其他材料、设施、设备要注意转移存放，避免再次受损。对于修复量大、工序复杂且周期长的项目，建议保险公司派驻现场负责人，进行过程资料确认签收，以防理赔过程中出现争议。

（5）进行保险理赔准备工作。项目部要建立保险理赔领导及工作小组，梳理并启动工程险索赔流程：包括分析保险合同，研究保险保单；保险理赔资料上报；报损清单编制及上报；理赔费用支撑凭证收集；必要时引入外援，开展第三方评估。

（6）保险理赔谈判定损、定责。在谈判中据理力争，可以根据保险理赔需求，聘请经纪公司、律师等人员作为保险理赔幕后支持方，为保险理赔出谋划策。

（7）协商确定并支付赔偿金。保险公司与被保险人就赔偿金额进行协商，达成一致后签订赔偿协议。如果被保险人对保险公司的赔偿决定有异议，可以通过法律途径予以解决。签订赔偿协议后，保险公司会按照协议约定的时间和方式支付赔款，帮助被保险人及时恢复生产和经营。

（8）要做好总结复盘。做好保险理赔的复盘工作，梳理保险理赔定损、定责流程，总结保险理赔过程中采用的方法、策略和手段。

第二，常见的工程保险险种有四大类，共 8 种。

四大类包括：财产保险、责任保险、保证保险、人身保险。具体险种如下：①建筑工程一切险；②安装工程一切险；③承包商机械设备保险；④第三者责任险；⑤职业责任保险；⑥雇主责任险；⑦工程质量保险；⑧人身意外伤害保险。

## 93. EPC 项目如何通过联动设计实现预期效益？

>> 问题详述 EPC 项目，是一种包括设计、施工、设备采购、安装和调试，直至竣工移交的总承包模式，俗称交钥匙工程。设计成果是影响 EPC 项目利润的关键因素，如何通过与设计单位联动来实现预期效益？

（1）项目前期沟通。

①明确项目目标和预期效益。在项目启动阶段，与设计单位共同明确项目的目标，包括质量目标、进度目标和经济效益目标等。确保双方对预期效益有清晰的认识，以便在后续工作中协同努力，共同实现。

②参与设计方案的制定。施工单位应积极参与设计方案的编制过程，结合自身施工经验，结合施工可行性、成本控制和工期要求，对设计方案提出合理建议。

（2）设计阶段的合作。

①成本控制与优化。与设计单位共同进行成本分析，在满足项目功能和质量要求的前提下，探索降低成本的设计方案。

②设计图纸审查。对设计图纸进行审查，检查其是否符合施工规范和标准、技术方案是否合理可行、与现场条件是否匹配等，及时发现并解决设计图纸中存在的问题，避免施工过程中出现不必要的变更和返工。

③材料设备选型。与设计单位合作进行材料和设备的选型，选择既满足项目要求又具有良好性价比的产品。

（3）施工阶段的协调与反馈。

①及时沟通与协调。在施工过程中，应与设计单位保持密切沟通，及时反馈施工中出现的问题和变更需求。

②变更管理。应严格控制变更，建立健全变更管理办法。对于必要的变更，应与设计单位共同评估变更对成本、工期和质量等方面的影响。

③质量控制与验收。与设计单位共同制定质量控制标准和验收程序，确保施工质量符合设计要求。

## 94. 分包商是否可以用过程计量单主张结算和付款权利？

>> 问题详述　分包商是否可以用承包商与发包人的计量单来主张结算和付款权利？请说明理由。

第一，如果双方有明确结算依据，则分包商的主张不成立，应以双方的结算依据为准。

第二，如果双方没有结算依据的，则分包商的主张可能成立。

提示：承包商对分包商应及时办理月度结算和完工结算（月清月结及清账承诺书），避免类似情况发生；承包商与发包人结算数量要对分包商严格保密。特别提醒，存在量差的项目务必按分包实际完成量执行月清月结和清账承诺书制度。

## 95. 从商务经理角度，如何发挥“铁三角”的核心作用？

>> 问题详述　公司明确提出要加强项目经理、总工、商务经理的“铁三角”建设，培养“铁三角”人才队伍。从商务经理角度出发，如何进行协同管理，发挥“铁三角”的核心作用？

第一，“铁三角”中，项目经理负责统筹全局，从战略层面进行管理；技术总工、商务经理在战术层面进行管理，技术总工负责技术质量管理、协同商务经理等工作；商务经理对合约计划、预结算、开源节流工作负责，以施工技术和商务管理两条主线为抓手，对项目进行成本管控。

第二，项目出现问题时，项目“铁三角”需要紧密合作，共同决策和解决问题，分别代表项目的不同职能，从不同角度去思考和分析问题，共同提供解决方案。

## 96. 重点项目，如何增强分包单位履约竞优意识？

>> 问题详述　施工周期长、重视程度高的项目，如何在项目建设全周期，保持分包单位的活力和履约竞优意识，保证项目平稳推进。

第一，在合同策划方面，结合项目建设周期长的特点，采用“大单位小合同”模式。合同签订时根据当年施工组织安排，适当压缩合同体量，将履约主动权把握在自己手中，促使分包单位时刻保持危机意识。

第二，在生产组织方面，以劳动竞赛、关键节点为抓手，设立节点奖，充分调动分包单位自主组织生产能力，激发分包单位间的竞优意识。

第三，打通沟通渠道，定期与各单位领导进行现场对接，解决核心问题，明确阶段性工作目标，让项目部的管理重点和理念传达至分包单位决策层，在降低沟通成本的同时，提升项目整体管理质量。

第四，合理利用迎检的机会，以展示分包单位优质履约能力为切入点，在为分包单位提供自我展示平台的同时，切实提升项目整体履约质量，强化分包以履约换市场的经营理念。

## 97. 如何平衡分包自带和租赁设备，在管控成本的同时又能避免违法分包？

>> 问题详述　轨道交通车站主体结构施工过程中，若是项目部提供设备，可能存在租赁成本不可控的情况；若由分包单位提供则存在劳务分包带机械设备的情况，属于违法分包。该如何进行平衡？

第一，对于专业化程度高或单个分包设备利用率高的项目，可以签订专业分包合同，并将相关内容纳入分包单价内；对于单个分包设备利用率不高的项目，项目部可以结合总需求量，统一租赁、调配使用。

第二，对于无法签订专业分包的工程，可以拆分合同，以租赁的方式使用机械设备。

## 98. 如何规避分包单位索赔？

>> 问题详述　在项目管理过程中，分包单位索赔问题是较为常见的风险之一，如何减少或规避此类问题的出现？

第一，严格分包商选择。项目准备阶段，组织技术过硬、经验丰富的专业人员根据项目特点编制分包策划，提前谋划分包模式、队伍选择、施工区域划分等。实施过程中严格进行分包资质审查，确保分包商具有相应的施工能力和经验。采用公开招标或竞争性谈判等方式，选择具有良好信誉和综合实力的分包商。

第二，明确施工内容和边界条件。编制详细的工程量清单，明确工程量和价格，明确分包队伍施工内容、费用边界条件，减少因工程量或费用边界不清晰等争议导致的索赔。

第三，明确合同条款。在合同中明确工程范围、质量标准、工期要求、费用支付等条款。详细规定变更处理流程和索赔的条件，设定合理的索赔时限，并尽可能详细地约定分包单位承担的风险范围。

第四，加强沟通协调。强化项目进度和成本的动态控制，及时发现和纠正分包商可能存在的延误和成本超支。建立有效的沟通协调机制，确保分包商与项目管理团队之间的信息交流畅通。及时解决分包商在施工过程中遇到的问题和困难，避免其成本不合理加大。

第五，完善记录和文档管理。确保所有工程文档和记录的完整性，包括工程进度、质量控制、变更记录等。在发生索赔事件时，能够提供充分的文档支持。

第六，强化风险管理。对可能引起索赔的风险进行识别和评估，制定相应的风险应对措施，并在合同条款中约定可控风险和不可控风险的处理方式。

## 99. 投标报价技巧有哪些？

问题详述 投标报价策略对提高项目利润率有重要作用，项目报价时应采取一定的策略。请列举几项投标报价技巧。

第一，对于能够较早实现计量结算的项目（如基础工程、土方开挖桩基等），清单综合单价可以适当提高，以便早日收取工程款。

第二，预计工程量可能会增加的项目，单价可适当提高；工程量可能会减少的项目，单价可适当降低。

第三，对于设计图纸不明确或有错误的，预计今后会修改的项目，可以适当降低报价。

第四，对于不能准确计量的项目，如土方工程，或没有工程量只报单价的项目，如土方中挖淤泥、岩石等单价，单价宜高一点，这样做既不影响投标总价，又可能带来更多获利机会。

第五，掌握关键技术，而且竞争对手又较少时，报价可适当提高。

## 100. 因业主原因停工的项目，为了维护自身权益，应采取哪些措施？

>> 问题详述 因市场环境原因，公司停工项目占比逐渐增大。因业主原因停工的项目，为了维护自身权益，应采取哪些措施？

第一，联合业主、监理及跟踪审计单位对已完工程进行盘点，确保已完工程的计量与实际进度保持一致。

第二，根据合同条款在规定时间内（一般为受影响后的 28 d 内）向监理、业主书面提出索赔意向通知书，说明事件的起因、开始时间、受影响的内容、预计产生的后果等。

第三，在受影响期间，收集并签认好人员、设备、材料等费用损失以及受影响的时间，为后续索赔打好基础。

第四，若事件持续发生，应按照合同约定的时间间隔向监理、业主提交索赔申请书，事件影响结束后上报整体索赔报告（包括工期延长索赔和费用索赔）并跟踪批复。

第五，事件影响结束后，若判断可以继续实施且需要赶工（我方认为需要赶工的应先发出联系单、业主要求赶工的应获得书面指令），应按照合同约定上报赶工方案并附带赶工费用报告，申请赶工方案及费用批复，待业主批复后方可实施。

第六，事件影响结束后，若判断无法继续实施，按照合同约定申请解除合同，必要时通过法律途径维权。

# 附录

# 附录 1 广西某高速公路项目商务策划

## 一、工程概况

本工程为 PPP 投资项目，按照“固定总价（概算下浮率）+内部 EPC+风险包干”的定价模式。工程概况如下表所示。

**工程概况表**

| | | |
|---|---|---|
| 工程名称 | | 广西某高速公路项目 |
| 工程地点 | | 广西境内 |
| 工程类型 | | 公路 |
| 合同总价 | | 92918.77 万元 |
| 承包模式 | | 施工总承包 |
| 中标日期 | | 2021 年 4 月 |
| 合同工期 | | 29 个月 |
| 参建单位 | 建设单位 | * |
| | 设计单位 | * |
| | 监理单位 | * |
| | 施工单位 | 中交第一航务工程局有限公司 |
| 建设规模及主要施工内容 | | 项目标段起止桩号 K0+000~ZK16+271/YK16+364，全长 16.364 km，途经一县、一区、三镇 |
| 主要工程数量 | | 主要工程量包括路基挖方 234 万$m^3$，填方 227 万$m^3$，换填 93.65 万$m^3$，主线桥梁 3135.4 m/12 座，互通匝道桥 1123.4 m/5 座，天桥 2 座，涵洞（通道）64 道 |

注：“*”表示隐藏信息。

## 二、项目商务管理体系

### （一）商务管理组织机构

为加强成本核算和管控职能，确保成本受控，建立商务管理组织机构，其负责协调处理商务管理的各项工作。成员如下。

组长：项目经理。

副组长：商务经理及项目领导班子。

组员：计划合同部（简称计合部）、工程技术部、物资设备部（物资管理部）、财务资金部、安全监督部、外协部、综合办公室、试验室。

**商务管理组织机构表**

| 组内职务 | 职务/部门 | 职责分工 |
|---|---|---|
| 组长 | 项目经理 | 全面负责成本控制 |
| 副组长 | 商务副经理 | 组织成本控制管理工作，负责工程（劳务）分包、钢结构（铁件）加工、船机租赁、技术服务等资源选择程序的监控以及价格的控制，负责工程变更费用谈判确定，组织、主持月（季）度成本分析例会 |
| 副组长 | 项目书记 | 负责成本控制管理工作的宣传、监督及奖罚，负责办公及生活设施建设（配置）、维护管理 |
| 副组长 | 总工 | 负责施工技术、工效，进度计划、资源配置计划以及工程变更管理，负责施工工艺、流程优化，负责施工技术交底，指导、督促施工生产计划的落实 |
| 副组长 | 生产副经理 | 负责施工生产及船机管理，配合技术系统编制施工进度计划及资源配置计划，科学合理组织施工生产，重点执行施工进度计划及提升船机使用效率，监督船机油耗管理及外租船机使用登记 |
| 副组长 | 物资副经理 | 负责项目部物资采购、消耗核算，协助做好商务管理工作，做好主要物资计划收集及组织供应，项目部物资合同报批与签订结算、成本掌控与核算，负责报表、账表的编制与审核 |
| 副组长 | 安全总监 | 负责职业、健康、安全、环保及船机安全管理工作，重点做好安全生产费筹划、计量、统计工作 |
| 组员 | 计划合同部 | 编制成本预算，做好工程（劳务）分包、钢结构（铁件）加工、船机租赁、技术服务等资源选择及招标比选、合同谈判、报批签订及结算工作，做好工程变更费用编制、报审工作，做好成本分析活动组织、复核，参与分析、执行、评价及考核工作 |
| 组员 | 工程技术部 | 做好施工方案、进度计划编制以及工效统计工作，做好施工技术、质量管理及施工技术交底工作，重点做好工程变更管理以及各类工程数据、物资消耗核算工作 |
| 组员 | 物资管理部 | 做好物资（工程材料）设备及施工用料管理工作，重点控制采购价格及物资消耗，尤其是施工用料的管理，确保物资材料供应及时。做好船机设备管理工作，重点控制燃油消耗以及船机设备维修保养（含备品、配件）、设备采购等费用，督促维修保养及改造，确保船机设备运行状态良好 |
| 组员 | 财务资金部 | 负责成本核算工作，督促各部门按照相关财务、成本管理制度及时、合理、准确汇总成本，提供成本分析的基本报表 |
| 组员 | 安全监督部 | 做好安全管理及安全生产费筹划计提工作 |
| 组员 | 外协部 | 做好征迁对接协调工作，以及政府、公安等部门的日常对接工作 |
| 组员 | 综合办公室 | 做好办公及生活设施建设、维护，行政后勤采购及人力资源管理工作 |

## （二）成本管理制度

成本管理制度如下表所示。

**成本管理制度表**

| 序号 | 文件名称 | 文件编号 | 发布单位 | 实施日期 | 状态 | 主责部门 | 备注 |
|---|---|---|---|---|---|---|---|
| 1 | 成本管理办法 | * | * | 2021 年 11 月 | 执行中 | 计合部 | * |
| 2 | 计量、分包结算管理办法 | * | * | 2021 年 11 月 | 执行中 | 计合部 | * |
| 3 | 分包商管理办法 | * | * | 2021 年 11 月 | 执行中 | 计合部 | * |
| 4 | 合同管理办法 | * | * | 2021 年 11 月 | 执行中 | 计合部 | * |
| 5 | 招标管理办法 | * | * | 2021 年 11 月 | 执行中 | 计合部 | * |

注:“*”表示隐藏信息。

## （三）成本管理考核

（1）建立成本考核机制，分解成本控制目标，实行阶段考核，强化全员的商务管理意识。

（2）项目商务管理机构运行考核包括两部分：一部分是公司组织的过程考核，另一部分是项目部依据项目商务策划方案的运行考核。通过月成本分析，以及每月对管理机构运行进行内部考核，并对内外部考核结果进行总结分析，达到逐渐提高全员商务管理意识的目的。人员岗位考核如下表所示。

**人员岗位考核表**

| 序号 | 人员工作岗位 | 考核内容 | 考核结果 | 备注 |
|---|---|---|---|---|
| 1 | 各部门 | 数据之间相矛盾或有明显错误等，编制资料的质量差，难以用于成本分析 | 部门负责人罚款 300 元/次，分管领导 500 元/次并进行通报批评 | |
| 2 | 各部门 | 上报资料不及时，迟于次月 2 日，影响成本分析资料编制 | 部门负责人罚款 200 元/次，分管领导 300 元/次并进行通报批评 | |
| 3 | 工程技术部 | 按照施工区域进行划分，每个工区的现场负责人对区域资源进行统筹安排，最大化利用资源；若存在资源浪费情况（比如浇筑混凝土补方时，要精准，避免浪费情况），设备利用率不高情况 | 主管施工员罚款 200 元/次，分管领导 300 元/次并通报。对存在的问题及时找出原因并采取相应措施纠偏，再次出现类似情况，加倍处罚 | |
| 4 | 工程技术部 | 对现场的资源做好详细统计，留存好原始资料，协作队伍对项目部进行索赔时，出具相应资料证明非承包单位责任，避免损失流失。若无资料证明时，造成项目部损失的情况 | 对主管施工员罚款 200 元/次，对分管领导 300 元/次罚款，并通报 | |

续表

| 序号 | 人员工作岗位 | 考核内容 | 考核结果 | 备注 |
|---|---|---|---|---|
| 5 | 物设部 | 物资部仔细审核施工员上报的物资采购计划，出现采购物资的数量、质量、规格、型号有误，造成项目部损失 | 物资部长罚款 300 元/次，分管领导 500 元/次并通报 | |

# 三、项目主要风险识别及应对措施

根据项目实地考察情况，对地质地貌、施工合同、竞争性谈判文件进行研判，从业主、合同、施工、质量、安全环保、工期等角度，对施工环境、线路、专业范围、结构种类、分包管理、征地拆迁、环保要求等方面分析识别项目运行风险，并制定相应措施。

**风险识别应对表**

| 序号 | 风险类别 | 风险因素 | 应对措施 |
|---|---|---|---|
| 1 | 工期风险 | 高温、雨季持续时间长：该地区 5 至 9 月份为雨季，降雨频繁、量大，有效作业时间短，桥涵等结构物的施工效率低，尤其是路基膨胀土段基本无法施工。主要工程项目需要旱季集中赶工出形象，施工组织难度大，存在工期延误风险。<br>前期受现场征地制约，施工作业面不足，桥涵等结构物开工点位较少，将影响后期路基土石方连续作业面施工，增加土石方调运成本风险。<br>交通枢纽与既有高速公路接入手续及方案确定时间难以掌控，将导致工期滞后，增加了管理费和二次进场成本 | 1. 桥涵结构物数量较多，要积极谋划，关键点位桥涵应开尽开，打通路基施工断点，避免后期赶工导致成本增加。<br>2. 积极组织协作队伍进行关键开工点现场施工策划，按照征地进度合理配置资源，对涵洞通道工程、路基工程进行流水组织安排，合理调配土石方。<br>3. 合理编制总进度计划，路基中土方填筑尽量安排在非雨季施工并确保施工效率，挖方边坡开挖后及时防护，充分利用连续有效工作日，尽量避免雨季对施工的不利影响，及时跟进防护、排水施工。<br>4. 雨季期间施工，提前做好临时排水工作，并尽量做到“永临结合”，做好施工便道的日常养护。<br>5. 高温期间，混凝土施工尽量避开每日温度最高时段，保证混凝土的工程质量达标。合理利用早晚时间，保证施工效率。同时做好原材料、混凝土成品等的降温工作，确保施工质量达标。<br>6. 需收集资料，向项目公司报送索赔意向通知书，推动四改八接方案落地实施 |

续表

| 序号 | 风险类别 | 风险因素 | 应对措施 |
| --- | --- | --- | --- |
|  |  | 合同中约定的承包人须全面配合发包人及设计院，通过策略完善施工图方案等方式充实施工图预算，确保本合同约定施工段落的施工图预算批复额不低于概算分劈额。本标段概算分劈额为*亿元，通过与项目公司及设计院复核施工图，做施工图预算，最终施工图预算金额为*亿元 | 施工图预算中的水中措施费，如钢板桩、钢平台、钢栈桥，高墩施工的电梯、塔吊、特殊基础处理、石方开挖静态裂解等审计风险点，应做好辅助措施的相关资料收集工作，做隐蔽工程时，一定要把音像资料及相关证明材料留好，避免后期审计出现核减现象，确保过程计量的合规化。 |
|  |  | 竞争性谈判文件中根据涉铁费用要求，对于涉铁施工标段，涉铁费用按照概算费用额度分劈至相应标段，由项目公司牵头竞标，中标人配合进行涉铁施工及协调费用的谈判。核定下浮率时，涉铁费用部分单独考虑，不计利润，但项目整体概算建安费（含涉铁建安费）的综合下浮率不低于18%。最终实际确定的涉铁费用较分劈概算节约部分，项目公司给予据实结算。此费用从价差收益里支出，确权问题中存在支付风险 | 涉铁桥在初设阶段有两个转体跨越和一个连续梁跨越，项目部要积极与当地铁路局沟通协调，力争节约投资。<br>标段内部协议约定，涉铁桥梁部分不收取投资价差，根据概算额与代建合同额，结余部分归一标段所有。针对结余金额资金回款流程如何打通问题，需要与项目公司积极沟通 |
| 2 | 合同风险 | 政府征迁工作不及时，项目业主征拆款拨付不到位、融资贷款资金不到位等，不能足额支付工程款、民工工资，可能存在征拆支付滞后等现象 | 安排专人分工对接政府征拆部门、当地村民等相关单位，同时做好现场物探、调查工作。及时反馈征拆、迁改需求及时限 |
|  |  | 根据项目公司签订的特许经营合同，预计项目计量、支付、审计等手续均较为烦琐且时间较长，极有可能出现节点付款时间滞后现象，项目投融资方案中，项目资本金总额不低于项目总投资的20%，依据招标文件中项目投资进度需求，项目总体资金计划按照三年工期投放，投放比例为3：4：3，前期征拆投入较大，建安费占比相对较低，影响现场正常开工，并增加资金压力及成本 | 1. 积极与业主、监理及时沟通并提前计量，派专人督促工程款支付程序。<br>2. 合理安排施工组织，根据业主的资金投入情况，编制计划产值、完成的产值及时计量支付 |
|  |  | 分包商违约风险，后期出现阻工索赔、推诿、施工质量差及现场返工等现象。分包商恶意拖欠民工工资，民工工资不能按期支付 | 1. 对分包商的人员工资支付等情况进行监督、检查，制定农民工工资代发管理制度并按期发放。<br>2. 结算中暂扣分包商分包工程总价款的2%作为民工工资保证金，待合同履约完毕后，无欠款时再返还 |

**续表**

| 序号 | 风险类别 | 风险因素 | 应对措施 |
| --- | --- | --- | --- |
| 3 | 经济风险 | 工程结算风险。结算中出现推诿、超设计工程量结算等现象 | 分包合同中明确界面划分，按实际发生工程量进行结算，对于领料超耗、项目部投入的安措费等及时扣除，同时做好分包单位资源投入统计，避免分包索赔时核对困难。根据0#台账，建立工程结算明细台账，分包结算量必须控制在0#台账以内，同时各部门相关人员认真核对，严格把关，做到月清月结，避免超工程量结算 |
| | | 项目实施过程中，由于材料（包括钢材、钢绞线、水泥、柴油、沥青、砂、碎石、粉煤灰等所有材料）价格的涨跌而引发的费用增减风险由各标段自行承担，内部合同签约总价不因此而调整 | 根据现场生产组织安排，提前做好材料用量需求计划，实时关注大宗材料信息价，在价格较低时购买材料并储存备用 |
| 4 | 技术风险 | 溶洞处理风险 | 要确保每根桩的详细勘测，为选择相应施工方案提供依据；对处理溶洞的填充物进行土工试验，检测容重、孔隙率、含水率等物理参数；对每根桩都要设计出相应的溶洞处理方案和成孔方法；对每种处理方案都要进行仔细的计算，完善施工方案以指导施工；遇到大溶洞时，必须请监理工程师和设计单位核查并报监理批准后实施 |
| | | 标段不良地质普遍存在：软土、膨胀土主要分布于K0~K12段；施工质量控制难度大 | 1. 膨胀土路基设计采用换填及掺灰物理改良，软土采用换填、袋装砂井+堆载预压法施工；<br>2. 特殊路基施工前通过试验段路基施工（不小于200 m）确定填筑机械组合、机械型号、松铺厚度、碾压遍数、碾压次数、最佳含水率等施工参数；<br>3. 路基填筑过程中选择透水性好、强度高的填料，路基填筑及防护施工尽量避开雨季，施工过程中要加强沉降及水平位移监测 |
| 5 | 安全风险 | 交通枢纽连接广昆高速，施工安全风险大、协调难度大：那满枢纽互通由广昆高速公路（南宁至百色高速公路）接出，A、B匝道桥上跨广昆高速，高速车流量较大，施工过程中需进行交通导改，手续办理周期长，协调工作量大，施工过程安全风险高 | 1. 加强与高速管理单位协调沟通，按要求编制、审批交通导改方案，并完善审批手续；<br>2. 按交通导改方案做好各项安全防护设施，合理安排各工序施工，保证施工安全 |

续表

| 序号 | 风险类别 | 风险因素 | 应对措施 |
|---|---|---|---|
| 6 | 环境风险 | 1.治塘右江特大桥跨越右江，主线穿越村庄农田、文物保护区，相关部门对工程中的污水排放、粉尘污染、施工噪声污染等要求较为严格。<br>2.六联一号大桥、六联二号大桥、六联三号大桥跨越既有铁路，那满互通枢纽匝道上跨广昆高速，治塘右江特大桥跨越右江二级航道，K13~K14 挖方段靠近军用机场，线路周边环境复杂，涉及相关单位众多，施工安全和“环水保”风险高，协调难度大，工期风险大。<br>3.本项目位于广西地区，高温天气和降雨频繁，暴雨时有发生，对现场的工期及成本造成很大影响 | 1.提前与水运和航道主管部门进行沟通，办理水上水下施工许可。按要求做好安全“环水保”措施。<br>2.做好安全“环水保”策划方案，对易造成污染的工序，例如泥浆排放、搅拌站、土石方等，进行总体规划，做好各项“环水保”措施，防止污染环境，避免引起纠纷。<br>3.充分利用保险转移风险，积极与保险公司沟通，确保获得足够的理赔额，弥补项目损失 |

# 四、项目商务策划

## （一）分包策划

施工段落划分。本项目划分为四个段落，分别是那满互通枢纽、K0+711.9-K5+700+机场互通、K5+700-K11+052（含梁场）、K11+052-K16+000 标尾。执行“大队伍小合同”原则，便于施工组织和资源统筹安排，从而提高施工效率。

本项目主要涵盖桥梁工程、路基土石方工程、附属工程、涵洞工程、临建工程、钢结构工程、房建工程等专业，计划引入 20 家协作单位进行施工，采用专业分包+劳务分包模式。管理模式采用邀请招标和轻资产模式，除钢筋、混凝土、钢绞线、路基土工材料等主要材料外，其他辅材、零星材料均包含在分包合同综合单价中。项目分包计划如下表所示。

项目分包计划表

| 序号 | 项目名称 | 材料设备 | 计划数量 | 选用方式 | 计划招标时间 | 计划合同签订时间 | 计划单位进场时间 |
|---|---|---|---|---|---|---|---|
| 1 | 路基一队 | 除钢筋、混凝土、钢绞线、路基土工材料等主要材料外，其他辅材、零星材料均由分包提供 | 1 | 公开招标 | 2022 年 8 月 | 2022 年 9 月 | 2022 年 10 月 |

续表

| 序号 | 项目名称 | 材料设备 | 计划数量 | 选用方式 | 计划招标时间 | 计划合同签订时间 | 计划单位进场时间 |
|---|---|---|---|---|---|---|---|
| 2 | 路基二队 | 除钢筋、混凝土、钢绞线、路基土工材料等主要材料外，其他辅材、零星材料均由分包提供 | 1 | 公开招标 | 2022年10月 | 2022年11月 | 2022年12月 |
| 3 | 路基三队 | 除钢筋、混凝土、钢绞线、路基土工材料等主要材料外，其他辅材、零星材料均由分包提供 | 1 | 公开招标 | 2022年11月 | 2022年12月 | 2023年1月 |
| 4 | 路基四队 | 除钢筋、混凝土、钢绞线、路基土工材料等主要材料外，其他辅材、零星材料均由分包提供 | 1 | 公开招标 | 2022年10月 | 2022年11月 | 2023年2月 |
| 5 | 绿化 | 除钢筋、混凝土、钢绞线、路基土工材料等主要材料外，其他辅材、零星材料均由分包提供 | 1 | 公开招标 | 2024年7月 | 2024年8月 | 2024年9月 |
| 6 | 桩基一队 | 除钢筋、混凝土、钢绞线、路基土工材料等主要材料外，其他辅材、零星材料均由分包提供 | 1 | 公开招标 | 2022年5月 | 2022年6月 | 2022年7月 |
| 7 | 桩基一队 | 除钢筋、混凝土、钢绞线、路基土工材料等主要材料外，其他辅材、零星材料均由分包提供 | 1 | 公开招标 | 2022年8月 | 2022年9月 | 2022年10月 |
| 8 | 附属一队 | 除钢筋、混凝土、钢绞线、路基土工材料等主要材料外，其他辅材、零星材料均由分包提供 | 1 | 公开招标 | 2022年8月 | 2022年9月 | 2022年10月 |
| 9 | 附属二队 | 除钢筋、混凝土、钢绞线、路基土工材料等主要材料外，其他辅材、零星材料均由分包提供 | 1 | 公开招标 | 2022年9月 | 2022年10月 | 2022年11月 |
| 10 | 附属三队 | 除钢筋、混凝土、钢绞线、路基土工材料等主要材料外，其他辅材、零星材料均由分包提供 | 1 | 公开招标 | 2022年9月 | 2022年10月 | 2022年11月 |
| 11 | 附属四队 | 除钢筋、混凝土、钢绞线、路基土工材料等主要材料外，其他辅材、零星材料均由分包提供 | 1 | 公开招标 | 2022年9月 | 2022年10月 | 2022年11月 |

**续表**

| 序号 | 项目名称 | 材料设备 | 计划数量 | 选用方式 | 计划招标时间 | 计划合同签订时间 | 计划单位进场时间 |
|---|---|---|---|---|---|---|---|
| 12 | 预制梁场站建设及预制 | 除钢筋、混凝土、钢绞线、路基土工材料等主要材料外，其他辅材、零星材料均由分包提供 | 1 | 公开招标 | 2022 年 10 月 | 2022 年 11 月 | 2022 年 12 月 |
| 13 | 钢结构 | 除钢筋、混凝土、钢绞线、路基土工材料等主要材料外，其他辅材、零星材料均由分包提供 | 1 | 公开招标 | 2023 年 8 月 | 2023 年 9 月 | 2023 年 10 月 |
| 14 | 房建 | 除钢筋、混凝土、钢绞线、路基土工材料等主要材料外，其他辅材、零星材料均由分包提供 | 1 | 公开招标 | 2023 年 8 月 | 2023 年 9 月 | 2023 年 10 月 |
| 15 | 碎石桩 | 除钢筋、混凝土、钢绞线、路基土工材料等主要材料外，其他辅材、零星材料均由分包提供 | 1 | 公开招标 | 2022 年 5 月 | 2022 年 6 月 | 2022 年 7 月 |
| 16 | 特大桥 | 除钢筋、混凝土、钢绞线、路基土工材料等主要材料外，其他辅材、零星材料均由分包提供 | 1 | 公开招标 | 2022 年 12 月 | 2023 年 1 月 | 2023 年 2 月 |
| 17 | 桥涵一队 | 除钢筋、混凝土、钢绞线、路基土工材料等主要材料外，其他辅材、零星材料均由分包提供 | 1 | 公开招标 | 2022 年 11 月 | 2022 年 12 月 | 2023 年 1 月 |
| 18 | 桥涵二队 | 除钢筋、混凝土、钢绞线、路基土工材料等主要材料外，其他辅材、零星材料均由分包提供 | 1 | 公开招标 | 2022 年 12 月 | 2022 年 11 月 | 2022 年 12 月 |
| 19 | 桥涵四队 | 除钢筋、混凝土、钢绞线、路基土工材料等主要材料外，其他辅材、零星材料均由分包提供 | 1 | 公开招标 | 2022 年 9 月 | 2022 年 10 月 | 2022 年 11 月 |
| 20 | 航道整治及渡口迁移 | 除钢筋、混凝土、钢绞线、路基土工材料等主要材料外，其他辅材、零星材料均由分包提供 | 1 | 公开招标 | 2022 年 12 月 | 2023 年 1 月 | 2023 年 2 月 |

## （二）物资策划

（1）统计项目所需主要物资材料，明确计划使用部位和计划使用时间。物资需求计划统计如下表所示。

**物资需求计划统计表**

| 序号 | 物资名称 | 规格型号 | 单位 | 数量合计 | 计划使用部位（分项工程）及用量 | | | | | | 计划使用时间 | | | 备注 |
|---|---|---|---|---|---|---|---|---|---|---|---|---|---|---|
| | | | | | | | | | | | 2022 年 | 2023 年 | 2024 年 | |
| 1 | 钢筋 | * | t | 25307 | | | | | | | 3893 | 11680 | 9733 | |
| 2 | 钢绞线 | 1×7–1860 Mpa | t | 2620 | | | | | | | 403 | 1209 | 1007 | |
| 3 | 碎石 | 5~30 mm | t | 420000 | | | | | | | 64615 | 193846 | 161538 | |
| 4 | 机制砂 | * | t | 290000 | | | | | | | 44615 | 133846 | 111538 | |
| 5 | 减水剂 | 聚羧酸高效 | t | 2500 | | | | | | | 384.62 | 1153 | 961 | |
| 6 | 水泥 | P.042.5 | t | 192000 | | | | | | | 29538 | 88615 | 73846 | |
| 7 | 粉煤灰 | Ⅱ级 | t | 24000 | | | | | | | 3692 | 11076 | 9230 | |
| 8 | 锚夹具 | YJM15 | 套 | 28200 | | | | | | | 4338 | 13015 | 10846 | |
| 9 | 斜拉索 | 配套索鞍 | t | 447 | | | | | | | 68 | 206 | 171 | |
| 10 | 土工布 | 350 $g/m^2$ | $m^2$ | 115000 | | | | | | | 17692 | 53076 | 44230 | |
| 11 | 土工格栅 | 三向 | $m^2$ | 300000 | | | | | | | 46153 | 138461 | 115384 | |
| 12 | 支座 | * | 套 | 1442 | | | | | | | 221 | 665 | 554 | |
| 13 | 伸缩缝 | * | m | 1135 | | | | | | | 174 | 523 | 436 | |

注：“*”表示隐藏信息。

（2）物资管理要点分析及相关措施。物资管理要点如下表所示。

**物资管理要点**

| 序号 | 管理要点分析 | | 管理举措 |
|---|---|---|---|
| 1 | 重难点 | 供应商的垫资能力 | 在“大集采”的趋势下，提出了集采物资货款支付及时性的要求，若项目前期预付款不到位或在施工过程中工程款拨付不及时，都会造成资金周转紧张，对项目自采物资供应商的垫资能力提出更高要求。项目部在自购物资招标前期，应对潜在投标人进行详细考察，全面了解供应商的资金实力、信誉度、合作诚意度等情况，在同等条件下，要优先选用有合作经历的优质供应商 |
| | | 物资现场管理 | 总体需求计划与价格研判，采购计划、采购模式、材料损耗及技术测定等方法，单价的比选与控制，地材质量把控以及进场收方的控制手段。采购模式遵照公司管理规定，单价控制在同标段平均水平及以下，落实地材质量的检验责任，压实进场数量的验收责任 |
| | | 主要材料的消耗控制 | 加强材料消耗的过程控制，每月对协作单位进行材料核算，确保材料理论消耗量数据的准确性。根据核算结果，深入分析原因，制定改进措施，及时调整，降低损耗 |

续表

| 序号 | 管理要点分析 | | 管理举措 |
|---|---|---|---|
| 2 | 风险点 | 市场价格波动 | 项目施工工期长，物资需求种类较多，受资源开采、环保控制影响大，市场价格不易控制，项目部在对该类物资供应商进行考察时，注重其在本行业的资源占有率、经营业绩等，力求选择市场把控能力强的合作供应商 |
| | | 资金风险 | 在物资市场调查过程中发现，水泥、砂石料多为卖方市场，对材料款支付的及时性要求较高，如果不能按照合同约定支付材料款，很可能出现无法保障供应的情况。项目部加强与供应商的协调沟通，掌握对方的资金承受能力，以便在遇到困难时及时采取解决方案 |
| 3 | 利润点 | 价格趋势分析 | 筹划年度及全建设周期的价格需求，科学分析并合理研判材料价格变动趋势，采取锁价方式锁定收益。主要材料价格（不含税）预计存在涨价风险，应适时备料以锁定材料价格。<br>钢材和地材价格目前呈上涨趋势，预计到项目完工时，材料价格上涨带来的风险费用为 300 万元。通过公司集采和联采、锁定材料价格、提前进行大宗物资备料等方式，以提高材料涨价抗风险能力 |
| | | 实行区域联采，发挥集采优势，降低物资采购成本 | 1. 项目部通过对附近砂石市场价格进行深入调查，结合项目实际情况，联采石场谈判，最终出厂价、运输费用及付款方式均优于当地其他石场。采购成本降低约 930 万元。<br>2. 针对特大桥需用的摩擦摆支座，项目部与设计单位应明确支座技术要求，联系支座厂家根据需求进行设计和报价，最后通过公司联采招标，引入市场竞争，中标价与前期市场询比价降低了 20%，采购成本降低约 160 万元 |
| | | 土方调配、低价备料 | 合理调配厂区内碎石资源，减少外购；在钢材市场价格低位时进行储备，降低采购成本 |

（3）对当地或周边区域的钢材、砂、石、石灰、水泥、沥青和商业混凝土等供应商的生产能力、原材料质量情况、材料单价和运输条件进行调查分析。材料供应情况如下表所示。

**材料供应情况表**

| 名称 | 生产企业 | 料源地 | 物资名称 | 规格型号 | 出厂价格/元 | 运费/元 | 运距/km | 备注 |
|---|---|---|---|---|---|---|---|---|
| 碎石 | * | * | 碎石 | 5~31.5 mm | 31 | 15 | 55 | |
| 机制砂 | * | * | 机制砂 | 中砂 | 35 | 15 | 60 | |
| 钢筋 | * | * | 光圆钢筋 | HPB300 | 5130 | | 50 | |
| | * | * | 带肋钢筋 | HRB400 | 4800 | | 50 | |
| 水泥 | * | * | 散装水泥 | P.O42.5 | 310 | | 22 | |
| | * | * | 袋装水泥 | P.O42.5 | 320 | | 22 | |
| 粉煤灰 | * | * | 粉煤灰 | II 级 | 90 | 20 | 17 | |
| 生石灰 | * | * | 生石灰（块、散粉、袋粉）、熟石灰 | | 520 | | 32 | |

注：“*”表示隐藏信息。

（4）根据项目施工情况以及协作队伍策划情况，明确项目周材的需求量，获取途径和相关费用调查。材料需求情况如下表所示。

**材料需求情况表**

| 物资名称 | 规格型号 | 单位 | 需求数量 | 获取途径 | 需求时间 |
|---|---|---|---|---|---|
| 墩柱模板 | $\phi$1.4 m | m | 94 | 调拨 | 2022 年 10 月 |
| 墩柱模板 | $\phi$1.6 m | m | 96 | 调拨 | 2022 年 10 月 |
| 墩柱模板 | $\phi$1.8 m | m | 91 | 调拨 | 2022 年 10 月 |
| 箱梁模板 | 30 m 边梁 | 套 | 3 | 调拨 | 2022 年 11 月 |
| 箱梁模板 | 30 m 中梁 | 套 | 3 | 调拨 | 2022 年 11 月 |
| 箱梁模板 | 30 m 内膜 | 套 | 6 | 调拨 | 2022 年 11 月 |
| 箱梁模板 | 40 m 边梁 | 套 | 1 | 调拨 | 2022 年 11 月 |
| 箱梁模板 | 40 m 中梁 | 套 | 1 | 调拨 | 2022 年 11 月 |
| 箱梁模板 | 40 m 内膜 | 套 | 2 | 调拨 | 2022 年 11 月 |
| 盖梁 | 侧模 | 套 | 8 | 自采 | 2022 年 11 月 |
|  | 底模 | 套 | 21 | 自采 | 2022 年 11 月 |
| 桩系梁 | 直径 160 cm 侧模 | 套 | 7 | 调拨 | 2022 年 10 月 |
|  | 直径 180 cm 侧模 | 套 | 5 | 调拨 | 2022 年 10 月 |
|  | 直径 200 cm 侧模 | 套 | 2 | 调拨 | 2022 年 10 月 |
| 柱系梁 | 直径 160 cm 侧模 | 套 | 6 | 调拨 | 2022 年 10 月 |
|  | 直径 160 cm 底模 | 套 | 6 | 调拨 | 2022 年 10 月 |
|  | 直径 180 cm 侧模 | 套 | 3 | 调拨 | 2022 年 10 月 |
|  | 直径 180 cm 底模 | 套 | 3 | 调拨 | 2022 年 10 月 |
| 承台 | 侧模 |  | 9 | 自采 | 2022 年 10 月 |
| 涵洞 | 12 m×5.0 m |  | 12 | 自采 | 2022 年 10 月 |
| 涵洞 | 12 m×3.0 m |  | 5 | 自采 | 2022 年 10 月 |

结合周边料源及二标段弃渣情况，对项目的软基换填、土石调配方案进行详细策划。周密策划，并进行经济对比，开展多方案论证，做实土石方调配方案，充分挖掘盈利项，制定切实可行的降本增效措施。

## （三）船机设备使用策划

（1）结合本项目的施工特点，项目的主要设备考虑分包队伍自带和向租赁公司租赁的形式。

本工程设备主要采用协作队伍自带的方式实行轻资产管理，可提高设备利用率，降低项目部设备购置费、租赁费及维修费。因此，机械费用均包含在分包单价中，不再单独计价。由于分包合同约定相关设备使用及成本风险均由协作队伍自行承担，所以本项目机械成本预计可控。项目部将科学规划协作单位自带设备进退场时间，及时提供工作面，助力协作单位提高设备利用率，杜绝后期出现协作单位索赔风险。

充分利用公司已有变压器，实现流水式周转使用，实现成本分摊。

具体情况详见主要船机设备策划表，如下表所示。

**主要船机设备策划表**

| 序号 | 工程名称 | 设备名称 | 设备型号 | 单位 | 设备数量 | 计划进退场时间 | 设备来源（自有/采购/租赁/分包自带） | 备注 |
|---|---|---|---|---|---|---|---|---|
| 1 | 广西某高速公路项目 | 挖机 | 220 | 台 | 1 | 2022.12—2024.4 | 分包自带 | |
| 2 | | 智能张拉设备 | 500 t | 套 | 1 | | 分包自带 | |
| 3 | | 智能压浆设备 | | 套 | 1 | | 分包自带 | |
| 4 | | 板车 | 9 m 长 | 台 | 2 | | 分包自带 | |
| 5 | | 吊车 | 25 t | 台 | 2 | | 分包自带 | |
| 6 | | 挖机 | 220 | 台 | 1 | 2022.11—2024.2 | 分包自带 | |
| 7 | | 吊车 | 25 t | 台 | 2 | | 分包自带 | |
| 8 | | 板车 | 9 m 长 | 台 | 1 | | 分包自带 | |
| 9 | | 架桥机 | 180 t | 台 | 1 | 2023.6—2024.8 | 分包自带 | |
| 10 | | 运梁车 | 180 t | 台 | 2 | | 分包自带 | |

（2）设备管理要点分析及相关措施。

设备管理要点如下表所示。

**设备管理要点表**

| 序号 | 管理要点分析 | | 管理举措 |
|---|---|---|---|
| 1 | 重难点 | 现场施工设备周转使用 | 建立现场施工设备台账，专人专管，确保现场设备的高使用率，加强现场设备的调配 |
| 2 | 风险点 | 混凝土运输、塔吊租赁 | 设备部要加强操作人员安全操作培训教育，提高其安全意识，起重吊装作业要严格遵守“十不吊”，道路交通运输要严格遵守道路交通安全法，严禁车辆超速行驶 |
| 3 | 利润点 | 公司闲置周转材料及设备利用及调拨 | 项目充分利用公司闲置周转材料及设备，项目临时用电使用的变压器、电缆及配电箱，以及墩柱、系梁、盖梁模板均由浦清、平南项目部调拨。同时，项目部先后从台州项目部调拨 10t 门式起重机 4 台、变压器 8 台。这提高了公司周转物资使用率，降低项目采购成本共计 326 万元 |

## （四）间接费策划

（1）成立间接费控制管理小组。

组长：项目经理。

副组长：项目领导班子。

组员：各部门长。

管理小组由领导班子及各部室负责人组成，具体分工如下。

组长：对间接费控制工作总负责，是第一责任人，主要负责组织制定工作计划和实施方案，领导间接费控制小组开展对项目部的成本控制工作。

副组长：协助组长开展项目间接费控制工作，负责组织间接费的各项日常工作，组织各类会议和检查、总结分析、整改提高等工作。

组员：结合各自职责及对应间接费项目的内容，按公司制度及要求合理控制间接费支出，以及监督各自部门科员，落实制度管理要求等。

（2）间接费控制理念。

加强间接费管控，牢固树立“过紧日子”的思想。加大对后期间接费用管控力度，合理控制人员进场节奏和资源投入。合理设定部门预算目标，财务部每月对各部门费用支出情况进行统计与通报，对接近额度的部门发布预警。严格遵循公司要求，结合现场进度有计划地减少管理人员，降低间接费。项目不可控间接费策划如下表所示。

**项目不可控间接费策划表**

| 序号 | 岗位 | 项目策划阶段（2022年6月—2022年8月） | | | | 项目实施阶段（2022年8月—2024年12月） | | | | 项目收尾阶段（2024年12月—2025年04月） | | | | 合计/元 |
|---|---|---|---|---|---|---|---|---|---|---|---|---|---|---|
| | | 人数\人 | 月数\个 | 人员费用\元 | 金额\元 | 人数\人 | 月数\个 | 人员费用\元 | 金额\元 | 人数\人 | 月数\个 | 人员费用\元 | 金额\元 | |
| 1 | 领导班子 | 3 | 2 | 35000 | 210000 | 8 | 28 | 35000 | 7840000 | 2 | 2 | 15000 | 60000 | 8110000 |
| 2 | 工程部 | 2 | 2 | 20000 | 80000 | 4 | 28 | 20000 | 2240000 | 1 | 2 | 20000 | 40000 | 2360000 |
| 3 | 商务部 | 2 | 2 | * | * | 4 | 28 | * | * | 1 | 2 | * | * | * |
| 4 | 物资部 | 1 | 2 | * | * | 5 | 28 | * | * | 0 | 0 | * | * | * |
| 5 | 财务部 | 2 | 2 | * | * | 3 | 28 | * | * | 0 | 0 | * | * | * |
| 6 | 技术部 | 1 | 2 | * | * | 3 | 28 | * | * | 1 | 2 | * | * | * |
| 7 | 测量部 | 1 | 2 | * | * | 3 | 28 | * | * | 0 | 0 | * | * | * |

**续表**

| 序号 | 岗位 | 项目策划阶段（2022 年 6 月—2022 年 8 月） | | | | 项目实施阶段（2022 年 8 月—2024 年 12 月） | | | | 项目收尾阶段（2024 年 12 月—2025 年 04 月） | | | | 合计/元 |
|---|---|---|---|---|---|---|---|---|---|---|---|---|---|---|
| | | 人数\人 | 月数\个 | 人员费用\元 | 金额\元 | 人数\人 | 月数\个 | 人员费用\元 | 金额\元 | 人数\人 | 月数\个 | 人员费用\元 | 金额\元 | |
| 8 | 安全部 | 1 | 2 | 20000 | 40000 | 3 | 28 | 20000 | 1680000 | 0 | 0 | 20000 | 0 | 1720000 |
| 9 | 机务部 | 1 | 2 | 20000 | 40000 | 4 | 28 | 20000 | 2240000 | 0 | 0 | 20000 | 0 | 2280000 |
| 10 | 综合办公室 | 2 | 2 | * | * | 3 | 28 | * | * | 1 | 2 | * | * | * |
| 1 | 测量部 | 1 | 2 | * | * | 5 | 28 | * | * | 0 | 0 | * | * | * |
| 2 | 试验部 | 0 | 0 | * | * | 5 | 28 | * | * | 0 | 0 | * | * | * |
| 3 | 司机班 | 1 | 2 | * | * | 4 | 28 | * | * | 1 | 2 | * | * | * |
| 4 | 综合办公室 | 0 | 0 | * | * | 3 | 28 | * | * | 0 | 0 | * | * | * |
| 总计 | | | | | 762000 | 0 | 0 | 0 | 29568000 | | | | 236000 | 30566000 |

注：人员费用包含工资、津补贴、奖金、劳保、五险二金、伙食费等。“*”表示隐藏信息。

**可控间接费策划表**

| 可控间接费用项目 | 单位 | 数量/个 | 单价/元 | 合计/元 | 备注 |
|---|---|---|---|---|---|
| 办公用品费 | 月 | 29 | 1710 | 49590 | 按照 30 元/人/月，共 57 人 |
| 办公用品维修 | 月 | 29 | 350 | 10150 | 打印机、空调等维修，打印机、空调等维修，按照 350 元/每月计算 |
| 会务费 | 月 | 29 | 100 | 2900 | 一次会议费用标准按照 50 元计算，平均每个月按进行两次会议计算 |
| 邮资费 | 月 | 29 | 450 | 13050 | 正常文件寄费按每次 30 元，平均每月按 15 次计算 |
| 书报资料费 | 份 | 1 | 15560 | 15560 | 购买定额、规范等办公资料 |
| 印刷费 | 月 | 29 | 500 | 14500 | 平均每月按 500 元；图纸、胶装等 |
| 办公桌椅 | 项 | 1 | 77240 | 77240 | 市场询价 |
| 车辆租赁费 | 月 | 29 | 116000 | 3364000 | 项目部租赁车辆共 12 辆，每月 116000 元 |
| 燃油费 | 月 | 29 | 36000 | 1044000 | 燃油按照每辆车 3000 元每月计算 |
| 车辆维修保养费 | 月 | 29 | 9600 | 278400 | 保养按照每辆车 800 元每月计算 |
| 过路过桥及其他费用 | 月 | 29 | 3840 | 111360 | 过路费按照每辆车 320 元每月计算 |
| 差旅交通费 | 月 | 29 | 9600 | 278400 | 按照每月有 4 人回天津总部计算，每人来回机票为 2000 元，住宿考虑为两天，每人一次共计 2000+200×2=2400 元，四人为 2400×4=9600 元 |

续表

| 可控间接费用项目 | 单位 | 数量/个 | 单价/元 | 合计/元 | 备注 |
|---|---|---|---|---|---|
| 职工探亲费用 | 年 | 3 | 208000 | 624000 | 每人每年 4000 元标准 |
| 业务招待费 | 年 | 3 | 80000 | 240000 | 按公司要求 80000 元/年 |
| 家具费用 | 套 | 1 | 115580 | 115580 | 床、柜子、桌子、板凳、布衣厨；2 工区的暂按照驻地考虑，据市场询价 |
| 家电费用 | 套 | 1 | 420050 | 420050 | 空调、空气净化器、洗衣机、热水器等；2 工区的暂按照驻地考虑，据市场询价 |
| 厨房、后勤用品 | 套 | 1 | 133803 | 133803 | 包括锅碗瓢盆、灶具、冰柜、货架、灭蚊灯等用品，市场询价 |
| 厨房消耗 | 月 | 29 | 500 | 14500 | 包括一次性餐盒、筷子等，按照每月 500 元考虑 |
| 其余生活用品 | 套 | 1 | 50000 | 50000 | 如洗漱台、垃圾桶等，据市场询价 |
| 生活用品维修 | 月 | 29 | 200 | 5800 | 按照每月 200 元考虑 |
| 生活、办公用水 | 月 | 29 | 4000 | 116000 | 因广西地区过于炎热，饮用水消耗较多，桶水 10 元/桶，矿泉水 30 元/箱，另加自来水用量 |
| 生活、办公用电 | 月 | 29 | 750 | 21759 | 30 度/天 ×0.82 元/度 ×30.5 天=750.3 元 |
| 生活、办公用网 | 年 | 3 | 34800 | 160920 | 每年 34800 元，按照三年考虑 |
| 水电设施维修费 | 月 | 29 | 200 | 5800 | 按照每月 200 元的维修标准计算 |
| 防暑降温费用 | 年 | 3 | 62400 | 187200 | 防暑降温费用按照广西当地标准，每年 6 个月，每月 200 元。每年 1200 元 |
| 食堂用具费 | 套 | 1 | 30000 | 30000 | 食堂全套用具包括锅碗瓢盆、厨房用机器、卫生用品等按照 30000 元标准 |
| 伙食费 | 月 | 29 | 39000 | 1131000 | 每人伙食费用标准为每人每天 25 元 |
| 员工床上用品 | 项 | 1 | 26000 | 26000 | 床上用品按照每人 500 元的费用标准 |
| 职工工装费 | 项 | 1 | 93000 | 93000 | 职工工装分为夏装和冬装，每人每季两件，每两年一发，按照每人 1500 元的标准计算 |
| 职工取暖费 | 年 | 3 | 52000 | 156000 | 按照每人 1000 元的在标准计算 |
| 职工电话补助费 | 月 | 29 | 5200 | 150800 | 按照每人 100 元的标准计算 |
| 职工体检费 | 年 | 3 | 36400 | 109200 | 按照每人 700 元的费用计算 |
| 职工电脑补贴 | 年 | 3 | 52000 | 156000 | 每人每年 1000 元标准 |
| 培训或教育经费 | 年 | 3 | 8000 | 24000 | 按照每年 8000 元的标准计算 |
| 绿化、排污费 | 年 | 3 | 10000 | 30000 | 绿化排污费用按照每年 10000 元标准计算 |
| 软件购置或其他技术服务费 | 套 | 3 | 15000 | 45000 | 考虑后期需要购置造价软件或工程软件，按 15000 元/年计算 |
| 仪器摊销费用 | 月 | 29 | 11758 | 340982 | 测量仪器设备经询价新设备购置共花费 705500 元，仪器 5 年摊销，平均每年 141100 元，11758 元/月 |

续表

| 可控间接费用项目 | 单位 | 数量/个 | 单价/元 | 合计/元 | 备注 |
|---|---|---|---|---|---|
| 税金 | 项 | 1 | 600000 | 600000 | 印花税 |
| 财务费用（拆借息及其他手续费） | 项 | 1 | 2000000 | 2000000 | |
| 试验设备及标定 | 项 | 1 | 560000 | 560000 | 设备费 46 万元，标定 10 万元 |

## （五）税务筹划

本项目涉及税种主要为增值税、附加税（城市维护建设税、教育费附加、地方教育附加）、企业所得税、印花税、个人所得税等，具体如下表所示。

税务明细表

| 税种 | 税率 |
|---|---|
| 增值税 | 9% |
| 所得税 | 15% |
| 城市维护建设税 | 7% |
| 教育费附加 | 3% |
| 地方教育费附加 | 2% |
| 印花税 | 根据合同类型自行计算申报 |

（1）对上税务筹划。

首先是与业主约定预付款、进度款的支付日期，确定项目纳税义务时间，合理进行纳税期限的筹划。

其次是业主对工程款支付一般采取“先开票，后付款”的原则，且受项目资金情况限制，易发生未能按比例足额支付工程款的情况，存在税金预缴的情况。

（2）对下税务筹划。

材料采购合同筹划。购买物资所支付款项中包含的进项税额可以抵扣，对于降低增值税税负有根本性的影响，因此在物资采购供货商的选择过程中需要重新修订价格标准，在综合成本相同的情况下，应选择低税率单位。

机械租赁合同筹划。尽量选取符合人机一体化机械租赁条件的合作模式，按照建筑服务缴纳增值税，并在合同中约定由出租方提供等额、有效的增值税专用发票后再进行付款。

分包合同筹划。专业分包合同综合单价中包括人工费、机具使用费、材料费等，需分析这种模式对项目部将要取得的进项税额的影响，在综合成本相同的情况下，销项大于进项则无须计较税率；销项小于进项，则需要选择税率低的成本组合。整体税负测算表如下表所示。

**整体税负测算表**

单位：万元

| 销售额（不含税） | | | | | | |
|---|---|---|---|---|---|---|
| 102905 | | | 9261 | | | 9% |
| 进项税额 | | | | | | |
| 范围 | 税率 | 标后预算（业务部门） | | 税务筹划（财务资金部） | | |
| | | 不含税金额 | 进项税额 | 不含税金额 | 进项税额 | 税务筹划措施 |
| 分包 | 专票：9% | | | | | |
| | 专票：3% | | | | | 采用小规模纳税人，签订清包工、甲方供应合同 |
| | 专票：其他税率 | | | | | |
| | 普票及其他（不能抵扣项） | | | | | |
| 材料 | 专票：13% | | | | | 根据税法规定，将自制混凝土13%的税率筹划为3% |
| | 专票：3% | | | | | 采用小规模纳税人 |
| | 专票：其他税率 | | | | | |
| | 普票及其他（不能抵扣项） | | | | | |
| 机械租赁 | 专票：13% | | | | | |
| | 专票：9% | | | | | 签订包含操作员的租赁合同开具建筑服务发票 |
| | 专票：3% | | | | | 小规模纳税人、租赁营改增以前采购的设备 |
| | 专票：其他税率 | | | | | |
| | 普票及其他（不能抵扣项） | | | | | |
| 其他直接费 | 专票：13% | | | | | |
| | 专票：9% | | | | | |
| | 专票：6% | | | | | |
| | 专票：3% | | | | | |
| | 专票：其他税率 | | | | | |
| | 普票及其他（不能抵扣项） | | | | | |

续表

| | | | | | | | | | |
|---|---|---|---|---|---|---|---|---|---|
| 间接费 | 专票：13% | | | | | | | | |
| | 专票：9% | | | | | | | | |
| | 专票：6% | | | | | | | | |
| | 专票：3% | | | | | | | | |
| | 专票：其他税率 | | | | | | | | |
| | 普票及其他（不能抵扣项） | | | | | | | | |
| 小计 | | | | | | | | | |
| 预缴税金 | | | | | | | | | |
| 预缴金额 | | | | | | | | | |
| 机构所在地缴纳或留抵 | | | | | | | | | |
| 机构所在地缴纳 | | | | | | | | | |
| 留抵税金 | | | | | | | | | |
| 增值税税负 | | | | | | | | | |
| 实际税负 | | | | | | | | | |
| 附加税 | | | | | | | | | |
| 当地附加税税率 | 10% | 当地缴纳的附加税 | | 机构所在地附加税税率 | 12% | 机构所在地缴纳的附加税 | | 合计 | |
| 印花税 | | | | | | | | | |
| 勾选 | 7.85 | 分包 | | 租赁 | | 总承包 | | 合计 | |
| 所得税 | | | | | | | | | |
| 所得税税率 | 25% | 对所得税的影响金额 | 206 | | | | | | |

备注：企业所得税考虑的为当地预交的千分之二。

## （六）临时设施费控制

组织专题会议对临建进行深入研讨，确保临建建设科学合理、经济实用。全线共规划混凝土拌和站 1 座、钢筋加工场 3 处、预制梁场 1 座、取土场 3 处，弃土场 6 处，施工便道结合标段特点进行科学规划。

用电永临结合策划。本项目秉承公司利益最大化原则，在两阶段设计中充分考虑用电永临结合设施，从图纸设计阶段就深度融合临建用电与永久工程用电，统筹设计单位和各参建标段，科学规划大型临时场站，结合结构物位置，依托永久工程用电设计，提前规划，实现设备永临结合使用，达到减少项目投资的目的。全线规划用电永临结合共计 7 处。

# 五、项目商务创效策划

（1）策划类别。包括认质认价、重新组价、现场签证、索赔、双优化、深化设计、设计变更、图纸会审、竣工图编制、总包服务费、发包人指定分包分供承接、税费及其他事项。

（2）策划状态：分为计划、实施和完成三种状态。

（3）施工前期商务策划立项后，按月度对本表进行调整累计汇总。如下表所示。

**项目商务策划立项表（累计）**

| 序号 | 策划项目名称 | 策划 | | 策划状态 | 策划目标/万元 | 拟采取的措施 | 责任人 | 拟实施时间 |
|---|---|---|---|---|---|---|---|---|
| | | 类别 | 内容 | | | | | |
| 1 | 工艺优化，将现浇箱梁支架基础优化为路面板 | 优化 | 现浇箱梁垫层工艺由现浇垫层优化为预制块垫层，周转使用完成后，可以用于铺设便道，可节约施工成本。优化混凝土配合比，降低胶凝材料用量，节约材料费用 | | * | | | |
| 2 | 路基土石方调配方案动态优化 | 优化 | 路基挖方换填回填碎石及回填中粗砂由开挖石方替代，经多方案比较，选择最佳合理可行的方案，采用开挖石方代替换填石渣和碎石土等举措以节约施工成本 | | | | | |
| 3 | 膨胀土掺灰改良拟优化为石渣换填 | 优化 | 对膨胀土掺灰改良和膨胀土换填石渣进行经济比选<br>a.置换费用：*万元。<br>b.掺灰改良利用：膨胀土掺灰改良成本为*元/方（*+*），主要工序包括掺灰充分拌和、焖料，摊铺碾压整平，总计费用为*万元 | | * | | | |
| 4 | 大挖方石方加工利用 | 优化 | 本项目的石方开挖量为40万 $m^3$，其中大挖方段石方加工成碎石后可用于低标号混凝土生产，加工成片石后可用于路基附属设施施工，采用开挖石方代替换填石渣和碎石土等举措可节约施工成本。预计可用方量为6万 $m^3$ | | * | | | |
| 5 | 利用工程一切险转移风险 | 优化 | 广西区域雨季时间长，边坡坍塌事件频发，需合理利用工程一切险进行索赔，以合理增加利润 | | * | | | |

续表

| 序号 | 策划项目名称 | 策划 | | 策划状态 | 策划目标/万元 | 拟采取的措施 | 责任人 | 拟实施时间 |
|---|---|---|---|---|---|---|---|---|
| | | 类别 | 内容 | | | | | |
| 6 | 涉铁桥梁施工工艺优化 | 优化 | 计划涉铁桥由两个转体桥优化为预制梁，整体分包给中铁单位 | | * | | | |

注："*"表示隐藏信息。

# 六、项目经营管理策划

从项目的承包合同条款、项目实施风险、成本管理情况、履约管控、降本增效等方面对项目成本管控进行总体策划、汇总。经营管理策划如下表所示。

**经营管理策划表**

| 序号 | 项目 | 细目 | 方案与对策 | 备注 |
|---|---|---|---|---|
| 1 | 建设合同概况 | 投标报价情况 | 本项目对应概算分劈额为*万元，收取*%建设期投资收益后，暂定分劈合同总价为*万元，本项目采用固定总价（含税价）合同模式，除发包人发起的设计变更、考核基金兑现外，均不调整合同总价 | |
| | | 开工期预付款 | 合同价的10%。根据业主的资金投入情况，项目部将争取早日获得该款项的支付 | |
| | | 材料设备预付款 | | |
| | | 变更索赔条款 | 根据设计变更原则要求，在实施过程中，由于非项目公司发起的设计变更所引起的费用增减风险，由各标段自行承担，内部合同签约总价不因此而调整；各标段通过设计优化、负变更等工作实现的效益均归各标段所有；因正变更等因素导致的所有成本增加由各标段自行承担，正变更风险较大。<br>措施：根据现场实际情况及项目公司相关文件精神，项目部积极开展变更管理工作，深入挖掘可节约成本、可争取效益的潜力点，在隐蔽工程方面做足文章。结合现场实际情况，在路基软基处理、桥头路基加固、调整土石方工程量、扩大采空区处理面积等方面深入开展，策划“正”变更，以保障合同金额。<br>加大经营力度，与设计院积极沟通，需要大量地勘资料支撑 | |
| | | 材料调差条款 | 根据材料调差要求，在项目实施过程中，由于材料（包括钢材、钢绞线、水泥、柴油、沥青、砂、碎石、粉煤灰等所有材料）价格的涨跌而引起费用增减的风险，由各标段自行承担，内部合同签约总价不因此而调整。<br>措施：当前存在材料涨价风险。项目部将实时跟踪材料价格变动，通过公司集采和联采、锁定材料价格、提前进行大宗物资的备料等方式，多手段提高应对材料涨价抗风险能力跟踪市场变化，适时锁价备料 | |

续表

| 序号 | 项目 | 细目 | 方案与对策 | 备注 |
| --- | --- | --- | --- | --- |
| 1 | 建设合同概况 | 保险条款 | 工程保险费仅包括工程一切险、第三方责任险（其他保险费由竞标人自行考虑），按概算费用额度分劈至各标段。项目实施时，邀请人或项目公司按公司要求进行统一招标采购，相关费用据实计入结算款内 | |
| | | 重要奖励及处罚条款 | 内部合同签约总价的 2%作为考核激励基金，每期从计量中扣除计量金额的 2%，由项目公司制定具体的考核办法，对各标段进行考核计量支付。项目公司有权对各标段已计取但未计量支付的考核激励基金进行统筹支配 | |
| 2 | 成本管理 | 初步预测项目整体盈亏情况 | 本项目下达标后，预算预计完工不含税总收入*万元，预计完工不含税总支出*万元，预计项目盈利金额*万元，利润率为*%（含涉铁桥部分） | |
| | | 间接费控制 | 间接费按照项目内部合同额的 3.1%考虑，而成本测算时按照实际投入的情况考虑为*万元，差额为*万元（2021 年 5 月至 2022 年 9 月未开工）。<br>措施：牢固树立“过紧日子”的思想；结合现场进度有计划地减少管理人员，降低间接费 | |
| | | 临建费控制 | 项目部要综合考虑征地、运距、产能等因素，进一步优化临时工程策划方案，确保临时工程建设成本经济合理。<br>如：项目部计划建设 3 座钢筋加工场，计划加工钢筋 1.9302 万 t，通过匹配产能进行优化策划，综合考虑征地、运距、产能等因素对成本的影响，并进行经济对比分析，选择最优方案。预计成本为 166.2564 万元，摊销为 86.1 元/t，与《指导标准》中规定的 91 元/t 相比，低了 4.9 元/t，严格控制大临工程成本。<br>原计划设置两座搅拌站，后根据现场实际情况调整设置为 1 座；产量分摊为 11.19 元/$m^3$，小于 15 元/$m^3$（局临建指导文件） | |
| | | 项目其他成本控制重点、措施 | 标尾大挖方由液压破碎锤工艺调整为爆破工艺；加工利用。<br>1. 本标段大挖方处石方约*万 $m^3$，设计为液压破碎锤工艺，项目部积极办理爆破手续，实际施工时采用浅孔松动爆破，节约成本*万元。<br>2. 石方开挖工程量为*万 $m^3$，大挖方段碎石加工主要用于低标号混凝土原材料及路基附属使用，可用方量共计*万 $m^3$。石料加工市场价格考察*元/t（折合到场价*元/$m^3$），可节约施工成本为：*万元 | |

续表

| 序号 | 项目 | 细目 | 方案与对策 | 备注 |
|---|---|---|---|---|
| 3 | 增收创收 | 变更创效点 | 1. 合理筹划并落实正变更维持总合同额，充分启用基本预备费，结合现场实际情况，深入策划“正”变更，并与负变更同步上报业主审批，以确保合同额。主要从以下几点考虑，图纸内变更有：采空区扩大面积、深度，增加处理工程量。<br>2. 高填桥台填料由碎石土/石渣变更为泡沫轻质土。<br>3. 挖方区涵洞台背回填由碎石土/石渣变更为片石混凝土。<br>4. 路基挖方土石比例变更、次坚石变更为坚石。经现场清表后实际勘察，将非膨胀土段落挖方挖土方、挖次坚石方全部或大部分变更为挖石方。<br>5. 挖方增加挖石方后，将高填、就近填方位置填土方变更为填石方软基处理，可考虑在一般路基大段落填方段落设置管桩，防止出现路面塌陷，影响行车安全。<br>6. 高挡墙下方增加素混凝土桩增加稳定性。<br>7. 桥头、明涵通道台背回填增加后注浆处理或增加预应力力管桩，防止桥台位置出现不均匀沉降，造成桥头跳车现象<br>8. 通道涵洞基地增加预应力管桩或就地固化，防止涵洞出现不均匀沉降。<br>9. 陡坡路基、填挖结合处增加高强土工格室。<br>10. 挖方水沟未设置盲沟段落增加盲沟。<br>11. 改扩建拼接位置增设混凝土隔离防护，增设沥青保通便道。<br>12. 锚杆格梁增加挂钢筋网喷射混凝土，提高边坡防护能力，避免雨水浸透造成边坡失稳。<br>13. 高边坡 1 级平台增加暗埋式抗滑桩、微型钢管桩、锚钉桩。<br>14. 桩基施工增加钢护筒、灰岩区增加溶洞处理工程量。<br>15. 膨胀土段落增加长度，增加掺灰工程量，膨胀土填方段落增加换填工程量 | |
| | | 索赔关注点 | | |
| | | 其他增收措施 | 优化支架现浇箱梁地基处理方式，节约成本。按照常规现浇基础处理，成本约为*万元，现计划预制长 2 m，宽 1.5 m 的路面板 720 块进行周转使用，成本约为*万元，节约*万元，周转使用完成后可以用于铺设便道，节约施工成本 | |

注：“*”表示隐藏信息。

# 附录 2　广西某房建项目商务策划

## 一、工程概况

### （一）工程情况简表

工程概况如下表所示。

**工程概况表**

<table>
<tr><td>工程名称</td><td colspan="3">广西某房建项目（第一批）（综合楼、图书馆、19#学生宿舍）</td></tr>
<tr><td>承包模式</td><td>施工总承包</td><td>工程地点</td><td>广西南宁</td></tr>
<tr><td>工程类型</td><td>房建</td><td>合同金额</td><td>*万元</td></tr>
<tr><td>合同工期</td><td>综合楼：490 天<br>图书馆：470 天<br>19#学生宿舍（含垃圾中转站）440 天</td><td>资金来源</td><td>业主自筹</td></tr>
<tr><td>工程内容</td><td colspan="3">图书馆、综合楼、19#宿舍楼建筑工程、安装工程、给排水工程、电气工程、消防工程、智能化工程、绿化等配套设施</td></tr>
<tr><td>建筑面积</td><td colspan="3">1. 综合楼总建筑面积 18165.77 m²，其中：地上建筑面积为 16410.95 m²，地下建筑面积为 1754.82 m²（不计容）；<br>2. 图书馆总建筑面积为 23688.82 m²；<br>3. 19#学生宿舍（含垃圾中转站）总建筑面积为 25668.92 m²。其中，地上面积包含：19#-1 学生宿舍面积为 17217.89 m²，19#-2 学生宿舍面积为 8324.63 m²，垃圾中转站面积为 126.40 m²</td></tr>
<tr><td>建筑高度</td><td colspan="3">1. 综合楼地上 7 层，地下 1 层，建筑高度（室外地坪至屋顶女儿墙顶）31.3 m，地下深度 4.7 m；<br>2. 图书馆地上 5 层，建筑高度 23.95 m；<br>3. 19#-1 学生宿舍楼地上 6 层，建筑高度 23.70 m，19#-2 学生宿舍楼地上 6 层，建筑高度 22.50 m</td></tr>
<tr><td>建筑层数</td><td>图书馆地上 5 层；<br>综合楼地上 7 层，地下 1 层；<br>19#-1 学生宿舍楼地上 6 层；<br>19#-2 学生宿舍楼地上 6 层</td><td>建筑层高</td><td>综合楼地下室层高 4.7 m，一层层高 5.0 m，其余层高 4.0 m；<br>图书馆一、二层层高 5.1 m，其余层高 4.2 m；<br>19#学生宿舍楼层高均为 3.6 m</td></tr>
</table>

续表

| | | |
|---|---|---|
| 参建单位 | 建设单位 | 广西某学院 |
| | 项目公司 | 广西某有限公司 |
| | 勘察单位 | 广西某有限公司 |
| | 设计单位 | 某有限公司<br>中交某有限公司 |
| | 监理单位 | 广西某有限公司 |
| | 总承包单位 | 中交一航局某工程有限公司 |
| | 检测公司 | 广西某有限公司 |
| | 监督站 | 某建筑工程质量监督站 |
| 主要技术指标 | 设计使用年限 | 19#学生宿舍：50 年<br>图书馆：50 年<br>综合楼：50 年 |
| | 抗震设防烈度 | 19#学生宿舍：7 度<br>图书馆：6 度<br>综合楼：6 度 |
| | 建筑耐火等级 | 19#学生宿舍：二级<br>图书馆：一级<br>综合楼：地上建筑二级，地下建筑一级 |
| | 建筑防水等级 | 19#学生宿舍：一级<br>图书馆：一级<br>综合楼：一级 |
| | 抗震等级 | 19#学生宿舍：三级<br>图书馆：三级<br>综合楼：二级 |

注："*" 表示隐藏信息。

## （二）项目主要工程数量表

项目主要工程量如下表所示。

**主要工程数量表**

| 序号 | 项目 | 数量 | 单位 | 备注 |
|---|---|---|---|---|
| 1 | 土方 | 107932.58 | $m^3$ | |
| 2 | 模板 | 178771.7 | $m^2$ | |
| 3 | 外架 | 29193.75 | $m^2$ | |
| 4 | 钢筋 | 4267 | t | |
| 5 | 混凝土 | 47100 | $m^3$ | |
| 6 | 砂浆 | 7755 | $m^3$ | |
| 7 | 砌块 | 12791 | $m^3$ | |

续表

| 序号 | 项目 | 数量 | 单位 | 备注 |
|---|---|---|---|---|
| 8 | 抹灰 | 135851.76 | $m^2$ | |
| 9 | 腻子涂料 | 203375.25 | $m^2$ | |
| 10 | 防水卷材 | 31436.4 | $m^2$ | |
| 11 | 墙砖 | 20619 | $m^2$ | |
| 12 | 地砖 | 71693 | $m^2$ | |
| 13 | 门 | 1613 | 樘 | |
| 14 | 窗 | 11388 | $m^2$ | |
| 15 | 配电箱 | 713 | 套 | |
| 16 | 电缆 | 20788.76 | m | |
| 17 | 灯具 | 8922 | 个 | |
| 18 | 洁具 | 2332 | 套 | |
| 19 | 吊顶 | 29480.4 | $m^2$ | |
| 20 | 电梯 | 9 | 台 | |
| 21 | 绿化 | 8047.74 | $m^2$ | 综合楼<br>图书馆 |
| 22 | 室外铺装 | 7657 | $m^2$ | 综合楼<br>图书馆 |

# 二、商务管理体系

## （一）商务管理组织机构

1. 成立成本管理小组

组长：项目经理。

副组长：商务经理、项目总工、生产经理。

组员：工程部、计合部、财务部、安监部、物设部、综合办公室各部门主管。

2. 小组各成员的具体责任分工

（1）组长主要职责如下。

①承担项目成本管理第一责任，按照要求组织施工生产，全面负责项目的财务收支和经济效益。

②领导并组织审核项目商务策划书，组织审核项目各项管理规章制度。

③组织项目部管理人员学习并分析合同文件，对本项目各项成本耗费进行批准或审核。

④定期组织成本分析会议，检查相关执行情况。

（2）副组长主要职责如下。

商务经理。对分包部分的施工内容、进场时间、作业方法等进行策划。对于项目的防水、土方、护坡、降水、砌筑、粗装修、保温等工程，必须分别对包工包料、包清工、扩大包清工模式进行测算；对于主体结构劳务，必须分别对平方米包干、工种包干、扩大劳务（承包脚手架、模板）模式进行测算。

项目总工。负责提出详细施工方案，项目商务负责对各方案的费用进行测算，并提交项目经理进行最终权衡。项目商务策划必须对每一个施工方案或管理模式进行经济技术分析，以选择科学合理的施工方案。

生产经理。参与、督导并规范分部进行施工资源管理，审核项目资源配置的合规性，指导合理应用新技术、新工艺、新材料，努力降低项目施工成本。

（3）组员。

工程部负责编制协作单位管理规章制度，对施工现场的管理进行有效控制；负责制定日常工作计划；负责对协作单位现场施工、进度、技术、文明施工等情况进行管理、检查、监督和考核。

计合部负责工程（劳务）分包合同的签订、履行、制定价格并进行合同交底；对工程（劳务）分包单位人员资质、持证等情况进行管理、审查，并由分管领导负责审批、监督和检查；对分包单位进行过程考核并汇总考核结果，落实考核奖惩措施；负责分包月度结算和最终结算办理，落实分包单位安全、质量、物资设备等扣款事项；负责处理分包单位索赔工作。

财务部负责税务、现金流策划等财务方面的策划，以及资金支付及支付有关手续审核。

安质部负责工程（劳务）分包实施过程中的质量、职业健康安全、安全文明施工、环境保护等管理控制，将不符合项目管理要求的情况汇总成具体扣款资料，并由相应分管领导负责审批；负责安全、质量方面的分包过程考核。

物设部负责地材等自购材料的调查、采购；甲方供应材料的计划制订、上报，对接分包单位的物资接收出口入库情况、编制相关报表，对接财务部门等相关部门的报表、票据等工作。每月组织分析物资消耗量差。

综合办公室负责间接费的管控和统计工作。对可控间接费，以节省不浪费为原则，做好审批和每月盘点工作。对不可控间接费，做好每月统计、发放工作。

## （二）商务管理制度

商务管理制度如下表所示。

**商务管理制度表**

| 序号 | 项目部相关管理制度 |
| --- | --- |
| 1 | 《某项目部成本管理办法》 |
| 2 | 《某项目部分包结算管理办法》 |
| 3 | 《某项目部经济活动分析管理办法》 |
| 4 | 《某项目部二次经营管理办法》 |
| 5 | 《某项目部绩效考核管理办法》 |
| 6 | 《某项目部奖罚管理办法》 |

## （三）成本管理考核

（1）建立成本考核机制，分解成本控制目标，实行阶段考核，强化全员的商务管理意识；项目全员应牢固树立“以现金流为核心、以成本管控为主线”的管理思路，全面追求有利润的营收和有现金流的利润。

（2）项目商务管理机构运行考核包括两部分：一部分为公司组织的过程考核，另一部分是项目部依据项目商务策划方案，通过月成本分析，每月对管理机构运行进行内部考核，通过对内外部考核的结果进行总结分析，以达到逐渐增强全员的商务管理意识的目的。考核结果分为不合格、基本合格、良好、优秀四个等级，对于不合格的，采取处罚及诫勉谈话等措施，考核结果与薪酬直接关联，如下表所示。

**成本管理考核表**

| 序号 | 岗位 | 考核项目 | 考核结果（示例） | 备注 |
| --- | --- | --- | --- | --- |
| 1 | 预算员 | 月清月结完成率 | 基本合格 | |
| 2 | 技术员 | 过程扣款是否及时 | 不合格 | |
| 3 | 工程部长 | 0#清单的编制进度、准确性情况 | 不合格 | |
| 4 | 物资部长 | 材料管理和节超情况 | 优秀 | |
| 5 | 设备部长 | 船机设备利用率情况 | 基本合格 | |
| 6 | 计合部长 | 施工预算管理，计量比例情况 | 优秀 | |
| 7 | 财务部长 | 现金流是否可控 | 基本合格 | |
| 8 | 综合部长 | 可控间接费控制情况 | 基本合格 | |
| 9 | 商务经理 | 变更索赔进度成果 | 优秀 | |

续表

| 序号 | 岗位 | 考核项目 | 考核结果（示例） | 备注 |
|---|---|---|---|---|
| 10 | 生产经理 | 施工成本的落实情况 | 良好 | |
| 11 | 项目总工 | 方案优化情况 | 优秀 | |
| 12 | 项目经理 | 标后利润情况 | 优秀 | |

（3）实行经济创效奖励机制，按照经济创效成果进行专项奖励，如下表所示。

**项目专项奖励表**

| 序号 | 奖励项目 | 加分条件 | 奖惩措施 | 备注 |
|---|---|---|---|---|
| 1 | 变更索赔 | 主动变更索赔增加合同外收入，产生经济效益 | 按照经济创效成果进行奖励，每创效 10 万元，奖励创效成员*元 | |
| 2 | 降本增效措施 | 通过优化施工方案、降低分包或采购单价等手段，实现降本增效，产生经济效益 | 按照经济创效成果进行奖励，每降低成本 10 万元，奖励创效成员*元 | |
| 3 | 标后利润执行 | 定期对标后预算的执行情况进行分析，能按成本要素找出偏差并制定落实解决措施 | 按照经济创效成果，每纠偏利润 10 万元，团体成员奖励*元 | |

注：“*”表示隐藏信息。

（4）项目经营管理策划如下表所示。

**经营管理策划表**

| 序号 | 项目 | 细目 | 方案与对策 | 备注 |
|---|---|---|---|---|
| 1 | 建设合同概况 | 投标报价情况 | 本项目为局内投资项目，投资价差为*%；合同金额暂定为*万元，其中暂列金为*万元，安全文明施工费为*万元 | |
| | | 预付款 | 按 10%签约合同价（扣除安全文明施工费和暂列金）支付预付款；签订合同后 20 个工作日内根据资金计划及融资落实情况支付。<br>扣回方式：开工预付款在进度付款证书的累计金额未达到签约合同价的 30%之前不予扣回，在达到签约合同价 30%之后，开始按工程进度以固定比例（即每完成签约合同价的 1%，扣回开工预付款的 3%）分期从各月的进度付款证书中扣回，全部金额在进度付款证书的累计金额达到签约合同价的 70%时扣完。<br>对策：合同签订后，应在 20 个工作日内及时提出预付款申请。此外，根据《企业安全生产费用提取和使用管理办法》第十八条规定，建设单位应当在合同中单独约定，并于工程开工日一个月内向承包单位支付至少 50%的企业安全生产费用。因此及时向业主提出预付安全生产费申请 | |

续表

| 序号 | 项目 | 细目 | 方案与对策 | 备注 |
| --- | --- | --- | --- | --- |
| 1 | 建设合同概况 | 材料设备预付款 | 无材料设备预付款 | |
| | | 计量支付 | 工程款按月支付，工程进度款支付限额为已完成工程量的 80%，合同外变更签证部分的进度款支付比例为已完成工程量的 75%。<br>工程完工验收且达到质量要求后，结算经业主及合同约定的财政或审计部门（如有）审定后，根据工程进度按进度款相应比例进行支付，工程竣工验收合格后或交付使用后，支付至实际完成工程量的 90%，政府竣工审计后，支付至实际完成工程量的 97%。<br>合同约定的工程质量缺陷责任期满后（最长不超过 2 年），由承包人向发包人提出返还保证金的申请，发包人在接到承包人返还保证金的申请后，应在 14 天内会同承包人按照合同约定的内容进行核实。如无异议，发包人应在核实后 14 天内将保证金返还承包人，逾期未返还的，依法承担违约责任。发包人在接到承包人返还保证金申请后 14 天内不予答复的，经催告后 14 天内仍不予答复的，视同认可承包人的返还保证金申请。<br>对策：项目部将重视过程结算办理的准确性和及时性，减少存货积压，加快工程款回收，确保现场履约具备稳定、持续的现金流 | |
| | | 保证金预留 | 发包人按工程价款结算总额的 3%（最高不超过 3%）预留工程质量保证金，该保证金于工程缺陷责任期满后返还。<br>对策：积极与业主沟通，争取使用银行保函替代预留的保证金 | |
| | | 资金监管 | 资金使用受一航局、项目公司、某公司几方监管，确保项目工程款专款专用，坚持“以收定支、无合同不付款、无结算不付款、无计划不付款、无审批不付款”的原则，提高金融产品支付比例，保证资金支付合规安全 | |
| | | 变更索赔条款 | 由于施工图纸变更或者设计变更，导致施工项目特征与工程量清单项目特征描述不一致，或出现工程量清单缺项、漏项，经发包人同意后可以调整合同价格。综合单价确定方式：①因设计变更引起工程项目、工程量变化的，工程量清单中有相同细目的，按经审定的施工图预算单价进行结算，工程量清单中有类似细目的，参考经审定的施工图预算单价结算；新增项目有定额的，套定额计算，定额费率取中值结算。其中，材料价格有信息价的按信息价（依据信息价区间取中值），无信息价的由发包人和承包人双方根据市场价格协商确定。②国家和自治区政策性调整有关费用标准的，按文件规定执行 | |
| | | 材料调差条款 | 合同执行期间（包括工期拖延期间），关于基准价格的约定如下：材料价格依据《建设工程工程量清单计价规范》（GB 50500—2024），符合《政府投资条例》以及国家、自治区的其他相关政策规定的主要材料价格发生波动时，若波动幅度在 ±5%以内（含 5%）的，材料价差不进行调整，若波动幅度超出 ±5%的按照超出部分调整材料价差。当钢材（钢筋、钢板、钢管）、水泥、砂、石、砌块砖、商品混凝土、沥青混凝土、预拌砂浆、铝合金制品（含玻璃）、电缆（电线）这 10 项主要材料价格发生波动时，可按下列规定调整合同价款：施工期间材料单价涨、跌幅以基准单价为基础超过 ±5%时，其超过部分按实调整，施工期间材料单价按各月采购数量及当月信息价进行加权平均计算。公式为：上调金额= Σ（施工期间材料单价−基准价 ×1.05）× 消耗量，或下调金额= Σ（基准价 ×0.95−施工期间材料单价）× 消耗量。 | |

**续表**

| 序号 | 项目 | 细目 | 方案与对策 | 备注 |
|---|---|---|---|---|
| 1 | 建设合同概况 | 材料调差条款 | 乙方应在采购材料前将采购数量和新的材料单价报送甲方及实施机构核对，确认用于本合同工程时，甲方及实施机构应确认采购材料的数量和单价。甲方及实施机构在收到乙方报送的确认资料后 7 个工作日内不予答复的，视为已经认可，作为调整合同价款的依据。如果乙方未报甲方及实施机构核对即自行采购材料，则不作价差调整。<br>上述 10 项主要材料中，仅调整南宁市住房和城乡建设局发布的《南宁市建设工程造价信息》中有公布价格的材料。除上述 10 项主要材料外，其余材料价格不作调整。<br>对策：对可以调差的材料，对其信息价、市场价进行动态监控，与基期价格对比分析，结合施工需要合理确定采购时间，争取最大调差效益 | |
| | | 保险条款 | 建设工程一切险由承包人负责购买并投保，其费用由发包人承担；其他保险由承包人自行投保。<br>对策：根据项目实际风险情况投保，并做好保险理赔策划 | |
| | | 重要奖励及处罚条款 | 逾期交工违约金：10000 元/天；逾期交工违约金限额：2%签约合同价。<br>对策：做好工期管理，在均衡施工的前提下合理安排工期，确保符合合同工期要求。重点关注项目开工时间的确认，真正具备施工条件才予以确认。施工过程中对于非承包人原因造成的工期延误，及时办理延长工期相关手续 | |
| 2 | 成本管理 | 初步预测项目整体盈亏情况 | 本项目合同暂定金额为*万元（不包含暂列金*万元），需上缴局投资收益*万元（*%），实际内部合同金额为*万元，依据最新施工图、概算金额等现有资料测算，本项目不含税成本为*万元（包含局投资收益对应税金成本*万元），利润额*万元，利润率*%。确保完成局投资收益（*%），完成公司上缴利润（*%），争取实现项目内部盈利 | |
| | | 分包成本管控 | 分包成本管理的主要思路和措施是基于项目轻资产模式，从分包合理定价、科学划分标段、合同边界明晰、关注分包单位履约成本控制（目的是防范纠纷及索赔）、严肃结算纪律（月清月结，应扣尽扣）、分包考核及奖惩等方面入手。综合公司优秀单位资源，分包价格体系，制定出切实可行，符合项目工况的分包价格，在合同中全面考虑并明确边界条件，降低分包成本管控风险；增加约束单位索赔条款（特别是主体劳务施工单位），降低法律风险 | |
| | | 间接费控制 | 间接费按照公司规定的要求，采取合同金额*%，金额*万元。按照“定岗定编、总额核定、分期控制、节俭实用”的原则，做好各项间接费控制，争取控制在间接费指标*%以内 | |
| | | | 严格按照局及公司房建工程标准化要求，综合考虑可利用场地的相对位置、交通条件、现场地形条件、成本等因素，按照经济适用、降低成本、满足安全环保要求的原则进行总体规划，严控临时设施费支出 | |

**续表**

| 序号 | 项目 | 细目 | 方案与对策 | 备注 |
| --- | --- | --- | --- | --- |
| 2 | 成本管理 | 项目其他成本控制重点、措施 | 1. 重视设计管理风险，保证设计优化效益。目前设计优化由项目公司牵头、施工单位配合，具有充分的前瞻性和统筹协调性，项目公司牵头加强对设计单位的考核，包括设计阶段的方案优化，确保设计数据的准确性、合理性和及时性。<br>2. 本项目因管理需要发生 BIM 数据建模及集成、质量监控系统、环保监督系统、“桂建通系统”（见注）等统建费用，目前费用尚未明确。但根据以往经验，成本可控。<br>3. 临时便道施工成本。原则上采用永临结合道路，其次依据谁使用谁施工谁维护的原则，与主体工程施工捆绑分包，既能保证便道施工质量，也能整体议价，最终有效控制后期维修养护分包成本，以降低总体分包费用为原则。<br>4. 丰富永临结合内容。水、电、绿植、道路等方面进行永临结合。<br>5. 临建方面。临建部分工程施工前，项目领导班子反复讨论临建方案，结合公司领导的先进管理理念，最终采用学校原有驾校考试大厅作为项目部办公区，降低项目整体成本。项目临建工程采用两个队伍施工，分别负责临建土建、水电安装施工和板房安装专业施工。<br>6. 合理策划施工组织顺序，结合资源分批次开工；从施工工艺可行性、模板材料配置、施工成本、施工功效等方面进行设计优化，充分发掘盈利点，最大限度地实现“降本增效，利益最大” | |
| 3 | 增收创效 | 变更创效点 | 在单价合同的基础上，做实设计优化工作。技术与商务相结合，加强商务策划工作，各部门互相配合，在设计阶段优化施工图纸，降低施工难度，减少低利润工艺占比，提升图纸会审质量，降低变更率，将盈利项目最大化，减少亏损项目。如：使用 BM 连锁砌块免除抹灰工艺；图书馆增加桩基支护；将所有的异形柱均优化为方柱；将图书馆地面做法 600 mm×600 mm 地砖优化为 800 mm×800 mm 釉面砖；将图书馆、综合楼外立面混凝土构件优化为 EPS 构件，便于施工 | |
| | | 索赔关注点 | 索赔关注点主要集中在图纸变更，清单特征描述与图纸不符，过程中业主指令、签证、主要材料调差以及非承包方原因造成的损失等 | |
| | | 配合比优化 | 混凝土采用商品混凝土，选择价低、质优、资金状况好的供应商 | |
| 4 | 增收创效 | 其他增收措施 | 1. 加强保险策划，辨识保险索赔点，重点培训管理人员保险技能和索赔流程。重点对项目易发生的保险索赔点，如暴雨引起的窝工、脚手架搭设、模板支拆、边坡坍塌导致的第三者受损等进行专题策划，并明确具体责任人。树立有险必索赔、有索赔就要有成果的理念，把保险索赔作为成本转移和创效的有效手段。<br>2. 严控劳务分包成本。以市场询价、局限价、良好的付款条件为基础在市场环境萎靡、条件引进优质劳务单位施工。<br>3. 严控自购材料、设备成本。如瓷砖、门窗、电梯、书架等。<br>4. 引进高科技降低成本。如喷涂工程引进喷涂机，抹灰工程引进智能抹灰机，轻骨料混凝土工程引进建筑垃圾粉碎机等 | |

注：“桂建通系统”是广西住房和城乡建设厅推出的建筑工人实名制管理平台。“*”表示隐藏信息。

说明：结合项目实际情况，总体梳理合同、成本、增收点的方案和对策，不限于以上细目。

# 四、项目主要风险识别及应对措施

## （一）承包合同风险识别与应对

承包合同风险识别与应对如下表所示。

**风险识别应对表**

| 序号 | 风险因素 | 合同条款号 | 应对措施 | 预期效果 | 责任人 | 公司监控部门 | 开展时间 | |
|---|---|---|---|---|---|---|---|---|
| | | | | | | | 开始时间 | 完成时间 |
| 1 | 周边地下管线、建筑物保护 | 3.1.(10).① | 通过分包合同转移风险，在对下合同中约定：队伍在施工过程中必须保护好周边管线及建筑物，谁损坏谁赔偿 | 项目部无额外支出 | 赵某 | 成本部 | 2024年8月1日 | 2025年11月30日 |
| 2 | 取弃土场及资源费 | 3.1.(10).② | 1.尽量实现场内的土石方调配平衡，减少场外借土和弃土的工程量，减少土资源费支出。<br>2.选择有实力的土石方运输单位，上路手续和消纳手续由对方负责办理。<br>3.对下分包合同中约定：如果由于环保防尘措施不到位导致环保部门罚款，由分包单位自行承担 | 项目部除土资源费和正常的运费外，其他费用不再支出 | 赵某 | 成本部 | 2024年8月1日 | 2025年11月30日 |
| 3 | 施工安全保卫工作及非夜间施工照明 | 3.1.(10).③ | 1.施工安全保卫工作及非夜间施工照明在对下合同中约定，作为施工措施费包含在综合单价中不再单独予以支付。<br>2.项目部与合作方人员、财产损失，由各自承担的，通过保险转移风险。<br>3.督促分包单位购买财产保险和工人团体意外险，否则由项目部统一购买，在第一期进度计量中扣除 | 除了项目部自己的保险费支出外，不再产生其他成本 | 陈某 | 安监部 | 2024年8月1日 | 2025年11月30日 |

**续表**

| 序号 | 风险因素 | 合同条款号 | 应对措施 | 预期效果 | 责任人 | 公司监控部门 | 开展时间 | |
|---|---|---|---|---|---|---|---|---|
| | | | | | | | 开始时间 | 完成时间 |
| 4 | 施工噪声 | 3.1.(10).⑤ | 1. 在靠近居民密集区的单体工程分包单价谈判中，应充分考虑对噪声控制措施费，鼓励对方采用先进工艺、设备。<br>2. 由于施工产生噪声污染，导致的政府罚款或老百姓阻工的，相关责任由对方自行承担 | 减少后期合作方向项目部索赔 | 陈某 | 安监部 | 2024年8月1日 | 2025年11月30日 |
| 5 | 工程照管与成品、半成品保护 | 3.1.(10).⑥/3.6 | 通过分包合同约定，将成品保护作为辅助工作包含在综合单价中，不再单独计量 | 项目部无额外支出 | 赵某 | 成本部 | 2024年8月1日 | 2025年11月30日 |
| 6 | 场地环境污染 | 3.1.(10).⑦ | 通过分包合同约定，将工完场清作为辅助工作纳入在综合单价中，不再单独计量 | 项目部无额外支出 | 陈某 | 安监部 | 2024年8月1日 | 2025年11月30日 |
| 7 | 安全文明宣传、迎检 | 3.1.(10).⑧.1 | 1. 安全文明施工措施费由项目部统一投入，在分包单价谈判中，下浮1.5%。<br>2. 迎检作为辅助工作，纳入综合单价中，不再单独计量 | 杜绝零工台班支出 | 陈某 | 安监部 | 2024年8月1日 | 2025年11月30日 |
| 8 | 临水、临电费 | 3.1.(10).⑧.2 | 1. 对下分包合同中约定，各分包单位需要安装水表、电表，项目部电工按月进行抄表扣除费用。<br>2. 大电：生活用水电费由分包单位承担，生产用水电费分摊进综合单价，实际损耗由分包单位自己控制。<br>3. 自发电：生活用水电费由分包单位承担，生产用水电费的差价在合同中按施工部位，分别予以明确 | 1. 减少队伍后期向项目部索赔。<br>2. 减少项目部水电费支出 | 赵某 | 成本部 | 2024年8月1日 | 2025年11月30日 |
| 9 | 施工范围内垃圾、杂物清理 | 3.1.(10).⑧.3 | 通过分包合同约定，将工完场清作为辅助工作纳入在综合单价中，不再单独计量 | 项目部无额外支出 | 赵某 | 成本部 | 2024年8月1日 | 2025年11月30日 |

续表

| 序号 | 风险因素 | 合同条款号 | 应对措施 | 预期效果 | 责任人 | 公司监控部门 | 开展时间 | |
|---|---|---|---|---|---|---|---|---|
| | | | | | | | 开始时间 | 完成时间 |
| 10 | 临电架设费用 | 3.1.(10).⑧.4 | 1.在对下分包合同中约定，项目部提供大电至变压器，从变压器节点以下的线缆、控制箱由分包单位自己投入，含在综合单价中。<br>2.涉及多家分包单位的，电损根据用电量进行分摊 | 项目部除自身的用电和电损分摊外，不再发生额外支出 | 赵某 | 成本部 | 2024年8月1日 | 2025年11月30日 |
| 11 | 试块、样品送检 | 3.1.(10).⑧.8 | 通过分包合同约定，试块制作和样品送检作为辅助工作包含在综合单价中，不再单独计量 | 杜绝零工台班的产生 | 赵某 | 成本部 | 2024年8月1日 | 2025年11月30日 |
| 12 | 场内道路维护 | 3.1.(10).⑧.12 | 1.采用永临结合方式，路基基层以下部分可以通用，避免重复建设投入。<br>2.道路维护遵循“谁使用谁免费维护，定期清扫”原则；无法区分使用人的情况下，按照分包合同规模进行分摊 | 避免零工台班的产生 | 赵某 | 成本部 | 2024年8月1日 | 2025年11月30日 |
| 13 | 生活施工垃圾处置 | 3.1.(10).⑧.16 | 通过分包合同约定，将生活垃圾处理作为附属工作纳入综合单价中，不再单独计量 | 除了项目部自己的垃圾处理，不再额外发生其他费用 | 陈某 | 安监部 | 2024年8月1日 | 2025年11月30日 |
| 14 | 非法转包、违法分包的违约处罚 | 3.5.2.(4).⑤ | 在分包招标采购环节，重视合规性检查，避免资料不合规，否则发包人可以罚款100万元，或没收履约保证金 | 此项支出避免发生 | 赵某 | 成本部 | 2024年8月1日 | 2025年11月30日 |
| 15 | 隐蔽工程验收 | 5.3.2 | 验收前需以书面形式通知发包人和监理工程师验收的内容、时间、地点，并留存验收记录 | 1.避免影响过程计量，压减两金。<br>2.同时避免后期审计审减风险 | 赵某 | 成本部 | 2024年8月1日 | 2025年11月30日 |
| 16 | 安全文明施工费结余退回 | 6.1.6.(5) | 按《广西壮族自治区建设工程安全文明施工费使用管理细则》(桂建质〔2015〕16号)要求，需从材料进场单、发票开具、监理验收等环节，确保费用列项准确，满足计量和审计要求 | 过程全额计量，后期扣回为0 | 赵某 | 成本部 | 2024年8月1日 | 2025年11月30日 |

续表

| 序号 | 风险因素 | 合同条款号 | 应对措施 | 预期效果 | 责任人 | 公司监控部门 | 开展时间 | |
|---|---|---|---|---|---|---|---|---|
| | | | | | | | 开始时间 | 完成时间 |
| 17 | 工期延误 | 7.5.2 | 1. 前期做好施工组织设计，合理安排施工计划，避免工期延误。<br>2. 如果发生了2期延误，合理归因并充分举证是避免违约罚款的核心策略。可以从法律依据、操作步骤、监理见证要点及风险防范等方面提供系统性解决方案 | 避免违约罚款 | 赵某、张某 | 成本部、工程部 | 2024年8月1日 | 2025年11月30日 |
| 18 | 材料调差 | 11.1 | 1. 针对调差范围内的材料，收集当地近2年内信息价，绘制变化趋势图，以便预测施工期间的涨跌拐点。<br>2. 随时关注市场价变化，控制好采购成本。<br>3. 实际采购材料的进货单和发票开具日期应服从材料调差策略，在信息价处于高位时开具发票 | 1. 降低实际采购成本。<br>2. 扩大调差金额 | 赵某、张某 | 成本部、物设部 | 2024年8月1日 | 2025年11月30日 |
| 19 | 考核基金 | 12.3 | 1. 考核基金是原合同额的一部分，需仔细研读考核办法，避免罚款，确保全部计量回来。<br>2. 在过程中收集好奖罚文件及支持性材料，避免业主计量后，又被审计审减回去 | 全部计量回来 | 赵某、张某 | 成本部、工程部 | 2024年8月1日 | 2025年11月30日 |
| 20 | 竣工结算审计 | 14.2 | 1. 审减率超过5%，承包人需承担审减部分的审计费，所以项目部报送预算时，要严格把关，对于支撑材料不扎实的项目应谨慎考虑。<br>2. 针对存在审减风险的分项工程，严禁对下结算，以避免后期收支不平衡 | 1. 杜绝审减部分的审计费。<br>2. 有审减风险的，严禁对下结算 | 赵某、张某 | 成本部、工程部 | 2024年8月1日 | 2025年11月30日 |

填表说明：针对主合同关键内容，分析履约条款、支付条款、违约条款、变更条款、人工材料价差调整等合同风险。

## （二）其他主要风险识别

其他主要风险识别如下表所示。

**其他主要风险识别表**

| 序号 | 风险类别 | 风险因素 | 预防措施 | 预期效果 | 责任人 | 公司监控部门 | 开展时间 | |
|---|---|---|---|---|---|---|---|---|
| | | | | | | | 开始时间 | 完成时间 |
| 1 | 业主风险 | 本工程业主为广西某公司，该业主公司为 PPP 项目平台公司，存在一定的资信和资金风险 | 项目为 PPP 项目，业主资金来源为“资本金+贷款”，财务部计划协同公司、一航局了解业主的资本金到位状况、合作银行授信情况及贷款政策变动。及时协助业主完善经营情况财务报表，尽可能排除业主资信方面的风险，避免项目后期出现资金不足的问题 | 排除项目垫资施工风险 | 张某 | 财务部 | 2024 年 8 月 1 日 | 2025 年 11 月 30 日 |
| 2 | 合同风险 | 本合同签订暂列金额较多，合同未明确规定如何使用暂列金额，存在暂列金未使用而导致收入减少的风险 | 在项目实施前对暂列金进行详细策划，做到应用尽用，在项目实施过程中，及时按计划使用并收集证据链与及时证据链，减少竣工结算审减风险 | 暂列金足额使用 | 赵某、张某 | 成本部、工程部 | 2024 年 8 月 1 日 | 2025 年 11 月 30 日 |
| 3 | 施工风险 | 该工程处于学校辖区内，对施工噪声、扬尘、光污染等施工环境的整洁及美观度等提出了极高的要求 | 1. 选用中南地区标准图集设置围挡，确保施工区域完全封闭并符合相关要求。施工机械、运输设备等作业空间应与运营区域保持安全距离。<br>2. 制定专门的环境保护及文明施工措施，对扬尘、道路清理、车辆清洁等制定严格的标准，场地门口严格控制车辆出入，对进出口车辆进行清洗，并安排专人监督，保证文明施工能达到地区要求。<br>3. 制定专门的隔声降噪措施，如混凝土浇筑时间避开学校上课和休息时间，集中在下午 17:00~22:00 及周末节假日进行，同时在混凝土泵位置搭设隔声棚。 | 做好文明施工，无被举报、投诉、阻工、罚款情况发生 | 张某 | 安监部 | 2024 年 8 月 1 日 | 2025 年 11 月 30 日 |

**续表**

| 序号 | 风险类别 | 风险因素 | 预防措施 | 预期效果 | 责任人 | 公司监控部门 | 开展时间 | |
|---|---|---|---|---|---|---|---|---|
| | | | | | | | 开始时间 | 完成时间 |
| 3 | 施工风险 | 该工程处于学校辖区内，对施工噪声、扬尘、光污染等施工环境的整洁及美观度等提出了极高的要求 | 4.尽可能避免夜间焊接，以免产生光污染，若夜间施工不可避免时要采用遮光布进行四周遮蔽施工，从而减少光影响和污染。<br>5.及时处理破坏环境的突发事件，如道路上泥土堆积，应立即安排人员进行清理，对暂时性堆土场进行覆盖等，并坚持每日巡查，发现问题后立即处理，确保道路通畅，不造成周边环境的污染。<br>6.加强对现场人员的安全教育及对安全管理；设专人负责扰民接待工作，做好与周边学校的沟通与协调；施工过程中，采取有效措施降低噪声、控制扬尘污染等。<br>7.充分利用施工管理经验，积极配合业主做好施工期间的安全防护与管理工作 | 做好文明施工，无被举报、投诉、阻工、罚款情况发生 | 张某 | 安监部 | 2024年8月1日 | 2025年11月30日 |
| 4 | 质量风险 | 人员因素：<br>1.设计人员经验不足导致的设计缺陷。<br>2.施工管理人员经验不足、管理水平不高，造成技术交底针对性不强，可操作性差。<br>3.管理人员及工人责任意识不强导致的质量隐患 | 1.及时组织图纸会审，降低图纸缺陷引发的质量风险。<br>2.项目部成立质量管理小组，签订质量目标责任书，设置专职质量管理人员，强化组织保障，减少人员因素引起的质量隐患。注重技术交底的针对性及可操作性，并针对存在问题做好补充完善。<br>3.严格执行奖惩制度，提升相关人员的责任意识 | 杜绝质量事故，严防质量通病，减少质量隐患 | 张某 | 技术质量部 | 2024年8月1日 | 2025年11月30日 |

续表

| 序号 | 风险类别 | 风险因素 | 预防措施 | 预期效果 | 责任人 | 公司监控部门 | 开展时间 | |
|---|---|---|---|---|---|---|---|---|
| | | | | | | | 开始时间 | 完成时间 |
| 4 | 质量风险 | 机械设备因素如下。<br>1. 测量仪器误差过大导致的测量结果偏差。<br>2. 碾压设备、材料加工设备自身缺陷可能导致的隐患。<br>3. 检测仪器使用方法不当引起的结果偏差 | 1. 按期做好测量仪器的检定，采用换手测量等方式，减少质量隐患。<br>2. 加强设备进场验收工作，避免使用陈旧、已淘汰等设备，减少设备因素对质量造成的影响。<br>3. 注重检测仪器的使用培训，确保检测结果真实可靠 | 杜绝质量事故，严防质量通病，减少质量隐患 | 张某 | 技术质量部 | 2024年8月1日 | 2025年11月30日 |
| | | 材料因素如下。<br>1. 进场材料、半成品、成品抽检不及时，抽样不具有代表性导致的隐患。<br>2. 材料存放不当引起的损坏等 | 1. 编制物资进场验收流程，安排专人负责材料进场取样送检。<br>2. 注重日常巡查，对随意存放物资的行为进行处罚 | 杜绝质量事故，严防质量通病，减少质量隐患 | 张某 | 技术质量部 | 2024年8月1日 | 2025年11月30日 |
| | | 施工方法因素如下。<br>施工工艺方法不先进、操作方法不正确、施工方案不合理可能导致的质量隐患 | 严格按照标准要求编制各类施工方案、专项施工方案，注重方案的可行性与完整性，经审批后实施 | 杜绝质量事故，严防质量通病，减少质量隐患 | 张某 | 技术质量部 | 2024年8月1日 | 2025年11月30日 |
| | | 环境因素如下。<br>高温、雨季、大风等环境下可能导致的质量隐患，例如基层含水率过大引起的卷材起鼓，雨天影响混凝土强度等 | 按规范要求编制高温、雨季等特殊环境施工方案，关注天气预报，配备防水设施，合理安排工序间隔时间等，避免或者降低环境因素对施工质量可能造成的影响 | 杜绝质量事故，严防质量通病，减少质量隐患 | 张某 | 技术质量部 | 2024年8月1日 | 2025年11月30日 |

**续表**

| 序号 | 风险类别 | 风险因素 | 预防措施 | 预期效果 | 责任人 | 公司监控部门 | 开展时间 | |
|---|---|---|---|---|---|---|---|---|
| | | | | | | | 开始时间 | 完成时间 |
| 5 | 安全环保风险 | 1.塔吊、施工电梯、物料提升机的安拆与使用不符合规范要求。<br>2.深基坑施工与支护施工不符合规范要求。<br>3.高支模施工未严格执行方案和规范要求。<br>4.脚手架搭设与拆除、卸料平台安拆、主体结构模板支撑体系不符合方案和规范要求。<br>5.砌筑抹灰、室内装饰等作业过程中过量拆除防护设施，砌筑工人临边作业时未系安全带，使用操作平台或马凳进行高处砌筑作业时，未遵守操作平台使用要求等。<br>6.项目现场存在众多高处临边洞口和高处作业点，安全防护措施不到位，施工临时拆除防护设施作业工人未系安全带，拆除后未及时恢复，防护设施损坏，工人违规操作等，可能导致高处坠落事故。<br>7.临时用电不符合规范要求，可能发生漏电、触电事故 | 1.控制措施：严格执行方案编制、审批、评审程序，按方案组织安装和拆卸，按规范做好各项安全管理工作。<br>2.严格执行方案编制、审批、评审流程，按批准的方案坡率组织施工，按方案和规范落实各项安全措施。<br>3.严格执行方案编制、审批、专家评审流程，严格验收进场材料，严格按照方案组织搭拆，做好各项安全措施。<br>4.严格按照方案组织搭拆，落实各项安全措施。<br>5.做好安全培训；严格遵守其操作平台安全管控措施；监督临边作业工人系好安全带等。<br>使用操作平台或马凳进行高处作业时，未遵守操作平台使用要求；临边位置作业未系安全带；高空抛物、抛掷传递材料与工具等。<br>6.所有临边作业点应第一时间设置安全防护栏，加强工人安全教育培训。<br>7.配置电工，排查线路、电箱，及时处理损坏和故障电线、电器元件，加强培训和施工管理，严禁非电工进行接线操作 | 杜绝安全事故 | 张某 | 安监部、工程部 | 2024年8月1日 | 2025年11月30日 |

续表

| 序号 | 风险类别 | 风险因素 | 预防措施 | 预期效果 | 责任人 | 公司监控部门 | 开展时间 | |
|---|---|---|---|---|---|---|---|---|
| | | | | | | | 开始时间 | 完成时间 |
| 6 | 工期风险（雨季、夜间、教学期间、设计变更、节假日） | 1. 雨季施工效率低，容易造成人员窝工。<br>2. 高温天气下，本工程涉及钢结构焊接，易引发中暑，作业人员心情浮躁。<br>3. 本工程拟定的施工时间内包括元旦、春节、清明、农忙、中秋、国庆等节假日，导致作业人员不稳定。<br>4. 教学期间需配合学生上下课时间进行施工，无法安排夜间施工 | 1. 雨季来临前，制定雨季施工方案，并组织各分包单位对项目进行全面检查，落实并实施方案中各项措施，检查施工中存在的隐患。<br>2. 成立夏季工作领导小组，由项目经理任组长，明确施工现场管理和职工生活管理的责任分工，切实改善职工食堂、宿舍、办公室、厕所的环境卫生，定期喷洒杀虫剂，防止蚊蝇滋生，杜绝常见病的传播。<br>3. 关心职工，特别是生产第一线和高温岗位职工的安全和健康。对高温作业人员进行就业和入暑前的体格检查，凡检查不合格者，不得不安排其在高温条件下作业。认真督促检查，做到责任到人，措施得力，切实保证职工健康。<br>4. 如政府部门未明令禁止施工，施工现场保持连续正常施工生产，确保工程总控制进度计划的有效实施。施工现场管理人员坚守工作岗位，根据实际情况轮流安排管理人员休息，并在此之前做好工作交接，确保工作连续性。加强现场检测与巡视，落实预防措施，杜绝事故隐患；节假日须提前与监理单位沟通，确保现场有监理工程师值班，以确保隐蔽工程或中间验收工作的连续性。 | 均衡施工，杜绝赶工，减少窝工、待工情况的发生，杜绝超合同工期被罚款 | 张某 | 工程部 | 2024年8月1日 | 2025年11月30日 |

**续表**

| 序号 | 风险类别 | 风险因素 | 预防措施 | 预期效果 | 责任人 | 公司监控部门 | 开展时间 | |
|---|---|---|---|---|---|---|---|---|
| | | | | | | | 开始时间 | 完成时间 |
| 6 | 工期风险（雨季、夜间、教学期间、设计变更、节假日） | 1. 雨季施工效率低，容易造成人员窝工。<br>2. 高温天气下，本工程涉及钢结构焊接，易引发中暑，作业人员心情浮躁。<br>3. 本工程拟定的施工时间内包括元旦、春节、清明、农忙、中秋、国庆等节假日，导致作业人员不稳定。<br>4. 教学期间需配合学生上下课时间进行施工，无法安排夜间施工 | 5. 实行进度计划的有效动态管理控制并适时调整，使周、月、季计划更具有现实性。以工程总体进度为纲领，排布各施工阶段详细的实施计划，包括季度、月度、周计划，明确时间要求，据此向各作业队、班组下达任务。在安排施工进度时，各分部分项工程工作安排将根据实际情况，分别提前留有余量，以确保赶工工期目标的实现；并根据不同施工阶段及专业特点，把握施工周期中关键线路，决不允许关键线路上的工作事件被延误，对于非关键线路的工作，则可合理利用时差，在工作完成日期上适当调整，在不影响计划工期的前提下，灵活安排施工机械和劳动力流水施工。做到重点突出，兼顾全局，紧张有序，忙而不乱 | 均衡施工，杜绝赶工，减少窝工、待工情况的发生，杜绝超合同工期被罚款 | 张某 | 工程部 | 2024年8月1日 | 2025年11月30日 |
| 7 | 组织风险 | 1. 管理人员和一般技工的能力。<br>2. 主体结构施工阶段，脚手架、安全密目网、模板、木枋等施工用材需求量大。<br>3. 工程机械在使用过程中，由于安装、调试等环节的不完善和失误，出现各种故障和损坏，导致设备停机，影响工程进度，甚至造成人员伤亡和重大经济损失 | 1. 要对施工人员进行全面的培训和教育，增强其安全意识和操作技能。严格执行施工现场的管理制度，确保各项安全措施的落实和执行。在人员组织方面，要明确各个岗位的职责和权限，做好协调和沟通，确保施工过程中的协同作业，减少因人为失误而带来的风险。 | 均衡施工，杜绝赶工，减少窝工、待工情况的发生，杜绝超合同工期被罚款 | 张某 | 工程部 | 2024年8月1日 | 2025年11月30日 |

续表

| 序号 | 风险类别 | 风险因素 | 预防措施 | 预期效果 | 责任人 | 公司监控部门 | 开展时间 | |
|---|---|---|---|---|---|---|---|---|
| | | | | | | | 开始时间 | 完成时间 |
| 7 | 组织风险 | 1. 管理人员和一般技工的能力。<br>2. 主体结构施工阶段，脚手架、安全密目网、模板、木枋等施工用材需求量大。<br>3. 工程机械在使用过程中，由于安装、调试等环节的不完善和失误，出现各种故障和损坏，导致设备停机，影响工程进度，甚至造成人员伤亡和重大经济损失 | 2. 开工前，由技术人员全面核查施工图纸中各建筑物、设备等工程量，列出所需建筑材料、构件和设备清单。编制一次性备料计划及施工材料使用计划。再根据总进度计划表，估算出某些建筑材料在某季度的需要量，从而编制出建筑材料、构件和设备的进场计划；组织落实货源、签订供应合同、确定运输方式，编制运输计划。同时还要明确由于材料供应不及时导致停工、待工所承担的责任，要求按时按量地供应材料，保证不发生因材料供应不及时、材料质量等问题造成的工程停工、返工现象。<br>3. 使用前进行人员安全技术交底，确保操作人员具有相关资质和技能；张贴安全警示标志，保证设备操作时周围人员处于安全距离外；定期对设备进行检查，及时发现并排除设备故障隐患；根据设备的使用情况，制订合理的设备更换计划，及时更换老旧设备 | 均衡施工，杜绝赶工，减少窝工、待工情况的发生，杜绝超合同工期被罚款 | 张某 | 工程部 | 2024年8月1日 | 2025年11月30日 |

续表

| 序号 | 风险类别 | 风险因素 | 预防措施 | 预期效果 | 责任人 | 公司监控部门 | 开展时间 | |
|---|---|---|---|---|---|---|---|---|
| | | | | | | | 开始时间 | 完成时间 |
| 8 | 设计图纸 | 1.设计变更及时性。<br>2.设计变更及深化图纸手续完善性。<br>3.设计变更时效性 | 1.配备专人同设计单位沟通，结合现场施工情况及施工进度计划，完善变更手续。<br>2.加强与设计单位之间的沟通，在每次深化图纸时，及时做好各方确认工作。<br>3.现场签证及时，在施工中随发生随进行签证，要做到一次一签证，一事一签证，确保设计变量手续与施工同步及时处理 | 设计变更手续与施工同步，杜绝完工后补办手续的情况发生 | 张某 | 工程部 | 2024年8月1日 | 2025年11月30日 |
| 9 | 分包商风险 | 1.分包商资质不合格。<br>2.分包商质量管理不到位。<br>3.分包商施工进度管控不到位 | 1.充分了解分包商的历史业绩和信誉情况，实地考察分包商的工地，查看其施工质量和进度；要求分包商提交相关证件和资质证明，并确保其有效性；与分包商签订合同，明确对方的责任和义务，合同中要详细约定在资源不合格情况下的违约责任和解决方式。<br>2.明确分包商的质量要求，并与其共同制订相应的质量管理计划；加强对分包商的监督和检查力度，确保其按照质量要求进行施工；及时发现并纠正分包商的质量问题，做好详细记录并采取相应的整改和处罚措施。<br>3.建立全面且准确的进度计划，明确工作任务、工期和交付时间等关键信息；与分包商进行有效的沟通和协调，确保其按照计划开展工作，并及时反馈进度情况；对分包工作的进展进行实时监控，及时发现并解决进度偏差问题，确保项目按时交付 | 杜绝因分包商原因造成的进度、质量、安全、成本等出现重大偏差 | 赵某、张某 | 成本部、工程部 | 2024年8月1日 | 2025年11月30日 |

续表

| 序号 | 风险类别 | 风险因素 | 预防措施 | 预期效果 | 责任人 | 公司监控部门 | 开展时间 | |
|---|---|---|---|---|---|---|---|---|
| | | | | | | | 开始时间 | 完成时间 |
| 10 | 外部环境风险 | 1. 政治变化风险。<br>2. 自然环境风险。<br>3. 材料价格浮动风险 | 1. 做好建设工程前期的可行性研究阶段风险预测，制定防范措施，避免决策失误。风险预测时，要了解当地政府对于工程的相关政策、法律法规，分析是否存在对工程的限制条件。<br>2. 在开始工程建设之前进行全面的环境影响评价，识别潜在的环境风险，并制定相应的应对措施；建立一个严格的监管机制，监测和控制环境参数的变化，以保障环境安全。<br>3. 将建筑材料的采购划分为不同的阶段，根据实际情况进行采购。这样可以在材料价格波动较大时，选择较低价格的采购时机，降低项目的成本 | 杜绝工程施工造成周围环境污染或其他不良影响，最大限度降低材料采购成本 | 赵某、张某 | 成本部、工程部 | 2024年8月1日 | 2025年11月30日 |
| 11 | 校方风险 | 校方介入过深，导致选品定样拖延时间，不利于技术优化工作展开，使施工进度较难保证 | 在合同签订阶段，需明确各工作签认的周期，后期以文件形式确认样板，若学校不及时确认样板，故意拖延项目进度，则以合同图纸要求为准，业主默认满足使用需求即可。优化方面充分考虑双方需求，提出合理化建议 | 避免校方指定品牌，造成进度滞后及效益受损 | 赵某、张某 | 成本部、工程部 | 2024年8月1日 | 2025年11月30日 |

备注：项目结合工程施工合同、图纸、现场的实际情况找出项目潜在的风险因素，并制定有效的控制措施。

# 五、项目商务策划

## （一）分包策划

（1）分包队伍选择的原则和要求。

①严把劳务准入关。

加强源头控制，完善准入机制。加大对线性工程领域劳务队伍的培育和引进力度。新队伍引进要规范审查和审批流程，把好准入关。

②严把过程管控关。

牢牢把握劳务分包模式的决定权和审批权，强化合同评审、严格合同结算，强推“量价齐控”，处理好与劳务单位的利益关系，加大协调和服务力度，建立好“同舟共济、互利共赢”的伙伴关系。

③严把控制性工程分包。

对于关键线路单位、主体劳务单位实行100%考察制度，考察其资质、业绩、评级、分包方式、分包单价、分包范围。

④分包单位严控准入管理，选择广西区域项目单位推荐的整建制优质分包商和从《公司分包商名录》中选取的分包商，通过调查公司内部单位的相对成熟的分包资源，选择优秀的分包单位。

（2）分包单位配置依据。

①房建土石方专业分包工程单位要选用当地有实力的单位，由于方量较小，降低设备进场费用。

②房建劳务分包单位选用实力强、信誉优、配合度高的单位。

③考虑西南公司轻资产管理，塔吊、施工升降机特种设备由项目部市场租赁，公司严把进场关、使用关；土方、桩基设备由项目部从市场租赁，并自行管理；其他零星使用设备由分包单位自带。

④混凝土采用商业混凝土，项目部严格控制混凝土性能、混凝土保供、混凝土损耗等。

⑤装饰装修、机电安装、室外配套等工程分包单位各多列一个，以供进一步比选，择优确定。

严格执行局分包招标管理办法，保证每项分包项目参与竞争的分包单位达到3~5家，确保不少于3家，以便增加分包竞争和选择余地，最终实现分包单位优质，合理低价。

（3）关注分包单位履约成本控制。分包合同中明确所对应的具体内容及边界条件，明确安全生产费和环境保护费使用范围，明确进退场费及临建费用的标准，明确农民工实名制相关要求。强化管业务必须管成本的责任意识，同时要时刻关注单位成本，在施工管控过程中加强成本服务保障措施，实现双赢局面。

（4）严肃结算纪律。成本管理职责上墙，明确分包结算纪律。通过成本管理职责明确各类成本台账和数据统计的要求，做到及时更新和备案，分包结算时对各类扣款、各项奖罚做到应扣尽扣。同时严肃各项工作节点，打通成本管理链条，持续强化成本管理协同意识。

（5）分包考核及奖惩。适当对难度较大、工期紧的施工作业提高分包单价或进行节点奖励（如主体封顶节点、图书馆大跨度结构封顶等），定期根据《项目综合管理考评办法》对分包单位进度、安全、质量、协同配合等合同履约情况进行综合评价，并根据考评办法进行奖惩。分包策划表如下表所示。

**分包策划表**

| 序号 | 分包项目名称 | 分包形式/资质要求 | 分包边界条件（材料设备、水电、临设、分包费用中包含安全措施费情况等约定） | 计划数量 | 选用方式 | 计划合同签订时间 | 计划进场时间 |
|---|---|---|---|---|---|---|---|
| 1 | 临时工程 | — | 现场临水、临电，围挡（带喷淋）、门楼、大门、人脸识别、洗车池，消防等 | 1 | 询比价 | 2024年7月25日 | 2024年7月30日 |
| 2 | 土方工程 | 专业分包/建筑三级 | 达到基础施工条件的开挖及回填（涉及图书馆、综合楼、宿舍楼） | 1 | 公开招标 | 2024年7月30日 | 2024年8月10日 |
| 3 | 支护工程 | 地基基础工程专业承包三级 | 图书馆灌注桩，土钉墙，综合楼抗浮锚杆、凿桩头、冠梁、排水沟、集水井（甲方供应：钢筋、混凝土） | | | 2024年7月30日 | 2024年8月10日 |
| 4 | 主体劳务工程 | 劳务分包/劳务不分等级 | 人工配合清槽、垫层、钢筋、模板（内撑）、混凝土、外架、砌筑、抹灰、三保四口五临边，施工维护，劳保用品，室内回填满足二次装修的条件、止水钢板的制作与安装，采购、屋面找平、找坡等工作，以及完成上述工作的辅材、小型机具、保护措施等（甲方供应：钢筋、混凝土、砌块、砂浆、盘扣、钢管及配件）（图书馆、综合楼；宿舍楼择优选择） | 2 | 公开招标 | 2024年8月10日 | 2024年8月15日 |

续表

| 序号 | 分包项目名称 | 分包形式/资质要求 | 分包边界条件（材料设备、水电、临设、分包费用中包含安全措施费情况等约定） | 计划数量 | 选用方式 | 计划合同签订时间 | 计划进场时间 |
| --- | --- | --- | --- | --- | --- | --- | --- |
| 5 | 装饰装修工程 | 装饰装修工程专业承包二级 | 贴砖、涂饰、防水、保温、吊顶、卫生间（除结构以外的所有工程）外墙涂料，真石漆，栏杆扶手，书架等（图书馆、综合楼；宿舍楼择优选择） | 2 | 公开招标 | 2025年1月15日 | 2025年1月30日 |
| 6 | 机电安装工程 | 建筑机电安装工程专业承包二级 | 给排水、电气、配电、通风工程、智能化、太阳能工程、消防工程等 | 1 | 公开招标 | 2024年8月30日 | 2024年9月10日 |
| 7 | 室外配套工程 | 市政公用工程施工总承包二级 | 景观绿化、道路、铺装、总平面给排水及电气 | 1 | 公开招标 | 2025年3月15日 | 2025年4月15日 |

## （二）物资策划

（1）对项目所需主要物资材料统计，明确计划使用部位和计划使用时间，如下表所示。

物资需求计划统计表

| 序号 | 物资名称 | 规格型号 | 计量单位 | 数量合计（复核图纸） | 计划使用部位（分项工程）及用量 | | | 计划使用时间 | 备注 |
| --- | --- | --- | --- | --- | --- | --- | --- | --- | --- |
| | | | | | 图书馆 | 综合楼 | 19#学生宿舍楼 | | |
| 1 | 钢筋 | * | t | 4267 | 1431 | 1258 | 1578 | 2024年 | |
| 2 | 混凝土 | * | $m^3$ | 47100 | 16720 | 14200 | 16180 | 2024年 | |
| 3 | 砌块 | * | $m^3$ | 8995 | 2350 | 2865 | 3780 | 2024年 | |
| 4 | 砂浆 | * | $m^3$ | 7755 | 2942 | 1725 | 3088 | 2024年 | |
| 5 | 瓷砖 | * | $m^2$ | 92313 | 32188 | 19159 | 40966 | 2025年 | |
| 6 | 门窗 | * | $m^2$ | 18481 | 5683 | 4412 | 8386 | 2025年 | |
| 7 | 电梯 | * | 台 | 9 | 4 | 2 | 3 | 2025年 | |
| 8 | 电缆 | * | m | 20788.76 | 5090 | 6902 | 8796.76 | 2024年 | |

注："*" 表示隐藏信息。

（2）物资管理要点分析及相关措施，如下表所示。

**物资管理要点**

| 序号 | 管理要点分析 | | 管理举措 |
|---|---|---|---|
| 1 | 重难点 | 房建项目物资需求种类繁多，特别是装修，机电安装阶段，会在短时间内进场多种物资，这给验收工作带来困难；学校项目为保证学生的安全、健康，对个别物资的安全环保要求较高（如腻子、涂料等） | 设置专人专岗负责物资进场的验收工作，严格按照公司及项目部的物资验收制度、施工图纸标准及规范进行验收，同时要与各个专业分包单位进行交底，强调物资进场验收流程，明确凡是用于工程的物资必须经过物资部及工程部的双人签字方可用于工程施工 |
| 2 | 风险点 | 1. 目前材料价格波动较大，例如：水泥、钢材、铜等，这造成了成本增加。<br>2. 多种材料指定了参考品牌，参考品牌为中高档（如门窗：南南铝等，电器多为正泰、施耐德等品牌，洁具为东鹏，电梯为三菱等品牌）。<br>3. 物资种类繁多，要做好各物资的消耗分析工作，避免出现亏损项 | 1. 在总承包合同中约定材料的调价机制，将风险最小化；<br>2. 对上：严格审核施工图预算单价是否按照约定档次的品牌进行组价；对下：对于所指定品牌，深入市场调查，对于需求量大的材料，从厂家源头采购，降低成本（如瓷砖：深入原产地市场进行考察调研；门窗：根据市场环境，采用集中采购方式，从供应名录内进行多家询比价；电梯：要对接电梯的全国总代理，了解真实市场价格）。<br>3. 在分包单价上合理考虑允许损耗的费用，或在分包合同上限定合理的超耗系数，超出部分由分包单位承担，以此调动队伍降耗的积极性，实现成本超耗风险的转移和控制（如：混凝土、钢筋的损耗率控制在1%，砂浆、砌块的损耗率控制在1.5%，超出部分由分包单位负责） |
| 3 | 利润点 | 第一，充分利用公司周转物资，以降低成本。<br>第二，目前钢材处于低价运行区间，应利用工程预付款加大锁价备料数量。<br>第三，鉴于施工设备和周转材目前大环境市场低迷，可借此压低价格，以降低成本。<br>第四，做好钢材、混凝土损耗控制。<br>第五，与设计沟通，改变施工工艺，减少或取消亏损项目 | 第一，根据公司统筹安排从某项目调拨板房、打包箱、地磅等；从某项目部调拨钢材，为公司节约成本。<br>第二，适时锁价备料：抓住钢材价格低位期，积极争取更多预付款，统筹谋划钢材锁价备料节点和数量，加速推进现场主体施工。<br>第三，目前塔吊、升降机、盘扣、钢管等市场竞争激烈，通过多方询比价，降低项目成本。<br>第四，采购尺寸负偏差钢材，与物资供应商按过磅称重结算；与分包结算按照下料单结算；混凝土结构尺寸按照负偏差控制，混凝土申请量按扣减钢材体积考虑，商业混凝土供应过磅复核控制缺方。<br>第五，通过盈亏分析发现，抹灰工程和页岩砖属于亏损项，通过与设计沟通，将抹灰部分用石膏替代，页岩砖部分改为蒸压加气块以达到减亏目的 |

（3）对当地商业混凝土等供应商的生产能力、原材料质量情况、材料单价和运输条件进行调查分析，如下表所示。

**材料供应情况表**

| 拌和站名称 | A 混凝土有限公司 | | B 混凝土有限公司 | | C 混凝土有限公司 | D 混凝土搅拌有限公司 |
|---|---|---|---|---|---|---|
| 企业性质 | 国有企业 | | 私企 | | 私企 | 私企 |
| 拌和站名称 | A1 站 | A2 站 | B1 站 | B2 站 | C 混凝土站 | D 混凝土站 |
| 地理位置 | ⋆ | ⋆ | ⋆ | ⋆ | ⋆ | ⋆ |
| 生产线数量（单位：条） | 240+180+180 | 270+180+180+180 | 180+180 | 180+180 | 180+180+180 | 180+180+180 |
| 生产能力 | 7200 $m^3$（20 小时） | 9600 $m^3$（20 小时） | 4000 $m^3$（20 小时） | 4000 $m^3$（20 小时） | 7500 $m^3$（20 小时） | 7200 $m^3$（20 小时） |
| 设备情况 | 泵车 27 台（天泵、地泵） | | 泵车 17 台（天泵、地泵） | | 泵车 7 台 | 63 $m^3$ 汽车泵 2 台，58 米汽车泵 5 台 |
| | 13~20 $m^3$ 罐车 50 辆 | 13~20 $m^3$ 罐车 44 辆 | 13~20 $m^3$ 罐车 25 辆 | 13~20 $m^3$ 罐车 25 辆 | 13~20 $m^3$ 罐车 47 辆 | 21 $m^3$ 罐车 15 台，15 $m^3$ 罐车 15 台，12 $m^3$ 罐车 5 台 |
| 到场时长 | 55 分钟，18 个红绿灯 | 65 分钟，23 个红绿灯（有火车道） | 20 分钟，7 个红绿灯 | 40 分钟，24 个红绿灯 | 20 分钟，7 个红绿灯 | 40 分钟，17 个红绿灯 |
| 优、缺点 | 优点：GPS 定位车辆系统，质量控制体系<br>缺点：运距长，运输时间较长 | 优点：GPS 定位车辆系统，质量控制体系<br>缺点：运距长，运输时间较长 | 优点：GPS 定位车辆系统运距短，运输时间短<br>缺点：混料混仓 | 优点：GPS 定位车辆系统<br>缺点：运距长，运输时间较长 | 优点：GPS 定位车辆系统，微信小程序，运距短，运输时间短<br>缺点：产能相对较低 | 优点：配备 GPS 定位车辆系统和混凝土 ERP 管理系统<br>缺点：运距长，运输时间较长 |

续表

| 拌和站名称 | A 混凝土有限公司 | B 混凝土有限公司 | C 混凝土有限公司 | D 混凝土搅拌有限公司 |
|---|---|---|---|---|
| 报价 | C30 混凝土基准价为 400 元/m³，加一个标号上浮 15 元，降一个标号下浮 10 元。<br>象泵混凝土：20 元/m³。<br>防腐混凝土：15 元/m³。<br>抗渗混凝土 P6~P8：15 元/m³。<br>细石混凝土：15 元/m³ | C30 混凝土基准价为 410 元/m³，加一个标号上浮 15 元，降一个标号下浮 10 元。<br>象泵混凝土：20 元/m³。<br>防腐混凝土：15 元/m³。<br>抗渗混凝土 P6~P8：15 元/m³。<br>阻锈混凝土：15 元/m³。<br>水下混凝土：10 元/m³ | C30 混凝土基准价为 405 元/m³，加一个标号上浮 15 元，降一个标号下浮 10 元。<br>阻锈剂混凝土：15 元，<br>早强混凝土：15 元，<br>微膨胀混凝土：10 元，<br>抗渗混凝土 P6~P8：15 元。<br>细石混凝土：15 元。<br>车泵混凝土：25 元 | C30 混凝土基准价为 400 元/m³，加一个标号上浮 15 元，降一个标号下浮 10 元。<br>象泵混凝土：20 元/m³。<br>防腐混凝土：15 元/m³。<br>抗渗混凝土 P6~P8：10、15、20 元/m³。<br>微膨胀混凝土：10 元 |

## （三）船机设备使用策划

主要租赁设备如下表所示。

船机设备使用策划表

| 工程名称 | 设备名称 | 主要规格型号 | 设备生产日期 | 数量 | 计划进退场时间 | 设备来源（调拨、租赁、分包自带、采购） | 备注 |
|---|---|---|---|---|---|---|---|
| 基坑及主体工程 | 塔式起重机 | QTZ80 | 3 年以内 | 1 | 2024 年 7 月 30 日进场，2025 年 8 月 10 日退场 | 租赁 | 19#-1<br>60 m |
| | 塔式起重机 | QTZ63 | 3 年以内 | 1 | | 租赁 | 19#-2<br>50 m |
| | 塔式起重机 | QTZ160 | 3 年以内 | 1 | | 租赁 | 综合楼 65 m |
| | 塔式起重机 | QTZ160 | 3 年以内 | 2 | | 租赁 | 图书馆 65 m |
| | 施工升降机 | SC200 | 3 年以内 | 5 | | 租赁 | 升降机 |
| | 施工升降机 | SCD200 | 3 年以内 | 1 | | 租赁 | 综合楼人货梯 |

## （四）间接费策划

为加强各项间接费预算成本管控，实现项目预期收益，项目部在充分考虑实际情况的基础上，按照“定岗定编、总额核定、分期控制、节俭实用”的原则开展相关工作。项目部根据工程进展情况，动态调整管理人员数量。在项目进场初期，以满足履约要求为主，避免因现场条件不具备、人员进场过快而造成人员冗余与费用浪费；在正常施工生产过程中，配置充足的管理人员，保障项目顺利推进、大干快上；在项目施工后期应根据实际情况有序安排不必要的管理人员转场，有效降低项目间接费用。

关于间接费指标。间接费按照公司规定，以合同金额3.1%进行控制。项目部根据施工进度计划配置项目管理人员，项目策划筹备期及收尾期按照12人配置，施工高峰期按照25人配置，行政用车在高峰期配置2辆。

关于间接费控制风险。2023年1月进场至2024年7月现场主体实质动工，间隔1.5年，导致前期进场人员产生较大管理费支出。完成力争把间接费控制在3.1%以内的目标带来较大困难。项目部下一步将全力优化施工组织，合理加快现场施工进度，为压减间接费支出创造条件。

## （五）税务筹划

税务筹划表如下所示。

**税务筹划表**

| 序号 | 分类 | 明细类型 | 预计项目整体（一般计税） | | | 备注 |
|---|---|---|---|---|---|---|
| | | | 不含税金额/万元 | 税率 | 增值税税额/万元 | |
| 1 | 收入 | 开票收入 | * | 9% | * | |
| 2 | 成本 | 合计 | * | | * | |
| 2.1 | 分包费 | 专业/劳务分包 | * | 9%/3% | * | |
| 2.2 | 材料费用 | 主要材料/水泥等 | * | 9%/13% | * | |
| 2.3 | 其他费用 | 间接/其他直接费 | * | 3%/6%/9% | * | |
| 3 | 增值税 | 预缴增值税 | * | | * | |
| | | 应缴增值税 | * | | * | |
| 4 | 税负率 | | * | 整体：2.7%，预缴税负：1.16% | * | 预缴税负率不含印花税 |
| 一般计税项目中，销项税-进项税-预交增值税>0，税负率=[（销项税-进项税）+税金及附加]/开票收入；销项税-进项税-预交增值税<0，税负率=（预交增值税+税金及附加）/开票收入 | | | | | | |

注：“*”表示隐藏信息。

# 六、项目商务创效策划

## （一）项目开源

1. 施工图预算编制与报审

本项目合同单价以政府有关部门评审的施工图预算价格为准，项目部及早介入施工图设计，结合前期项目经验，围绕高质量编制施工图预算开展工作。要熟悉施工图预算的编制规则，需要设计支撑的可计价的措施项目，如马凳筋、植筋等，设计时要在图纸中明确。同时，配合项目公司聘请的造价咨询单位，使编制施工图预算金额最大限度接近合同额。施工图预算上报后，项目部要及时跟进业主评审工作，宜早定案；不能久拖不决。

2. 设计优化

本项目设计单位为项目公司聘请，设计单位要在施工图设计阶段做好正负变更的准备工作，在实施中通过设计优化变更增加利润较大项目工程量，减少或取消利润较低项目的工程量，充分消化合同暂列金额，实现公司利益最大化。设计优化如下表所示。

设计优化增加收入创效点

| 序号 | 优化项目名称 | 优化内容 | 创收目标 | 责任人 | 拟实施时间 |
|---|---|---|---|---|---|
| 1 | 基础砖胎膜优化 | 所有基础模板优化为 120 mm 厚或 240 mm 厚砖胎膜+内侧抹水泥砂浆 | *万元 | 张某 | 2024 年 8 月 |
| 2 | 马凳筋 | 地下室筏板基础、楼板的马凳筋规格型号及间距需在设计图中明确，以便计入清单工程量 | *万元 | 张某、赵某 | 2024 年 8 月 |
| 3 | 柱、梁截面统一尺寸 | 综合楼、图书馆、宿舍楼单体的柱子和梁截面尺寸最大限度采用同一标准尺寸，尽量避免使用异形柱，可以提高模板的周转次数，降低成本 | *万元 | 张某 | 2024 年 8 月 |
| 4 | 墙面抹灰增加玻璃纤维网 | 所有抹灰墙面均增加玻璃纤维网，增加收入，减少后期墙面出现裂纹等质量通病，及时控制治理成本 | *万元 | 张某 | 2024 年 8 月 |
| 5 | 瓷砖尺寸 | 瓷砖地面和墙面，在分包成本相对固定的情况下，选择尺寸较大的材料，可增加预算收入 | *万元 | 张某、赵某 | 2024 年 8 月 |

续表

| 序号 | 优化项目名称 | 优化内容 | 创收目标 | 责任人 | 拟实施时间 |
|---|---|---|---|---|---|
| 6 | 地下室、楼地面、屋面防水层底面抹灰找平层 | 所有平面和立面防水层底层的设置20 mm厚水泥砂浆找平层，一方面可增加收入，另一方面为工艺优化做好准备 | *万元 | 张某、赵某 | 2024年8月 |
| 7 | 内墙面耐水腻子 | 广西地区回南天现象严重，所有内墙面可设计采用三遍耐水腻子，其收入价格高于普通腻子 | *万元 | 张某、赵某 | 2024年8月 |
| 8 | 室外道路永临结合 | 室外永久道路设计，应适当提高标准，使其满足施工期重载设备通行而不破坏的要求，达到永临结合、降低临建成本的目的 | *万元 | 张某、赵某 | 2024年8月 |

注："*"表示隐藏信息。

3. 其他增收

其他增收创效点如下表所示。

其他增收创效点

| 序号 | 其他增收项目名称 | 创收内容 | 创收目标 | 责任人 | 拟实施时间 |
|---|---|---|---|---|---|
| 1 | 与相邻标段共用临电、临水设施 | 与相邻标段共用主线电缆和主线供水管线，共用部分的成本由本项目与相邻标段分摊成本 | *万元 | 张某 | 2024年8月 |
| 2 | 保险理赔 | 本项目合同约定由承包人投保工程一切险，相关费用由业主承担，结合项目可能出现的风险点，需提前做好保险理赔策划，以此增加收入 | *万元 | 张某、赵某 | 2024年8月 |
| 3 | 合同外迁改 | 对于合同范围外的拆改费用，例如硬化道路拆除等情况要及时办理签证，以此增加收入 | *万元 | 张某、赵某 | 2024年8月 |
| 4 | 材料调差 | 本项目合同约定，钢材（钢筋、钢板、钢管）、水泥、砂、石、砌块砖、商品混凝土、沥青混凝土、预拌砂浆、铝合金制品（含玻璃）、电缆（电线）等10项材料允许进行材料调差，需要研判调差材料的集中使用时间，若具备调差条件的，应提前与造价站做好沟通，争取适当调高信息价 | *万元 | 张某、赵某 | 2024年8月 |

注："*"表示隐藏信息。

## （二）项目节流

1. 分包成本管控

（1）分包成本管控的主要思路和措施是基于项目轻资产模式，从分包合理定价、科学划分标段、合同边界明晰、关注分包队伍履约成本控制（以防范纠纷及索赔）、严肃结算纪律、分包考核及奖惩等方面入手，采用轻资产分包组织管理模式。特种设备如塔吊、升降机、土方设备，由项目部通过市场租赁获取；其他小型机械设备、模板木方周转材由分包单位自带，从源头上降低公司固定资产投入，减少前期现金流出。

（2）科学划分标段。各分包施工任务按照“专业能力匹配、资源配置合理、成本效益最优”的原则划分，并结合总体施工顺序，按照统一协调、科学分批进场原则开展具体施工。结合施工组织平衡好切块划分和工序划分的利弊。尽可能减少各个分包单位之间的交叉作业，合理确定每个单位的施工能力和承担能力，避免一家独大，形成各单位间的内生平衡。例如，劳务分包工程按照主体装修界面清晰、交叉施工最少的原则划分，拟选定单位必须拥有自己的钢筋、模板、混凝土等专业班组，以及配合施工的大小型机械设备。在分包单位有成本优势的前提下，项目部可压低劳务分包单价、主要材料及周转材单价（混凝土、砂浆、砌块、盘扣等），并在过程中降低付款比例或采用支付票据的方式，保证项目现金流。

临时施工场地。依据“谁使用、谁施工、谁维护”的原则，与主体工程施工捆绑分包，合理规划，以扩大永临结合范围为原则，以有效控制分包成本为出发点。

（3）分包合理定价。结合公司指导价和项目实际工况，对标先进单位价格体系，合理制定分包控制价。对于受工程量大小、实际工况、特定工艺影响较大的分包子目，则采用分包成本测算+合理利润的方式确定分包控制价，确保量价体系可控，最终实现分包成本目标。

主要单价定价。通过市场询比价定价、自行测算单价或参考公司限价、局指导价。

①劳务定价。以不超局指导限价为底线，以市场行情价为基础，在保证项目顺利安全履约的前提下，实现利润最大化。

②自采物资定价。以市场大环境情况为出发点，以提高付款比例为目标，

通过货比三家，选择质优价廉的供应商。

（4）合同边界明晰。强化以合同手段促现场履约的意识，明晰合同边界，对以往项目易出现的合同争议点做到事前、事中规避。通过合同交底会、现场交流指导等方式，让合同参与方均能熟知双方的责权利界限（包括关键条款解读、易产生争议的条款和界限、计量原则、甲供材料范围及超耗核算原则等），最终实现合同履约全过程顺利推进，防范成本风险。

（5）钢筋工程分包结算量应按照钢筋下料单数量控制，不能按预算量与分包单位结算。与按预算量结算相比，实现分包降本，责任人赵某，张某。

2. 机械设备成本管控

三个单体施工时间错开，可少租一台塔吊，先施工的单体在后期将塔吊移机至最后开工的单体，降低塔吊进退场费用。

施工后期，塔吊利用率低具备拆除条件时，及时报停并办理退场手续，减少设备租赁成本。

机械设备租赁实现降本，责任人张某。

3. 材料成本管控

材料成本管控创效点如下表所示。

**材料成本管控创效点**

| 序号 | 材料成本管控项目名称 | 管控内容 | 降本目标 | 责任人 | 拟实施时间 |
|---|---|---|---|---|---|
| 1 | 钢材负偏差采购 | 钢材可以在规范允许范围内采购适当比例具有尺寸负偏差的钢筋，并与物资供应商按照过磅称重的方式结算。根据施工生产安排，分析钢材价格走势，在适当的时机锁价，以保证价差收益 | *万元 | 张某、周某 | 2024 年 8 月 |
| 2 | 商业混凝土采购量控制 | 混凝土采购数量需考虑钢筋所占体积，商品混凝土采购，必须采用过磅复核的方式，杜绝混凝土亏方现象，争取将混凝土损耗率降至 0%以内 | *万元 | 张某、周某 | 2024 年 8 月 |
| 3 | 瓷砖采购 | 瓷砖产地调研采购，瓷砖利润率不低于*% | *万元 | 张某、周某 | 2024 年 8 月 |
| 4 | 门窗采购 | 门窗采购要进行深化设计，做到一个窗型对应一张分析表，以此降低门窗采购成本 | *万元 | 张某、周某 | 2024 年 8 月 |

注："*"表示隐藏信息。

工艺工法、施工方案创效点如下表所示。

**工艺工法、施工方案创效点**

| 序号 | 材料成本管控项目名称 | 管控内容 | 降本目标 | 责任人 | 拟实施时间 |
|---|---|---|---|---|---|
| 1 | 优化箍筋间距，梁主筋连接方式、锚固方式等 | 在规范允许范围内，优化箍筋间距，梁主筋连接方式、锚固方式等，降低钢筋消耗数量*t | *万元 | 张某 | 2024 年 8 月 |
| 2 | 商业混凝土消耗量控制 | 混凝土构件采用负偏差控制，同时在计算混凝土申请数量时考虑扣减钢筋所占体积，争取将混凝土损耗率控制在 0%以内 | *万元 | 张某、周某 | 2024 年 8 月 |
| 3 | 钢筋、模板加工场地永临结合 | 充分利用永久硬化场地作为钢筋、模板加工场地，以减少临建硬化费用 | *万元 | 张某 | 2024 年 8 月 |
| 4 | 塔吊基础永临结合 | 通过设计优化，塔吊基础可以适当利用地下室筏板基础或结构底板，从而降低成本 | *万元 | 张某 | 2024 年 8 月 |
| 5 | 混凝土芯柱代替构造柱 | 混凝土芯柱代替构造柱。将混凝土构造柱改为在空心砌块墙内浇灌 C25 混凝土进行填充，将原图纸规定构造柱需设置 4 $\phi$12 主筋改用 1 $\phi$12 和筋，取消原构造柱内箍筋 $\phi$6 @ 200，这一措施既能满足设计规范及图集要求，同时也可以节省钢筋、混凝土、模板等用量 | *万元 | 张某 | 2024 年 8 月 |
| 6 | 地面、屋面砂浆找平层厚度优化 | 对地面、屋面砂浆找平层厚度进行优化，可与结构混凝土层合并施工，提高混凝土结构层标高，节省抹灰人工费及材料费，进而降低成本 | *万元 | 张某 | 2024 年 8 月 |
| 7 | 混凝土墙面抹灰、天棚面抹灰 | 混凝土墙面抹灰、天棚面抹灰，在保证对上不被审减的前提下进行优化，实现省工省料 | *万元 | 张某 | 2024 年 8 月 |
| 8 | 装修阶段使用自拌砂浆 | 装修阶段，可以适当采用自拌砂浆以降低成本 | *万元 | 张某 | 2024 年 8 月 |
| 9 | 应对赶工 | 本项目后期可能存在工期被压缩的风险，如校方提出压缩工期要求，必须先确定赶工方案及赶工费用后，方可组织施工，赶工方案保证效率提升不低于*% | *万元 | 张某 | 2024 年 8 月 |

注："*" 表示隐藏信息。

4. 工艺工法、施工方案优化（略）

5. 安全环保成本管控

对安全生产费进行专项策划，内容涵盖分包安全投入及项目部安全投入，由安全部门进行专项管理，在过程中确保支撑资料收集齐全，避免后期审计时出现安全费用被审减风险。责任人张某、陈某。

6. 间接费管控

除核心管理人员为正式员工外，适应扩大外聘员工比例，根据施工进展情况，动态调整管理人员数量，从而有效降低项目间接费。确保间接费控制在合同额的3.1%以内，责任人张某、曲某。

# 附录 3　厦门某市政项目墩台预制工程商务策划

## 一、工程概况

### （一）项目情况

工程名称：厦门某市政项目墩台预制工程。

建设单位：厦门某公司。

项目模式：现汇项目。

资金来源：车购税补助和专项债等。

联合体成员：牵头单位某集团。

实施单位：中交第一航务工程局有限公司。

设计单位：某设计院有限公司。

合同金额：8.17 亿元（仅预制场建设、墩台预制及出运）。

合同类型：固定单价合同。

合同工期：48 个月（墩台预制及出运为 29 个月）。

开工日期：2024 年 1 月 1 日（以监理下发开工令日期为准）。

完工日期：2026 年 5 月 30 日。

执行标准：公路标准。

### （二）工程概况

项目主要工程量包括建设一座预制场和预制墩台，共 199 件（下节段 76 件，中节 36 件，上节段 87 件）。使用海工耐久性混凝土 13.2 万$m^3$，环氧钢筋 2.46 万t。平面布置图如下图所示。

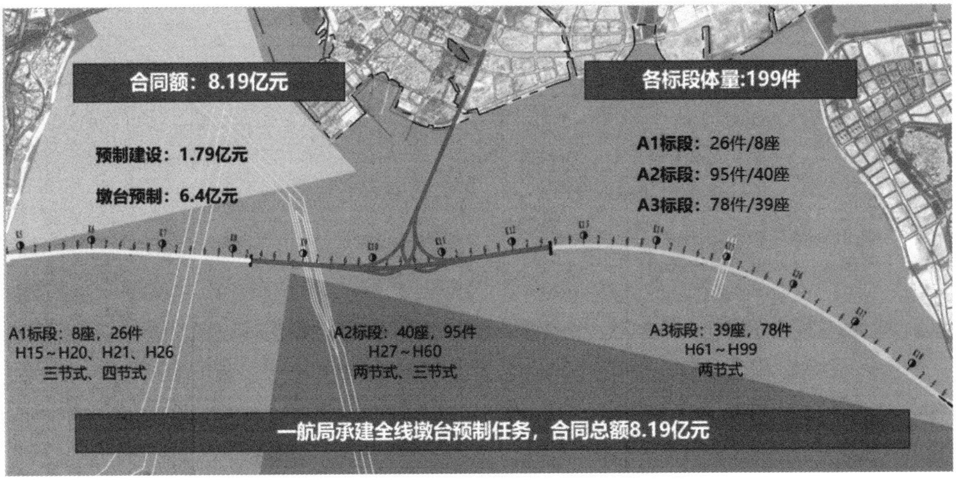


总平面布置图

合同总额约 8.17 亿元，具体构成如下：预制场建设 1.796 亿元；墩台预制运输 6.37 亿元，此部分包含预制墩台共 199 件（下节段 76 件，中节 36 件，上节段 87 件）。同样使用海工耐久性混凝土 13.2 万$m^3$，环氧钢筋 2.46 万t。

# 二、项目商务管理体系

## （一）商务管理组织机构

为加强成本核算和管控职能，确保项目成本处于受控状态，特建立商务管理组织机构，全面负责协调处理商务管理的各项工作。该机构成员如下。

组长：项目经理。

副组长：项目书记、项目总工、商务副经理、生产经理。

组员：计划合同部、工程技术部、物资设备部、安全监督部、技术质量部、财务管理部、征拆外协部、综合办公室。

商务管理组织表如下表所示。

**商务管理组织机构表**

| 职务 | 部门 | 职责分工 | 备注 |
|---|---|---|---|
| 组长 | 项目经理 | 1.代表公司履行承包合同（或协议），全面负责项目从开工到竣工验收、缺陷修复、尾款回收的全过程管理，充分发挥计划、组织、协调、管控、服务等职能，确保项目各项管理目标实现。<br>2.作为项目部成本管理第一责任人，负责建立项目成本管理体系，明确项目部各岗位人员的成本管理职责。<br>3.依据公司下达的标后预算，组织相关人员编制《成本预控方案》，实施目标成本的有效管控。<br>4.组织召开项目成本策划会，认真做好项目前期策划。<br>5.组织召开项目月度成本分析会，制定盈亏整改及保证措施，形成成本分析报告，并根据公司要求上报成本分析资料。<br>6.组织做好项目计量与支付、变更调价工作，负责工程索赔、竣工结算、工程尾款回收等相关工作。<br>7.组织落实执行“建设期成本管理若干规定”及公司相关制度及规章 | |
| 副组长 | 商务副经理 | 作为专职分管成本的领导，负责统筹项目整体成本管理工作，协助组长领导成本控制小组开展项目成本控制工作。<br>负责组织成本管理的各项日常工作，包括组织各类会议和检查、总结分析、推动整改提高等工作。<br>结合各自职责及成本控制内容，进行监察监督，落实整改完成情况，并形成阶段性经济分析报告 | |
| 副组长 | 项目书记 | 按照公司一岗双责的要求，除配合项目经理做好项目运行的各项行政管理工作外，强化对突发管理事件的管控与解决能力，努力为项目经理营造正常宽松的管理环境，确保项目成本管控的良性运行 | |
| 副组长 | 总工 | 1.负责领导项目技术人员依照施工图纸做好进场前的工程量复核计算，及时建立工程量《0#台账》，为成本策划管理工作做好必要准备。<br>2.负责主持制订并实施施工组织设计和创优计划，主持关键工序施工方案优化及施工工艺的讨论，做好各类模板的选型及二次利用工作，在保证质量的前提下，努力降低施工成本。<br>3.负责组织项目施工工艺、优化施工方案的技术经济分析比选及成本核算，采取采用新技术降低成本的措施 | |
| 副组长 | 生产副经理 | 1.项目工期履约风险主要责任人、成本预控方案的首要执行人以及施工现场直接成本的第一控制人。<br>2.科学组织，统筹部署，合理调配施工要素，严格执行施工计划安排，确保施工节点按期实现。<br>3.合理组织施工生产，使施工工序衔接紧凑，布局合理，有效控制并减少材料的浪费。<br>4.合理高效利用人力资源，统筹调配，避免窝工及人员浪费现象，最大限度控制劳务用工支出。<br>5.控制机械设备台班的合理使用，避免滥用、停滞等浪费现象，节约成本开支。<br>6.针对施工过程中的任何变更情况，及时通报商务经理，督促预算人员及时发起预算外签证程序 | |

续表

| 职务 | 部门 | 职责分工 | 备注 |
|---|---|---|---|
| 组员 | 计划合同部 | 1.负责年、月报的核实与核对工程款的支付情况。<br>2.工程量复核与增减账管理，并做好阶段性的结算工作。<br>3.根据合同条款和有关法律依据，做好工程索赔工作。<br>4.做好工程保险所需资料的收集和准备工作。<br>5.具体实施项目的合同管理。参与材料、设备的采购、招标程序，合同签订及执行的具体实施 | |
| 组员 | 工程技术部 | 1.负责施工组织设计的优化和质量管理的具体实施，协助做好成本分析工作。<br>2.负责质量措施成本的统计资料。<br>3.落实项目进度计划，确保计划实现科学管理，并根据工程实际情况不断调整具体实施计划安排，以保证总进度计划的落实。<br>4.负责作业过程中的指导、监督和管理，确保工序管理严格实施。<br>5.协调与管理不同阶段施工场地和临时堆放场地的协调与管理，有序组织平面、立体的各种材料和设备的运输、堆放等工作。<br>6.负责工程项目《施工日志》的记录工作。<br>7.负责日常的工程技术管理工作。<br>8.参与工程的检查和验收工作。<br>9.梳理设计变更洽商的相关事宜。<br>10.编制施工方案，制定各专项工程的施工工艺。<br>11.完成与项目有关的计量、试验工作。<br>12.负责科技开发和新技术、新工艺、新材料的推广应用工作。<br>13.会同监理、设计、业主代表检查现场工程质量 | |
| 组员 | 物设部 | 1.收集市场信息，做好物资、设备供应商的比选工作，参与设备租赁商及租赁设备的审核。<br>2.编报物资采购及用款计划；参与编报设备需求及使用计划。<br>3.负责物资、设备采购合同的谈判、评审、报批、结算等工作。<br>4.对进场物资、设备的计量和检验。<br>5.负责仓库和现场物资保管、发放和盘点 | |
| 组员 | 安监部 | 1.采取安全质量保障措施，杜绝安全、质量事故发生，控制项目安措费使用，降低安全质量成本。<br>2.按月整理安全经费使用台账，负责分包单位就安措费签字确认。<br>3.负责整理安措费发票，保障安措费顺利计量 | |
| 组员 | 财务管理部 | 1.负责日常财务管理工作。<br>2.做好项目成本控制，合理组织资金周转。<br>3.做好成本分析计算，为项目经理提供决策依据。<br>4.组织进行经济类台账报表的记录、分析与上报工作。<br>5.编制项目预决算，并负责工程款的收取与支付等工作 | |

续表

| 职务 | 部门 | 职责分工 | 备注 |
|---|---|---|---|
| 组员 | 综合办公室 | 1. 加强项目基础管理及内外协调工作，强化信息传递的及时性与准确性。<br>2. 做好对外联络工作，加强与当地政府主管部门的沟通合作，做好对外接待、宣传工作。<br>3. 确立内部基础管理流程，制定岗位责任制，积累各种资料。<br>4. 做好施工现场的标准化管理；做好文件的收发整理工作。<br>5. 负责文件资料的登记、分办、签收、传递、立卷、归档、销毁等工作，并建立文件管理台账确保文件管理规范有序。<br>6. 做好后勤保障等事务。<br>7. 与政府有关部门和建设单位建立工作联系，办理有关手续。<br>8. 掌握相关政策和标准，控制相关费用，搜集并保存基础资料 | |

## （二）成本管理制度

完善项目成本管理制度，细化分工，明确责、权、利，形成闭合联动的管理流程。项目层面管理制度如下表所示。

项目层面管理制度

| 序号 | 文件名称（全称） | 文件编号 | 发布单位 | 实施日期 | 状态 | 主责部门 | 备注 |
|---|---|---|---|---|---|---|---|
| 1 | 项目经济活动分析制度 | 001 | 项目部 | 2024 年 7 月 | 有效 | 计合部 | |
| 2 | 项目物资超耗分析制度 | 002 | 项目部 | 2024 年 7 月 | 有效 | 物设部 | |
| 3 | 项目分包结算管理制度 | 003 | 项目部 | 2024 年 7 月 | 有效 | 计合部 | |
| 4 | 《某项目部投标单位资格预审管理办法》 | 004 | 项目部 | 2024 年 7 月 | 有效 | 计合部 | |
| 5 | 《某项目部分包单位考核评价管理办法》 | 005 | 项目部 | 2024 年 7 月 | 有效 | 计合部 | |
| 6 | 《某项目部分包单位变更签证管理办法》 | 006 | 项目部 | 2024 年 7 月 | 有效 | 计合部 | |
| 7 | 《某项目部分包单位索赔与反索赔管理办法》 | 007 | 项目部 | 2024 年 7 月 | 有效 | 计合部 | |
| 8 | 《某项目部主要材料认质认价管理办法》 | 008 | 项目部 | 2024 年 7 月 | 有效 | 物资部 | |
| 9 | 《某项目部物资使用及控制管理办法》 | 009 | 项目部 | 2024 年 7 月 | 有效 | 物资部 | |
| 10 | 《某项目部设备使用及控制管理办法》 | 010 | 项目部 | 2024 年 7 月 | 有效 | 设备部 | |
| 11 | 《某项目部农民工工资发放管理办法》 | 011 | 项目部 | 2024 年 7 月 | 有效 | 财务部 | |
| 12 | 《某项目部资金平衡使用管理办法》 | 012 | 项目部 | 2024 年 7 月 | 有效 | 财务部 | |

## （三）成本管理考核

为提高项目成本管理水平，加强成本管控意识，项目部根据各部门人员岗位成本控制职责，建立项目部成本管理考核台账，由项目经理牵头，以月度为周期对各部门成本管理工作进行考核，如下表所示。

**项目部月度成本管理考核台账**

| 考核部门/考核事项 | 对外计量 | | 分包计量 | | 物资盘点 | | 消耗核算 | | 成本分析及预收预本 | |
|---|---|---|---|---|---|---|---|---|---|---|
| | 时间节点 | 滞后说明 | 时间节点 | 滞后说明 | 时间节点 | 滞后说明 | 时间节点 | 滞后说明 | 时间节点 | 滞后说明 |
| 工程部 | 15 日前，完成工程量统计，提交“中间计量表”至计合部 | | 18 日前，出具“分包结算完工证”并及时提交至计合部 | | 20 至 21 日，完成现场半成品月度物资盘点 | | 26 日前，将月度原材料理论消耗量及盘点数据提交至物资部 | | 25 日前，将截至 20 日开累完成形象工程量填写至 0#清单相应位置提交至计合部 | |
| 计合部 | 23 日前，提交至监理审核，30 日前，完成计量业主手签工作 | | 25 日前，完成“分包计量单”，30 日前完成债务提交，待资金计划生成后五日内完成支付申请提交 | | | | | | 次月 5 日前，完成成本分析数据汇总，7 日组织召开月度成本分析会 | |
| 物设部（物资部） | | | 24 日前，完成当月物资对账单、结算书，次月 15 日前完成支付申请提交 | | 20 至 21 日，牵头拌和站、测量班、钢筋加工中心完成月度物资盘点 | | 28 日前，完成物资消耗核算数据汇总，28 日组织召开“月度物资消耗核算会” | | 28 日前，将截至 20 日发生的物资成本提交至计划合同部 | |
| 物设部（设备部） | | | 25 至 26 日，开具外租设备完工证，次月 10 日完成债务提交，次月 15 日完成支付申请提交 | | | | | | 28 日前，将截至 20 日发生的船机提交至计合部 | |

续表

| 考核部门/考核事项 | 对外计量 | | 分包计量 | | 物资盘点 | | 消耗核算 | | 成本分析及预收预本 | |
|---|---|---|---|---|---|---|---|---|---|---|
| | 时间节点 | 滞后说明 | 时间节点 | 滞后说明 | 时间节点 | 滞后说明 | 时间节点 | 滞后说明 | 时间节点 | 滞后说明 |
| 财务部 | 计量手签完成后，7日内开取发票提交至业主财务部 | | 满足条件的债务及支付申请5日内完成审批 | | 20至21日，及时参与物资盘点监盘工作 | | | | 28日前，将截至20日发生的间接费提交至计划合同部 | |

对于综合评分排名前两名的部门给予适当奖励，综合评分排名后两名的部门予以适当处罚。如果发生重大成本责任事故并造成经济损失的，视情节轻重，按相关规定进行处理。对于实现经济创效的，按下表评标准分予以奖励，每获得1分奖励300元，当同一加分项目由多人完成时，区分主办人与辅办人，辅办人分为第一、二、三辅办人，无第三辅办人时，其加分计入第二辅办人，以此类推，如下表所示。

**经济创效奖励表**

| 项目 | 加分条件 | 加分值 | 加分对象 |
|---|---|---|---|
| 经济创效成果（对协作单位降本的得分以50%计入） | 降本创收达1万~5万元 | 1 | 限1人 |
| | 降本创收达5万~10万元 | 2 | 限1人 |
| | 降本创收达10万~30万元 | 4 | 限1人 |
| | 降本创收达30万~60万元 | 8 | 限2人，主办人6分，辅办人2分 |
| | 降本创收达60万~100万元 | 12 | 限3人，主办人8分，第一辅办人3分，第二辅办人1分 |
| | 降本创收达100万~300万元 | 18 | 限3人，主办人12分，第一辅办人4分，第二辅办人2分 |
| | 降本创收达300万元以上 | 24 | 限3人，主办人16分，第一辅办人5分，第二辅办人3分 |

# 三、项目主要风险识别及应对措施

从业主、合同、施工、质量、安全环保、经营、工期、税收、法律等角度，结合施工环境、线路、专业范围、结构种类、征地拆迁及环保要求等方面的情况，识别并分析项目运行风险，并制定相应措施。项目风险识别应对表如下表所示。

**项目风险识别应对表**

| 序号 | 风险类别 | 风险因素 | 应对措施 |
|---|---|---|---|
| 1 | 工期风险 | 1. 墩台预制施工风险。墩台预制工程外部对接单位多，作业班组多，施工组织协调难度大；漳州地区 6 到 9 月为台风季，降雨量较大，有效作业天数较少 | 1. 由项目经理与书记牵头统一对外协调工作，指定专人制定墩台预制顺序，确保各方施工流畅。<br>2. 根据项目施工安排和工艺要求，结合当地气候特点及雨季时间，合理安排施工工序。<br>3. 确定施工工艺流程并合理编排施工工期，组织各工序紧密衔接作业，最大程度避免工序间的干扰 |
| | | 2. 墩台运输施工风险。墩台拖运受台风影响较大；墩台预制场由漳州海事局管辖，施工现场归属厦门海事局管辖，墩台拖带运输需跨越漳州、厦门两个海事局辖区，拖带手续办理、协调工作相对困难 | 1. 台风来临前，启动防台风应急预案，提前将船舶拖带至指定的防台锚地。做好船舶的封舱加固工作，检查机舱设备，确保所有设备处于正常可用的状态。接受海事局的统一管理，按海事局要求及时撤离非机动船舶员。<br>2. 提前与两地海事局沟通，编制通航安全保障方案 |
| 2 | 合同风险 | 1. 项目采用固定单价合同，联合体递交的报价文件中存在不平衡报价，联合体协议约定合同收入最终以财审清单单价乘以投标下浮率进行调整，但因财审清单不对外公布，最终合同收入存在争议风险 | 积极推动获取财审清单，以确定合同收入。若无法获取财审清单，则以联合体内部协议以及标前商议为基础，与联合体其他单位进行谈判，采用业主上报财审单位的预算清单为基础分劈合同金额，确保合同收入合理 |
| | | 2. 承包合同中明确约定了预制场建设规模，但项目对预制场建设进行了设计优化，与合同约定存在差异，存在合同履约风险 | 做好对内、对外两份清单及相应资料，在降低实施成本投入的基础上，避免对外审计审减的风险 |
| 3 | 业主风险 | 业主要求本标段墩台预制采用商品混凝土，存在成本和质量风险 | 积极与商混站谈判，争取项目部的最大利益，以减少成本投入，确保质量可控 |
| 4 | 经济风险 | 1. 机械成本风险。墩台预制及出运船机设备成本高，若出运中部分环节出现滞后，会导致现场窝工、增加船机设备成本风险 | 需尽快与墩台需用单位确定墩台需用计划，并签订纸质版协议，转移现场窝工造成的成本风险 |
| | | 2. 材料涨价风险 | 及时关注材料市场价格波动，在价格较低时购进材料备用，降低物资采购成本 |
| | | 3. 业主融资方案未定，存在项目资金不足的风险 | 1. 项目部应加强与业主沟通，时刻关注业主资金状况。<br>2. 加强项目全生命周期的资金流策划，对可能发生的资金不足的情况提前准备解决预案 |

续表

| 序号 | 风险类别 | 风险因素 | 应对措施 |
|---|---|---|---|
| 5 | 安全风险 | 高处作业 | 应落实好模板、操作平台的安全防护措施 |
| 6 | 环境风险 | 极端天气可能造成主体工程及临时工程设施受损 | 极端天气造成工程损失后，第一时间对受损部位进行拍照取证并收集相关资料，及时进行保险理赔 |
| 7 | 质量风险 | 高性能耐久性大体积混凝土抗裂控制难度高 | 高性能耐久性混凝土优化配合比设计，用水化热低的水泥，采用双掺技术配比。<br>严格控制原材料各项指标，确保满足设计要求；碎石采用反击破工艺生产，采用河砂等优质原材料；拌和站增设制冷系统 |

# 四、项目商务策划

## （一）分包策划

（1）分包管理重难点，如下表所示。

**分包管理重难点表**

| 序号 | 重难点 | 重难点具体事项 | 应对措施 |
|---|---|---|---|
| 1 | 预制场建设质量要求高，管理难度大 | 墩台预制钢筋保护层合格率要求达到95%以上，钢筋连接同心度控制要求高、难度大；质量的管控难点同时也是分包单位施工质量的管控重点 | ①在分包招标过程中，明确告知对方本工程质量要求，并在分包合同中增加质量责任书，明确施工项目相关质量标准及要求。②分包合同中要求分包单位设置专职质量管理人员，对接项目部质量管理，严格执行项目部质量管理体系，充分发挥分包单位管理人员的主观能动性。③分包单位进场后对分包单位进行合同交底，再次明确对该项工程的质量要求。④施工过程中，做好施工人员的质量教育培训工作，增强施工人员质量意识，杜绝“以前就怎样怎样干”这种按照惯例的固化思维。⑤施工过程中定期对分包单位进行分包考核，如若发现其质量管理失控，及时约谈分包单位负责人，对于屡教不改的分包单位进行处罚或清退处理 |
| 2 | 高大模板吊装、高大构件运输风险高 | 墩台预制涉及较多的高大模板吊装，以及高大构件运输等安全风险较高的分项工程，分包单位的安全管理，为项目部管理重点 | ①分包合同中明确专职安全管理人员以及特种作业人员等岗位设置，并签订安全环保责任书。②施工人员进场前必须进行安全培训、考核及安全技术交底，考核合格后方可上岗，特种作业人员必须持证上岗。③构件运输委托公司船机中心进行专业管理，成立墩台运输管理小组，明确管理责任和分工。④建立船舶调度指挥中心，全程视频监控船舶航行及作业情况，及时采取应对措施。⑤委托专业设计单位进行船舶稳定性核算，确定船舶运输重心限值，制定墩台出运加固方案，严格按要求落实加固措施 |

续表

| 序号 | 重难点 | 重难点具体事项 | 应对措施 |
| --- | --- | --- | --- |
| 3 | 工期紧、施工任务重 | 墩台预制工期设定为 20 个月，预制强度最高达 15 件/月，出运强度最高 16 件/月，是原厦门二通道施工效率的 2 倍以上，进度管控是项目部管理的重难点 | ①墩台预制计划配置 2 个协作单位，分 5 个作业面同步开展，确保预制强度符合工期要求。②各分项分包合同中明确该项分包的关门工期要求，以及人员设备配置要求，确保分包单位资源配置满足现场施工进度要求。③项目部根据总体施工进度计划分解月、周进度计划，并以文件的形式下发至各分包单位，发现偏差时及时进行计划调整 |

（2）分包策划原则。

根据本工程特点，本着“履约可控、经济可行”的理念，按照如下原则进行分包策划。

①预制场建设部分的分包划分，按工序衔接紧密、具有整体性的分部分项工程优先于整体分包的原则进行，减少各分包单位交叉施工引发的纠纷。

②墩台预制部分要充分利用工程量体量大的优势，按清单项划分分包，确保分包单价可控。

③墩台出运部分整体划归专业单位，由其全面管理墩台出运的船机设备。

④项目部采用轻资产管理模式，原则上不提供施工机械及周转材料，减少项目资金占用、降低项目成本风险、减轻项目管理压力，以“零人工、零台班、零租赁、零签证、零损耗”的“五个零”作为项目管理目标。

（3）分包内容及界面划分策划。

本项目计划按照预制场建设、墩台预制及墩台出运三个方面划分分包单位。预制场建设部分计划安排 16 个分包单位进行施工，墩台预制部分计划安排 9 个分包单位进行施工，墩台出运计划安排 2 个分包单位进行施工。

（4）分包风险评估及管控措施。

本工程分包队伍数量较多，工期短，分包工序衔接多，风险相应增加，为防止分包付款风险，保障资金安全，项目部将采取如下措施，如下表所示。

分包管理风险应对表

| 序号 | 分包商管理风险点 | 风险等级 | 应对措施 | 备注 |
| --- | --- | --- | --- | --- |
| 1 | 预制场同时为A1、A2、A3三个标段提供构件，涉及三家施工单位，施工协调难度大，存在较高的窝工风险 | 高 | ①积极与业主单位沟通，要求业主定期组织召开生产计划协调会，以书面形式明确预制安装计划，形成刚性约束，降低因现场窝工造成的成本风险。②根据业主明确的墩台预制安装计划，动态调控现场施工进度，降低窝工风险。③根据预制计划、施工进度及现场施工工效综合分析，确定春节期间施工人员退场及进场时间节点 | |
| 2 | 分包商中途退场，恶意索赔 | 中 | ①合同签订时通过合同条款进行预防，在签订分包合同时，收取约定比例的履约保证金。②规范管理、做好签认、及时监督，在施工过程中，项目部应做到严格规范管理，及时计量结算，完善签认手续，同时注重对证据的收集，对于分包单位进出场要及时做好登记，掌控在场作业人员信息，严格落实劳务实名制工作，确保劳务人员工资及时发放、足额。③避免矛盾激化，做好证据收集，若发生分包单位退场索赔事件，首先了解对方诉求，尽量通过协商及时予以解决，防止矛盾激化，同时做好证据搜集工作，核算分包实际成本，通过合法手段维护企业利益。④施工过程中留存与分包单位往来文件，完善施工日志，做好反索赔材料的收集与归档 | |
| 3 | 劳务人员合法权益无法保障（农民工工资问题） | 中 | ①分包合同中明确农民工工资保证金，并与分包签订农民工工资代发协议，如若发生拖欠农民工工资的问题，项目部有权代发，农民工工资费用由本期计量结算中扣除。②建立完善的维权机制，项目部每月在施工现场张贴农民工工资发放情况，每个施工人员有权对自己发放的工资提出疑问，项目部应及时解决农民工的诉求。③建立健全农民工实名制登记制度，每个施工人员进场后，必须将个人信息如实录入项目部实名制管理系统中 | |
| 4 | 钢筋加工与钢筋绑扎等前后工序由不同的分包单位施工，存在工序衔接风险 | 中 | ①分包合同中明确分包工程的质量要求以及质量验收程序。②施工过程中严格执行“三检制”，上道工序验收不合格，下道工序不得施工，且验收工程中留存好验收资料，确保质量问题追根溯源。③工程区段划分应进行全局统筹规划和事前规划，并制定应急预案。④施工过程中执行施工日调度会制度，积极与各单位制订施工进度要求及后续作业计划，合理安排工期 | |
| 5 | 分包商安全管理风险 | 低 | ①在分包合同中明确专职安全管理人员以及特种作业人员等要求，并签订安全环保责任书。②施工人员进场前必须进行安全培训、考核及安全技术交底，考核合格后方可上岗，特种作业人员必须持证上岗。③构件运输委托公司船机中心进行专业管理，成立墩台运输管理小组，明确管理责任和分工。④建立船舶调度指挥中心，全程视频监控船舶航行及作业情况，及时作出应对措施。⑤委托专业设计单位进行船舶稳定性核算，确定船舶运输重心限值，制定墩台出运加固方案，严格按要求落实加固措施 | |

续表

| 序号 | 分包商管理风险点 | 风险等级 | 应对措施 | 备注 |
|---|---|---|---|---|
| 6 | 分包商技术能力风险 | 低 | ①在分包招标或询比价阶段，明确告知对方本工程质量标准及要求，并在分包合同中附上《质量责任书》，细化施工项目相关质量标准及要求。②分包合同中要求配备专职技术、质量管理人员，负责对接项目部技术、质量管理，严格执行项目部技术质量管理体系，充分发挥分包单位管理人员的主观能动性。③分包单位进场后，组织分包单位进行合同交底，对该项工程的质量要求进行二次宣贯。④施工过程中，定期开展施工人员质量教育培训工作，增强施工人员质量意识，杜绝“凭经验施工”的惯性思维。⑤施工过程中，定期对分包单位进行分包考核，如若发现其质量管理失控，及时约谈分包单位负责人，对于屡教不改的分包单位，严格按合同条款处罚或清退。 | |
| 7 | 材料损耗风险 | 低 | ①分包合同中明确各项甲方供应材损耗系数，以及超耗时的扣款办法。②施工过程中严格执行限额领料制度，确保现场施工用料有计划有管控，做到分包领料有据可查。③在进度款支付时、及时扣除超损耗的材料费用，通过职能人员的严格管控提高员工的节约意识 | |
| 8 | 分包商工期延误 | 低 | ①通过合同明确项目的工作内容、工期要求以及双方的责任和义务，合同中包含详细的工作任务分解，以确保每个环节都能有效执行和监控，防止分包敷衍了事，不履行合同责任。②及时监督和发现工期延误的苗头，提前采取措施予以纠偏，按照“严管与善待”原则保持良好的沟通与合作关系。③若发现工期延误，应积极采取补救措施，早发现早处理，通过工期调整磋商，寻找解决方法，如果分包商存在违约行为，可依据合同约定追责。④对于关键线路工程采用“一主一备”分色模式确保总工期可控，在工期滞后严重时，立即将其剩余工程量划转至备用分包单位，“一主一备”分色模式确保总工期可控 | |

## （二）物资策划

1. 物资采购原则

（1）物资采购的总体原则为“合规采购、质量优先、保证供应、成本最优”。

（2）项目周转材料，遵循“能调则调、能改则改”的原则，优先盘活厦门二通道剩余模板及一航局内部其他项目可用资源，最大限度降低周转材料采购成本。

2. 物资采购计划

项目部主要物资需用计划如下表所示。

**项目部主要物资需用计划**

| 序号 | 材料名称 | 规格型号 | 单位 | 数量 | 预估单价/万元 | 供应来源 | 预计使用时间 | 采购方式 | 采购平台 | 备注 |
|---|---|---|---|---|---|---|---|---|---|---|
| 1 | 钢筋 | 10~40 mm | t | 29720 | 4275 | 一级集采 | 2024 年 2 月 1 日 | 战略对接 | 中交集团 | |
| 2 | 水泥 | PII42.5 | t | 27873 | 346 | 一级集采 | 2024 年 6 月 1 日 | 战略对接 | 中交集团 | |
| 3 | 高性能减水剂 | 聚羧酸 | t | 530 | 2483 | 二级集采 | 2024 年 6 月 1 日 | 战略对接 | 一航局 | |
| 4 | 粉煤灰 | I 级 | t | 15310 | 175 | 公开招标 | 2024 年 6 月 1 日 | 公开招标 | 一航局 | |
| 5 | 矿粉 | S95 | t | 18191 | 240 | 公开招标 | 2024 年 6 月 1 日 | 公开招标 | 五公司 | |
| 6 | 河砂 | 中粗 | t | 94255 | 200 | 公开招标 | 2024 年 6 月 1 日 | 公开招标 | 五公司 | |
| 7 | 反击破碎石 | 5~31.5 mm | t | 139575 | 105 | 公开招标 | 2024 年 6 月 1 日 | 公开招标 | 五公司 | |
| 8 | 钢模板 | | t | 6519 | 10000 | 单一来源 | 2024 年 5 月 1 日 | 单一来源 | 项目部 | |
| 9 | 商品混凝土 | | 方 | 190000 | 450 | 公开招标 | 2024 年 2 月 1 日 | 公开招标 | 五公司 | |

3. 物资管理要点分析及相关措施

（1）钢筋、水泥、燃润料等一级集采目录内物资应用集团一级集采成果，由内贸企业实施供应。

（2）外加剂、型钢等二级集采目录物资应用一航局二级集采成果，由二级集采供应商实施供应。

（3）其他非一、二级集采目录物资（如粉煤灰）应用一航局平台公开招标采购。

物资管理要点分析表如下表所示。

**物资管理要点分析表**

| 序号 | 管理要点分析 | | 管理举措 |
|---|---|---|---|
| 1 | 重难点 | 预制场施工方案及图纸不全，导致物资需用计划提报存在较大难度，制约招投标采购与采购合同流程的进度，存在合规采购和停工待料风险 | 1. 工程部积极与设计部门联系，尽快完善施工图纸和技术方案，尽早提报各类物资需用计划，为市场考察、商务谈判、采购流程、合同签订预留充足的时间。<br>2. 存在多种施工方案未定或图纸不全的，暂估提报各类需用计划，尽快推进采购与合同流程，待图纸方案明确后，再次组织集中采购工作，确保需用计划和合同数量与 0#清单相匹配。<br>3. 除钢筋、混凝土等大宗物资外，其他材料均由分包自采，以规避材料供应不及时造成的停、窝工索赔情况 |

续表

| 序号 | 管理要点分析 | | 管理举措 |
|---|---|---|---|
| 2 | 重难点 | 项目原材料质量要求高、工期紧张，当地河砂资源匮乏，抢工期间无法保证材料供应 | 1. 前期与采购中心多方寻找合适砂场，不局限于当地资源。<br>2. 因河砂要求过高，与当地砂场沟通定制并专用于本项目的河砂。<br>3. 预制场预设河砂存料区，在资金许可的情况下进行备料 |
| 3 | 重难点 | 周转材料多，中前期资金成本压力大，完工后存储、处置困难 | 1. 充分利用原厦门二通道墩柱模板进行改制，降低成本。<br>2. 过程中严格按照公司“周转材料管理办法”对使用人进行监督，降低损耗实现再利用。<br>3. 工程快完工时及时告知项目经理和公司部门进行调拨，提高使用率，降低成本 |
| 4 | 风险点 | 本项目物资成本控制难度大，磨砂型环氧钢筋、劲性骨架、剪力键预埋钢板等均为亏损项 | 1. 时刻关注施工钢材、地材等可调差材料的信息价，及时做好材料调差工作。<br>2. 多措并举，切实降低物资成本，如探索与钢厂对接定制定尺钢筋以减少下料损耗等 |
| 5 | 利润点 | 部分钢模板从其他项目调用 | 1. 厦门二通道剩余部分承台模板、墩身外模板可进行改制，降低模板采购费用 |

4. 物资调查分析

对当地或周边区域的商品混凝土、钢材、水泥、粉煤灰、减水剂及砂、石等供应商的生产能力、原材料质量状况、材料单价和运输条件进行调查分析，具体情况如下。

（1）混凝土。

本项目墩台预制所需混凝土采用项目自拌的方式，商品混凝土主要用于预制场建设，预计用量为 6 万 $m^3$。公司采购中心和项目物资部对预制场 25 km 范围内仅有的四家混凝土公司进行市场考察和商务谈判。经检测，这四家公司的混凝土均能满足质量要求。其中厦门某商混站未给出报价，但表示可执行项目商务谈判的最低价。其余三家中，某建材发展有限公司距离预制场最近（仅 500 m）且报价最低。为保证工期要求，降低合规风险，项目拟对前期预制场建设商混启用应急采购程序（以公开询价的方式确定供应商），其余混凝土则通过公开招标的方式进行采购，各家报价情况如下表所示。

混凝土报价情况表

| 物资名称 | 混凝土 | 混凝土 | 混凝土 | 混凝土 | 混凝土 | 混凝土 | 混凝土 | 混凝土 | 混凝土 |
|---|---|---|---|---|---|---|---|---|---|
| 规格型号 | C15 | C20 | C25 | C30 | C35 | C40 | C45 | C50 | C55 |
| 单位 | $m^3$ | $m^3$ | $m^3$ | $m^3$ | $m^3$ | $m^3$ | $m^3$ | $m^3$ | $m^3$ |

续表

| 物资名称 | | 混凝土 | 混凝土 | 混凝土 | 混凝土 | 混凝土 | 混凝土 | 混凝土 | 混凝土 | 混凝土 |
|---|---|---|---|---|---|---|---|---|---|---|
| 规格型号 | | C15 | C20 | C25 | C30 | C35 | C40 | C45 | C50 | C55 |
| 单位 | | $m^3$ | $m^3$ | $m^3$ | $m^3$ | $m^3$ | $m^3$ | $m^3$ | $m^3$ | $m^3$ |
| A 建材 | 含税月结价/元 | 280 | 300 | 320 | 340 | 360 | 380 | 400 | 420 | 440 |
| | 如有特殊要求则加价。抗渗混凝土：P6 为 8 元/$m^3$，P8 为 10 元/$m^3$，P10 为 12 元/$m^3$，P12 为 15 元/$m^3$，反击破碎石为 55 元/$m^3$，自密实混凝土在对应的指导价优惠后的基础上另加 100 元/$m^3$，有温控要求混凝土在对应的指导价优惠后的基础上另加 50 元/$m^3$，非泵送混凝土坍落度基准为（80±20）mm，坍落度每增加 10 mm，需另外增加材料费 3 元/$m^3$，泵送机械费用 13 元/$m^3$ | | | | | | | | | |
| B 建材 | 含税月结价/元 | 260 | 280 | 300 | 320 | 340 | 360 | 380 | 400 | 420 |
| | 如有特殊要求则加价。抗渗混凝土：P6 为 8 元/$m^3$，P8 为 10 元/$m^3$，P10 为 12 元/$m^3$，P12 为 15 元/$m^3$，反击破碎石为 55 元/$m^3$，自密实混凝土在对应的指导价优惠后的基础上另加 100 元/$m^3$，有温控要求混凝土在对应的指导价优惠后的基础上另加 50 元/$m^3$，非泵送混凝土坍落度基准为（80±20）mm，坍落度每增加 10 mm，需另外增加材料费 3 元/$m^3$，泵送机械费用 13 元/$m^3$ | | | | | | | | | |
| C 商用混凝土 | 含税月结价/元 | 280 | 300 | 320 | 340 | 360 | 380 | 400 | 420 | 440 |
| | 如有特殊要求则加价。抗渗混凝土：P6 为 8 元/$m^3$，P8 为 10 元/$m^3$，P10 为 12 元/$m^3$，P12 为 15 元/$m^3$，反击破碎石为 55 元/$m^3$，自密实混凝土在对应的指导价优惠后的基础上另加 100 元/$m^3$，有温控要求混凝土在对应的指导价优惠后的基础上另加 50 元/$m^3$，非泵送混凝土坍落度基准为 80±20 mm，坍落度每增加 10 mm，需另外增加材料费 3 元/$m^3$，泵送机械费用 13 元/$m^3$ | | | | | | | | | |

（2）钢筋。

钢筋属于集团一级集采目录内的物资，需通过战略对接集团内贸企业实施采购。本项目拟对钢筋试行定尺加工模式，即在成本可行（钢筋采购价格上涨和钢筋损耗成本的对比）的前提下，通过与内贸企业和钢厂对接，按照钢筋下料计划，定尺加工钢筋，以此减少下料损耗。采购方面，目前已联络 8 家集团内贸企业，其中五家已完成报价，工贸企业的报价最低价格为“以订货日厦门信息价对应型号下浮 25 元计算”，钢筋含税到场价为 4250~4550 元/t。各家报价情况详见下表。

**钢筋报价情况表**

| 序号 | 物资名称 | 品牌、厂家 | 规格型号 | 结算单价/（元/t） | 报价单位 | 调价机制 | 备注 |
|---|---|---|---|---|---|---|---|
| 1 | 钢筋 | 三宝 | 28 mm | 4305 | A 公司 | 漳州市某网价上浮 5 元 | 到场价 |
| 2 | | 三宝 | 28 mm | 4275 | B 公司 | 漳州市某网价下浮 25 元 | |
| 3 | | 三宝 | 28 mm | 4335 | C 有限公司 | 漳州市某网价上浮 45 元 | |
| 4 | | 三宝 | 28 mm | 4345 | D 有限公司 | 漳州市某网价上浮 55 元 | |
| 5 | | 三宝 | 28 mm | 4550 | E 有限公司 | 漳州市某网价上浮 260 元 | |

（3）水泥。

目前已联络 8 家集团内贸企业，其中五家已完成报价，其中某家报价最低，P042.5：328 元/t，PⅡ42.5：358 元/t。各家报价情况详见下表。

**水泥报价情况表**

| 物资名称 | 品牌 | 规格型号 | 单价/（元/t） | 报价单位 |
|---|---|---|---|---|
| 水泥 | 龙鳞 | P032.5 | 316.43 | A 有限公司 |
| | | P042.5 | 336.43 | |
| | | PⅡ42.5 | 366.43 | |
| | | PⅡ52.5 | 416.43 | |
| | 龙鳞 | P032.5 | 304 | B 有限公司 |
| | | P042.5 | 328 | |
| | | PⅡ42.5 | 358 | |
| | | PⅡ52.5 | 388 | |
| | 龙鳞 | P032.5 | 319.43 | C 有限公司 |
| | | P042.5 | 339.43 | |
| | | PⅡ42.5 | 369.43 | |
| | | PⅡ52.5 | 419.43 | |
| | 龙鳞 | P032.5 | 296.2 | D 有限公司 |
| | | P042.5 | 316.2 | |
| | | PⅡ42.5 | 346.2 | |
| | | PⅡ52.5 | 396.2 | |
| | 冀东 | P042.5 | 355 | E 水泥厂 |
| | | PⅡ52.5 | 405 | |

（4）煤灰。

通过实地考察与询价，与四家意向单位进行商务谈判，了解到福建某有限公司在漳州港码头内设有 15000 m³ 粉煤灰储罐及分选设备，可以分选Ⅰ级和Ⅱ级粉煤灰，原材料来源于绥中电厂，目前，粉煤灰（Ⅰ级）含税到位价约为 175 元/t；粉煤灰（Ⅱ级）含税到位价约为 145 元/t。各家报价情况详见下表。

**煤灰报价情况表**

| 序号 | 物资名称 | 规格型号 | 结算单价/（元/t） | 报价单位 | 备注 |
|---|---|---|---|---|---|
| 1 | 粉煤灰 | Ⅰ级 | 230 | 厦门 A 有限公司 | |
| 2 | | Ⅱ级 | 200 | | |
| 3 | | Ⅰ级 | 248 | 厦门 B 有限责任公司 | |
| 4 | | Ⅱ级 | 215 | | |
| 5 | | Ⅰ级 | 245 | C 有限公司 | |
| 6 | | Ⅱ级 | 165 | | |
| 7 | | Ⅰ级 | 175 | D 有限公司 | |
| 8 | | Ⅱ级 | 145 | | |

（5）矿粉。

通过实地考察与询价，与三家意向单位进行过商务谈判，了解到某有限公司在漳州港码头设内有 15000 m³ 矿粉储罐及分选设备，原材料来源于某钢铁厂，目前，矿粉含税到位价约为 190 元/t。

（6）外加剂。

外加剂属于集团二级战略对接材料报价情况表如下表所示，已与五家单位进行意向商务谈判，综合考虑质量及综合成本等因素，初步意向单位为：A 有限公司，其报价为 2450 元/t。各家报价情况详见下表。

**外加剂报价情况表**

| 序号 | 物资名称 | 规格型号 | 结算单价/（元/t） | 报价单位 | 备注 |
|---|---|---|---|---|---|
| 1 | 减水剂 | 缓凝型 | 2450 | A 有限公司 | |
| 2 | 减水剂 | 缓凝型 | 2400 | B 有限公司 | |
| 3 | 减水剂 | 缓凝型 | 2460 | C 有限责任公司 | |
| 4 | 减水剂 | 缓凝型 | 2520 | D 有限公司 | |
| 5 | 减水剂 | 缓凝型 | 2750 | E 有限公司 | |

（7）地材。

碎石及机制砂方面共考察福建毅利捷建材有限公司等四家生产商、河砂方面项目周边仅有一家具备资质的生产商——永定区棉花滩砂石公司，产源地报价见下表。

**地材报价情况表**

| 序号 | 物资名称 | 出厂报价/元 | 运距/km | 运费/元 | 到场价/元（不含税） | 报价单位 | 备注 |
|---|---|---|---|---|---|---|---|
| 1 | 河砂 | 85 | 190 | 75 | 160 | A 砂石公司 | |
| 2 | 反击破碎石 | 80 | 5 | 4 | 84 | B 建材有限公司 | |
| 3 | 普通碎石 | 65 | 5 | 4 | 69 | | |
| 4 | 机制砂 | 55 | 5 | 4 | 59 | | |
| 5 | 普通碎石 | 50 | 30 | 15 | 65 | C 有限公司 | |
| 6 | 机制砂 | 50 | 30 | 15 | 65 | | |
| 7 | 普通碎石 | 50 | 64 | 30 | 80 | D 石矿 | |
| 8 | 机制砂 | 50 | 64 | 30 | 80 | | |
| 9 | 普通碎石 | 45 | 10 | 5 | 50 | E 有限公司 | |
| 10 | 机制砂 | 45 | 10 | 5 | 50 | | |

通过向经销商询价，发现其中两家报价较低，拟选择其中两家作为碎石、机制砂、河砂的供应商，各家报价情况详见下表。

**材料报价情况表**

| 序号 | 物质名称 | 出场报价 | 报价单位 | 产源地 |
| --- | --- | --- | --- | --- |
| 1 | 普通碎石 | 89 元 | A 有限公司 | 泉州 |
| 2 | 反击破碎石 | 113 元 | | 漳州 |
| 3 | 机制砂 | 93 元 | | 泉州 |
| 4 | 河沙 | 189 元 | | 泉州 |
| 1 | 普通碎石 | 105 元 | B 有限公司 | |
| 2 | 反击破碎石 | 125 元 | | |
| 3 | 机制砂 | 140 元 | | |
| 4 | 河沙 | 190 元 | | |
| 1 | 普通碎石 | 90 元 | C 有限公司 | |
| 2 | 反击破碎石 | 105 元 | | |
| 3 | 机制砂 | 90 元 | | |
| 4 | 河沙 | 180 元 | | |

5. 物资管控要点

（1）严格执行物资全流程管理。

以 0#清单为基础，明确物资管理主线各流程步骤，包括需用计划、采购计划、采购实施、合同签订、物资入库、试验检测、材料报验、物资出库、物资盘点、物资消耗核算等环节的分部分项，保证项目物资管理全过程可追踪。

（2）严控物资消耗，做到超耗扣款。

做好仓储管理、现场管控以及限额领料管理工作；设置钢筋管理专员，并由技术人员担任，负责钢筋进场确认、储存、下料、成品发运等工作；自拌混凝土需按照生产阶段和施工阶段两步进行分析，分别体现混凝土原材料和混凝土的消耗情况，以便及时发现混凝土生产和施工阶段的问题，并及时予以解决。

（3）严格进行废旧物资管控。

施工过程中时刻关注闲置和剩余物资情况，及时上报公司闲置和剩余物资清单，寻求在全局范围内调拨，对于无法继续使用或者调拨的物资，将其纳入废旧物资处置程序。时刻关注废旧钢筋头情况，优化下料方案，避免产生较长废旧钢筋头。废旧物资的处理需履行公司审批手续，启用公开竞价的采购流程。废旧物资的处置收入要符合公司规定，坚决落实“收支两条线”的管理要求。

## （三）船机设备使用策划

1. 自有船机优先

优先选用公司内自有船机，提高自有船机使用率，减少外租船机使用数量；本项目主要租赁设备均来自一航局某公司，原值折旧摊销需按租赁合同形式进行，应与公司签订内部租赁合同。

2. 合理调配船机

科学合理调配船机使用，依据使用计划严控船机进退场时间，提高大型船机的使用效率。机械设备配置计划表如下表所示。

## 机械设备配置计划表

| 序号 | 区域 | 名称 | 规格型号 | 设备来源 | 单位 | 总体 | | | 船机设备（不变费用） | | | | | 合计/元 |
|---|---|---|---|---|---|---|---|---|---|---|---|---|---|---|
| | | | | | | 数量 | 使用月数 | 调遣费/直接维改（设计）费用/元 | 船机原值 | 平均使用年限/年 | 月折旧费/租金/元 | 月维修费/元 | 小计/元 | |
| 1 | 钢筋加工场 | 门式起重机 | MHcc10 t-28 m A3 | 自有 | 台 | 2 | 22 | 431327 | 257015 | 10 | 1070 | 519 | 34996 | 466323 |
| 2 | 混凝土拌和站 | 混凝土搅拌站 | HZS120 | 自有 | 台 | 2 | 24 | 1150442 | 2647035 | 10 | 11029 | 0 | 264703 | 1415146 |
| 3 | | 混凝土温控设备 | ICW240WC2 | 租赁 | 套 | 1 | 22 | * | * | | * | * | * | * |
| 4 | | 电子汽车衡 | SCS-150 | 自有 | 台 | 1 | 27 | * | * | 10 | * | * | * | * |
| 5 | 预制场 | 高空作业车 | ZT30 J | 自有 | 台 | 1 | 27 | * | * | 10 | * | * | * | * |
| 6 | | 门式起重机 | MGT-80 t-45 m | 自有 | 台 | 1 | 25 | * | * | 10 | * | * | * | * |
| 7 | | 门式起重机 | MGT-80 t-45 m | 自有 | 台 | 1 | 24 | * | * | 10 | * | * | * | * |
| 8 | | 门式起重机 | MGT-80 t-45 m | 自有 | 台 | 1 | 24 | * | * | 10 | * | * | * | * |
| 9 | | 门式起重机 | MGT-80 t-45 m | 自有 | 台 | 1 | 23 | * | * | 10 | * | * | * | * |
| 10 | | 斜架车组件 | 4000 t | 自有 | 台 | 1 | 22 | * | * | 10 | * | * | * | * |
| 11 | | 卷扬机 | 10 t | 自有 | 台 | 1 | 22 | * | * | 5 | * | * | * | * |
| 12 | | 横纵移车带顶推 | 3650 t | 租赁 | 套 | 1 | 20 | * | * | | * | * | * | * |
| 13 | | 横纵移车带顶推 | 3650 t | 租赁 | 套 | 1 | 19 | * | * | | * | * | * | * |
| 14 | | 横纵移车带顶推 | 3650 t | 租赁 | 套 | 1 | 19 | * | * | | * | * | * | * |
| 15 | | 叉车 | CPCD160 | 租赁 | 台 | 1 | 25 | * | * | | * | * | * | * |
| 合计 | | | | | | | | | * | | | | * | * |

注："*" 表示隐藏信息。

3. 明确配置信息

按项目涉及工程类型，对主要施工机械进行配置，明确设备型号、生产日期、数量、设备来源等信息。

4. 设备管理要点分析及相关措施

设备管理要点分析如下表所示。

**设备管理要点分析表**

| 序号 | 管理要点分析 | | 管理举措 |
|---|---|---|---|
| 1 | 重难点 | 设备种类、数量多 | 严格按照公司和项目部的相关要求对设备实施细化管理，坚持“谁使用谁管理”的原则，设备到达现场后，由现场总调度进行统一调配，同时，由设备调度和机务员按照机械设备检查明细表及设备实际情况对设备进行月检和不定期巡检，并做好检查记录留存 |
| 2 | 风险点 | 特种设备数量多、使用安全风险高 | 1. 严格按照特种设备管理制度对起重设备进行重点管控。施工作业前，必须按照特种设备检查标准，对设备进行逐项检查，确认无误后方可施工。<br>2. 司操手入场前要对其进行驾驶技术考核，检查司机证件是否与应聘岗位车型匹配，留存司机驾驶证和身份证复印件，做好入场前安全驾驶承诺书的签认工作 |
| 3 | 利润点 | 部分设备可利用公司内部调拨 | 本项目主要租赁设备均来自一航局某公司设备，原值折旧摊销需按照租赁合同形式进行，应与公司签订内部租赁合同 |

## （四）间接费策划

建立健全考核机制，优化管理人员结构，合理安排工作岗位，减少非生产性部门的人员配置，压降非生产性成本支出。

（1）根据工程进展的实际情况，及时调整项目部人员及临时用工的数量，避免人员过多导致增加人工成本；人员缺口采用外聘人员和分包单位管理人员补充机制，以此降低管理费支出；压缩非生产性支出，将间接费用分解到各部门并实施有效控制；间接费用不超出预算标准。

（2）动态配置管理人员，实现一人多岗，实现项目扁平化管理。根据项目施工进度计划与编制管理人员需求计划，按照计划调配项目管理人员；制定各项培训方案，让技术人员兼顾现场安全、质量、测量、实验及文明施工等管理职责，有效控制项目管理人员数量。

（3）施工过程中设定间接费管控红线，实行按月控制，当月间接费达到红线标准时，财务部门及时通知各部门，暂停本月报销。同时，根据各部门间接费花销比例，分析相关原因并提出建设性意见。加强对项目人员的基础财务知识的培训，避免项目人员在日常报销时出现财务漏洞，避免因报销科目的错选造成间接费的虚增。不可控间接费策划表如下表所示。

**不可控间接费策划表**

| 序号 | 名称 | 数量 | 基本标准 | 月工资（岗位工资） | 岗位补贴 | 绩效奖金（浮动） | 其他（流贴） | 五险一金（单位缴纳部分） | 月度合计 | 投入工期 | 费用合计 |
|---|---|---|---|---|---|---|---|---|---|---|---|
| | | | 元/年 | 元/月 | 元/月 | 元/月 | 元/月 | 元（50.05%） | 元 | 月 | 元 |
| 一 | 自有职工 | 37 | | | | | | | | | |
| 1.1 | 经理 | 1 | | 22500 | | | 2400 | 11261 | 36161 | 29 | 1048669 |
| 1.2 | 书记 | 1 | | 22500 | | | 2400 | 11261 | 36161 | 16 | 578576 |
| 1.3 | 副经理兼总工 | 1 | | 20250 | | | 2400 | 10135 | 32785 | 29 | 950765 |
| 1.4 | 总工 | 1 | | 20250 | | | 2400 | 10135 | 32785 | 29 | 950765 |
| 1.5 | 商务经理 | 1 | | 18000 | | | 2400 | 9009 | 29409 | 29 | 852861 |
| 1.6 | 安全总监 | 1 | | 18000 | | | 2400 | 9009 | 29409 | 25 | 735225 |
| 1.7 | 项目副总工 | 1 | | 2700 | 4200 | 7000 | 2400 | 6957 | 23257 | 29 | 674453 |
| 1.8 | 生产副经理 | 1 | | 2700 | 4200 | 7000 | 2400 | 6957 | 23257 | 29 | 674453 |
| 1.9 | 二级主管 | 1 | | 2500 | 2300 | 6000 | 2400 | 5405 | 18605 | 29 | 539545 |
| 1.10 | 施工技术员 | 1 | | 2400 | 1200 | 5000 | 2400 | 4304 | 15304 | 29 | 443816 |
| 1.11 | 施工技术员 | 1 | | 2300 | 1200 | 5000 | 2400 | 4254 | 15154 | 29 | 439466 |
| 1.12 | 施工技术员 | 1 | | 2300 | 1200 | 5000 | 2400 | 4254 | 15154 | 24 | 363696 |
| 1.13 | 施工技术员 | 1 | | 2300 | 700 | 5000 | 2400 | 4004 | 14404 | 24 | 345696 |
| 1.14 | 施工技术员 | 1 | | 2300 | 700 | 5000 | 2400 | 4004 | 14404 | 24 | 345696 |
| 1.15 | 施工技术员 | 1 | | 2300 | 700 | 5000 | 2400 | 4004 | 14404 | 24 | 345696 |
| 1.16 | 施工技术员 | 1 | | 2300 | 700 | 5000 | 2400 | 4004 | 14404 | 8 | 115232 |
| 1.17 | 施工技术员 | 1 | | 2300 | 700 | 5000 | 2400 | 4004 | 14404 | 8 | 115232 |
| 1.18 | 施工技术员 | 1 | | 2200 | 300 | 5000 | 2400 | 3754 | 13654 | 8 | 109232 |
| 1.19 | 施工技术员 | 1 | | 2400 | 1200 | 5000 | 2400 | 4304 | 15304 | 24 | 367296 |
| 1.20 | 施工技术员 | 1 | | 2200 | 100 | 5000 | 2400 | 3654 | 13354 | 8 | 106832 |
| 1.21 | 质量员 | 1 | | 2300 | 700 | 5000 | 2400 | 4004 | 14404 | 29 | 417716 |
| 1.22 | 经理助理 | 1 | | 2300 | 700 | 5000 | 2400 | 4004 | 14404 | 29 | 417716 |
| 1.23 | 试验员 | 1 | | 2300 | 700 | 5000 | 2400 | 4004 | 14404 | 24 | 345696 |
| 1.24 | 调度 | 1 | | 2300 | 700 | 5000 | 2400 | 4004 | 14404 | 20 | 288080 |
| 1.25 | 电工技师 | 1 | | 2400 | 1200 | 5000 | 2400 | 4304 | 15304 | 12 | 183648 |
| 1.26 | 测量技师 | 1 | | 2300 | 700 | 5000 | 2400 | 4004 | 14404 | 24 | 345696 |
| 1.27 | 安全员 | 1 | | 2300 | 700 | 5000 | 2400 | 4004 | 14404 | 29 | 417716 |
| 1.28 | 安全员 | 1 | | 2200 | 100 | 5000 | 2400 | 3654 | 13354 | 29 | 387266 |

续表

| 序号 | 名称 | 数量 | 基本标准 | 月工资（岗位工资） | 岗位补贴 | 绩效奖金（浮动） | 其他（流贴） | 五险一金（单位缴纳部分） | 月度合计 | 投入工期 | 费用合计 |
|---|---|---|---|---|---|---|---|---|---|---|---|
| | | | 元/年 | 元/月 | 元/月 | 元/月 | 元/月 | 元（50.05%） | 元 | 月 | 元 |
| 1.29 | 材料员 | 1 | | 2400 | 1200 | 5000 | 2400 | 4304 | 15304 | 24 | 367296 |
| 1.30 | 机务员 | 1 | | 2400 | 1200 | 5000 | 2400 | 4304 | 15304 | 29 | 443816 |
| 1.31 | 机务员 | 1 | | 2300 | 700 | 5000 | 2400 | 4004 | 14404 | 29 | 417716 |
| 1.32 | 财务员 | 1 | | 2400 | 1200 | 5000 | 2400 | 4304 | 15304 | 16 | 244864 |
| 1.33 | 出纳 | 1 | | 2200 | 100 | 5000 | 2400 | 3654 | 13354 | 16 | 213664 |
| 1.34 | 预算员 | 1 | | 2400 | 1200 | 5000 | 2400 | 4304 | 15304 | 29 | 443816 |
| 1.35 | 预算员 | 1 | | 2300 | 700 | 5000 | 2400 | 4004 | 14404 | 29 | 417716 |
| 1.36 | 干事 | 1 | | 2200 | 300 | 5000 | 2400 | 3754 | 13654 | 16 | 218464 |
| 1.37 | 人事 | 1 | | 2200 | 300 | 5000 | 2400 | 3754 | 13654 | 16 | 218464 |
| 小计 | | 37 | 0 | 193900 | 31800 | 160000 | 88800 | 193041 | 667541 | 854 | 15892552 |
| 二 | 外聘人员 | 13 | | | | | | | | | |
| 2.1 | 预算员 | 1 | | 8000 | | | 2000 | 1000 | 11000 | 16 | 176000 |
| 2.2 | 出纳 | 1 | | 8000 | | | 2000 | 800 | 10800 | 16 | 172800 |
| 2.3 | 资料员 | 1 | | 5000 | | | 2000 | 500 | 7500 | 29 | 217500 |
| 2.4 | 材料员 | 1 | | 4500 | | | 2000 | 450 | 6950 | 24 | 166800 |
| 2.5 | 材料员 | 1 | | 8000 | | | 2000 | 800 | 10800 | 24 | 259200 |
| 2.6 | 专家 | 1 | | 18000 | | | 2400 | 1800 | 22200 | 20 | 444000 |
| 2.7 | 行政管理员 | 1 | | 6000 | | | 2000 | 600 | 8600 | 20 | 172000 |
| 2.8 | 司机 | 1 | | 5500 | | | 2000 | 550 | 8050 | 24 | 193200 |
| 2.9 | 司机 | 2 | | 5000 | | | 2000 | 500 | 7500 | 29 | 217500 |
| 2.10 | 大厨 | 1 | | 8000 | | | 2000 | 800 | 10800 | 26 | 280800 |
| 2.11 | 帮厨 | 2 | | 5000 | | | 2000 | 500 | 7500 | 26 | 195000 |
| 小计 | | 13 | | | | | | | | | 2494800 |
| 合计（人数/总额） | | 50 | | | | | | | | | 18387352 |

**可控间接费策划表**

| 序号 | 名称 | 数量 | 计划标准/（元/月） | 计入使用时间/月 | 费用合计/元 | 备注 |
|---|---|---|---|---|---|---|
| 1 | 办公费 | 37.00 | 300.00 | 29.00 | 321900 | 定员人数 ×300× 工期（月） |
| 2 | 网络费 | 1.00 | 58000 | 1 | 58000 | |

续表

| 序号 | 名称 | 数量 | 计划标准/（元/月） | 计入使用时间/月 | 费用合计/元 | 备注 |
|---|---|---|---|---|---|---|
| 3 | 电话费 | 1.00 | 2470 | 29 | 71630 | 项目经理、书记、常务副经理 260 元/月，共计 3 人；项目副经理、总工程师、商务经理 200 元/月，共计 3 人，项目副总工、生产副经理、安全总监 150 元/月，共计 3 人，项目主任师 100 元/月，共计 1 人，项目主要职能人员 50 元/月，共计 21 人 |
| 4 | 生活、办公设备购置费 | 1.00 | | | 360000 | 小临入住首次采购床、被等生活用品 20 万元，考虑后续处置回收 20%，本次摊销 16 万元。小临建设首次采购办公用品等，包括桌椅、打印机等各类办公用品 |
| 5 | 业务招待费 | 1.00 | | | 200000 | 80000 元/年 |
| 6 | 伙食费 | 50.00 | 1050 | 29 | 1522500 | 项目部自建食堂，35 元/人/天 |
| 7 | 车辆使用费 | 3.00 | 15000.00 | 29.00 | 1305000 | 单车 15000 元/月 |
| 8 | 差旅交通费 | 50.00 | 500.00 | 22.00 | 550000 | 定员人数 ×500× 工期（月），人员总投入月数目为 1101 元/月 |
| 9 | 职工福利费（劳动保护费） | 37.00 | 60.00 | 29.00 | 64380 | 定员人数 ×60× 工期（月） |
| 10 | 生活、办公水电费 | 37.00 | 200.00 | 2.50 | 18500 | 定员人数 ×200× 工期（月） |
| 11 | 职工福利费（取暖费） | 37.00 | 1900.00 | 2.00 | 140600 | 1900 元/人 × 年 |
| 合计 | | | | | 4612510 | |

## （五）税务筹划

本项目应厦门市政府要求在厦门纳税纳统，所有税源留在厦门当地。

预制场建设及墩台预制出运工程部分预计销项税总额为 6742 万元，预计进项税总额为 6933 万元，预计增值税留抵 190 万元，预计缴纳个人所得税为 66.9 万元，预计印花税为 21.74 万元。

本项目施工阶段应对进销项偏差情况及时分析和进行过程纠偏，动态调整整体税务策划方案，实现进销项税的持平，减少税务成本支出。

# 五、项目商务创效策划

（1）策划类别：认质认价、重新组价、现场签证、索赔、双优化、深化设计、设计变更、图纸会审、竣工图、总包服务费、发包人指定分包分供承接、税费、其他。

（2）策划状态：计划、实施、完成。

（3）本项目前期商务策划立项清单如下表所示。

**项目商务策划立项清单**

| 序号 | 策划项目名称 | 策划类别 | 策划内容 | 策划状态 | 策划目标/万元 | 拟采取的措施 | 责任人 | 拟实施时间 |
|---|---|---|---|---|---|---|---|---|
| 1 | 清单收入确认 | 重新组价 | 联合体内部二次清单分劈 | 实施 | 13000 | 按照联合体协议对联合体三方合同额进行二次分劈，因财审清单不对外公布，策划通过签订补充协议，按照送审预算清单进行分劈 | 商务经理 | 2024年7月 |
| 2 | 优化预制场建设 | 深化设计 | 优化预制场建设方案 | 实施 | 2500 | 优化预制场建设设计方案，减少基建投入，锁定预制场建设既有利润 | 项目总工 | 2024年3月 |
| 3 | 钢筋减亏 | 工艺流程优化 | 控制损耗率、降低加工成本 | 实施 | 500 | 1. 通过从原材料管控、钢筋锁价、钢筋定尺加工、智能配料及损耗管控等方面制定专项措施，降低钢筋工程主要材料和施工成本。<br>2. 集中生产预制场和“欧厝互通”两工区磨砂环氧钢筋使用总量，降低磨砂环氧钢筋生产加工单价 | 商务经理、项目总工 | 2024年5月 |
| 4 | 混凝土减亏 | 改变采购模式 | 合作建站降低采购成本 | 实施 | 2000 | 与商混站合作建站，结合项目部已有拌和站设施及公开招标材料单价，与商混站进行合作谈判，达到降低商品混凝土采购单价的目的 | 商务经理 | 2024年3月 |
| 5 | 统一结构形式 | 深化设计 | 增加墩台通用模板数量 | 计划 | 300 | 通过与规划设计院设计单位对接，减少墩台预制结构形式，增加墩台预制通用模板数量，减少成本投入 | 项目总工 | 2024年8月 |

# 六、项目经营管理策划

从项目的承包合同条款、项目实施风险、成本管理情况、履约管控、降本增效等方面对项目成本管控进行总体策划、汇总。经营管理策划如下表所示。

经营管理策划表

| 序号 | 项目 | 细目 | 方案与对策 | 备注 |
|---|---|---|---|---|
| 1 | 建设合同概况 | 1.变更索赔条款 | 方案：经发包人同意，监理人有权指令承包人进行下述变更、增加或取消。<br>1.取消合同中任何一项工作，但被取消的工作不能转由发包人或其他人实施，因承包人违约造成的情况除外。<br>2.改变合同中任何一项工作的质量或其他特性。<br>3.改变合同工程的基线、标高、位置或尺寸。<br>4.改变合同中任何一项工作的施工时间或改变已批准的施工工艺或顺序。<br>5.为完成工程需要追加的额外工作。<br>对策：成立项目部二次经营管理小组并明确职责分工，分别负责管理协调、设计变更及现场签证手续签认、报价、跟踪落实等工作 | |
| | | 2.材料调差条款 | 方案：预制墩台整体体量较大，所需钢筋及地材数量较大，承包合同约定钢材及地材等原材料价格浮动超过5%的部分予以调差，材料价格的浮动导致成本存在一定风险。<br>对策：及时关注材料市场价格波动情况，在材料价格较低时采购储料并及时进行锁价，以降低物资采购成本 | |
| 2 | 成本管理 | 1.分包成本管控 | 方案：结合以往类似工程分包管理经验，秉承高标准、高质量的管理要求，严格执行局及公司下发的分包管理办法等相关规定。<br>对策：1.预制场建设遵循工序衔接紧密、具有整体性的分部分项工程优先整体分包的原则，减少各分包队伍交叉施工可能带来的纠纷。<br>2.墩台预制部分充分利用工程量大的优势，按清单项划分分包，确保分包单价可控。<br>3.墩台出运部分整体划分至专业单位，由其全面管理墩台出运的船机设备。<br>4.项目部采用轻资产管理模式，项目部原则上不提供施工机械及周转材料，以减少项目资金占用、降低项目成本风险、减轻项目管理压力，以“零人工、零台班、零租赁、零签证、零损耗”这五个零作为项目管理目标 | |
| | | 2.间接费控制 | 方案：根据工程进展的实际情况，及时调整项目部人员及临时用工的数量。严格按照公司年初下达的可控费用计划，确保间接费用不超标后预算，将间接费控制在建安费合同额的2.8%以内。<br>对策：1.人员缺口采用外聘人员和分包单位管理人员来补充，降低管理费支出；2.动态配置管理人员，实现一人多岗，达到项目扁平化管理。3.施工过程中设置间接费管控红线，按月控制 | |

续表

| 序号 | 项目 | 细目 | 方案与对策 | 备注 |
| --- | --- | --- | --- | --- |
| 2 | 成本管理 | 3. 临建费控制 | 方案：根据本工程施工生产、生活需要，结合业主和一航局整体布局的要求，需要新建或租赁项目部小临设施，以满足项目部办公及生活需求。<br>对策：项目部拟定三种方案进行项目驻地建设的经济比选，综合考量项目的生产运营便利性、人员管理有序性、经济效益等情况 | |
| | | 4. 项目其他成本控制重点、措施 | 方案：因二航局投标不平衡报价，按投标清单分劈合同金额为 14.29 亿元。为消除不平衡报价的影响，根据联合体内部协议要求，联合体各方中标分劈合同额最终以财审清单单价乘以投标下浮率进行调整，确保项目在联合体内部分劈收入最大化。<br>对策：1. 通过多次与海西总部及联合体成员沟通，确定联合体各成员对外按照投标清单计量，联合体成员内部收入分劈遵守联合体协议的基本原则。<br>2. 财审清单属不公开文件，无法获取正式官方文件，计划采取业主送审预算整体下浮 13.95%乘以投标下浮率 0.2%的原则核算，分劈各方合同收入，并重新签订联合体协议 | |
| 3 | 增收创收 | 1. 变更创效点 | 方案 1：投标后浇孔小圆直径较钢管桩外径大 30 cm。<br>对策 1：考虑安装容错能力，提高施工效率，建议将直径增大 30 cm。<br>方案 2：墩身平面尺寸共有 7 种型号，其中 10 m×5.2 m、11 m×5.5 m、11 m×5. m 随尺寸偏差较小，但导致盖梁尺寸不一致。<br>对策 2：将 10 m×5.2 m、11 m×5.5 m、11 m×5.0 m 三种规格统一调整为 11 m×5.2 m。<br>方案 3：H46–H53、H74–H87 预制墩台上节段墩身高度为 5.6~17.5 m；H54–H73、H88–H99 预制墩台上节段墩身高度为 1 m；墩身高差范围大，施工辅助通用性差。<br>对策 3：考虑将 1 m 墩身高度调整为 3 m，5.6~17.5 m 墩身高度调整为 5.5 m。下节段墩身高度随之相应变化 | |
| | | 2. 其他增收措施 | 方案 1：本项目物资成本控制难度大，磨砂型环氧钢筋、劲性骨架、剪力键预埋钢板等均为亏损项。<br>对策 1：时刻关注施工钢材、地材等可调差材料的信息价，及时做好材料调差工作。多措并举，切实降低物资成本，探索与钢厂对接定制定尺钢筋，减少下料损耗等。<br>方案 2：周转材料多，前期资金成本压力大，完工后存储、处置困难。<br>对策 2：充分利用原厦门某项目墩柱模板进行改制，降低成本。过程中严格按照公司“周转材料管理办法”对使用人进行监督，降低损耗并实现再利用。工程即将完工时，要及时告知项目经理和公司部门进行调拨，提高使用率，降低成本 | |

# 附录 4　青海某铁路项目经济活动分析报告

## 一、工程总体情况

### （一）工程概况

工程概况如下表所示。

工程概况表

| 序号 | 项目 | 内容 |
|---|---|---|
| 1 | 工程名称 | 青海某铁路项目站前工程标段 |
| 2 | 工程地址 | 青海省某县 |
| 3 | 工程类型 | 铁路 |
| 4 | 工程承包模式 | 施工总承包 |
| 5 | 业主单位 | 某有限公司 |
| 6 | 设计单位 | 某设计院集团有限公司 |
| 7 | 监理单位 | 某监理有限公司 |
| 8 | 合同总工期 | 84 个月（2022 年 10 月 26 日—2029 年 10 月 25 日） |
| 9 | 实际总工期 | 81 个月（2023 年 2 月 1 日—2029 年 10 月 25 日） |
| 10 | 其他内容 | |

### （二）建设合同履约情况

建设合同履约情况如下表所示。

建设合同履约情况表

金额单位（人民币）：元

| 序号 | 项目 | 内容 | 备注 |
| --- | --- | --- | --- |
| 1 | 原合同签约金额 | *万元 | |
| 2 | 已批复变更索赔 | 取消当顺隧道Ⅰ级软岩大变形 | 减少 260 万元 |
| | | 取消隆务隧道Ⅰ级软岩大变形 | 减少 320 万元 |
| | | 隆务隧道 1 号横洞 H10+53-H10+20 段变更设计 | 减少 24 万元 |
| | | 当顺隧道洞口防护 | 增加 140 万元 |
| | | 当顺隧道 DK453+570-DK453+510 段，长度 60 m | 增加 250 万元 |
| 3 | 开累完成产值 | | |
| 4 | 开累批复计量金额 | *万元 | |
| 5 | 开累计量产值比 | *% | （4/3） |
| 6 | 开累业主支付金额 | *万元 | |
| 7 | 开累支付计量比 | *% | （6/4） |
| 9 | 质保金比例 | *% | |
| 10 | 其他保证金金额 | | |
| 11 | 其中合同履约奖励 | *万元 | 激励约束考核费 |
| 12 | 其中合同履约罚款 | *万元 | 履约人员变更 |
| 13 | 其他内容 | | |

注："*" 表示隐藏信息。

目前，产值计量比较低，仅为*%，已完工但未签认的产值达*万元，主要包括以下项目。

①临时工程部分：按固定比例 50%、80%、90%计量，存在 679 万元已施工但未签认的情况。

②小型构件预制部分：以现场签收数量进行计量，现场库存较大，存在 368 万已施工但未签认。

③桥涵工程部分：桩检工作尚未完成，实际完成产值为 1295 万元，仅签认了 654 万元，存在 641 万元已施工但未签认。

④隧道部分：软岩大变形资料在二季度验工计价时未上会，业主不予计量，存在 3415 元已施工但未签认（目前该资料已上会，三季度具备计价条件）。

⑤项目计价周期为季度计量，二季度产值为 7885 万元，暂未形成计价。

针对产值转化率不足问题，除了桩检、计量周期等客观因素，下一步计划采取以下措施。

预制构件存量问题：建议项目部以红头文件形式报送业主；由业主主导，从存储场地有限及整体预制进度压力等方面考虑，推动受供标段加快接收，从而提高产值计量比例。

针对变更部分计价问题：建议由副总工牵头，在过程中跟进变更流程，以半月为周期，召开变更推动会，联合工程部、计合部、物设部各司其事，压缩内部资料归集时间，提升变更的时效性。

## （三）工程形象进度

（1）临时工程部分。已全部建设完成，包括1座碎石加工厂、3座拌和站、4座污水处理站、1座小型预制厂、2座钢构厂和1座中心试验室。

（2）主体工程部分。隧道方面，本标段辅助坑道掌子面共计8个，正洞掌子面共计10个，目前已开工辅助坑道掌子面6个，正洞掌子面10个（已贯通1个）。其中，目前开工辅助坑道已全部贯通，辅助坑道累计进尺4400.96 m，隧道正洞进尺累计进尺3733.6 m。

桥梁方面，完成桩基共计129根。完成承台8个，完成墩身107.5 m。

## （四）问题落办情况

问题落办情况如下表所示。

**问题落办情况表**

| 序号 | 问题项 | 问题内容描述 | 实现目标 | 主责领导 | 主责部门 | 协同部门 | 落办时间 | 落实情况 |
|---|---|---|---|---|---|---|---|---|
| 1 | 一工区倒渣 | 一工区倒渣造成成本较标后有所增加，需通过合理施工组织安排，降低倒渣综合运距，同时增加可利用洞渣向碎石加工场的有效输送量，以达到减亏目的 | 目前，当顺2#弃渣场道路条件良好，具备弃渣条件，计划将不可用洞渣100%弃至当顺2#弃渣场，以此降低运渣运距，同时，目前一工区各洞口围岩情况良好，计划运至碎石加工场洞渣不少于洞渣总额的30%，碎石场要做好渣车过磅工作，并记录相应数据 | | 一工区/碎石场 | | 2025年5月10日—5月31日 | 二季度一工区共计倒渣10.50万$m^3$，其中运至弃渣场6.15万$m^3$，占比58.57%，运至碎石加工场4.35万$m^3$，占比41.43%，已完成落办任务 |

续表

| 序号 | 问题项 | 问题内容描述 | 实现目标 | 主责领导 | 主责部门 | 协同部门 | 落办时间 | 落实情况 |
|---|---|---|---|---|---|---|---|---|
| 2 | 碎石加工 | 碎石加工是本项目成本管控的重点工作也是创效的关键环节，其产能的提升，将极大影响本项目的利润产出，降低直接成本，因此保证碎石加工场的平稳高效生产，是实现本项目效益履约目标实现的长效性工作 | 为保证生产时间稳定，自本月起，碎石加工场实行两班倒工作模式，每日有效作业时间不低于16小时。在母材供应稳定的前提下，每日加工成品碎石及石粉不低于1500 t，有效作业日不低于28天（3天设备维保及更换易损件），以确保碎石产出稳定 | | 设备部/二工区 | | 2025年5月10日—5月31日 | 二季度碎石及机制砂日均产能为1325 t，日作业有效时间16.5小时。通过分析，受加工设备配件磨损影响，产能确实无法达到1500 t每日的平均目标，此次不做处罚，但需相关领导持续关注碎石加工场生产情况 |
| 3 | 临时征地 | 大桥桩位及路基位置征地存在问题，为保证大桥1#~3#桩正常施工、路基工程尽快开展，保证分包施工连续性及路基工程的顺利履约。在施工范围内的临时征地及文物勘探工作需尽快落实到位 | 根据施工组织整体计划安排，在2025年6月上旬前，需完成大桥1#~3#墩桩位施工范围内所需临时征地的迁改及手续办理工作；路基范围红线征地需根据业主及青海省文物相关部门要求，在2025年7月前明确勘探周期，为后续的施工提供相对准确的组织时点 | * | 外协部 | 一工区/三工区 | 2025年6月上旬（隆务河桩位临时征地）7月中旬（文物勘探具体时点） | 根据落办表相关要求，外协部应于2025年6月10日完成大桥1#~3#墩征拆任务，确保桥梁施工顺利进行。但文物勘探因受省文物局发掘工作进展影响，已确定不能及时落实，请三工区知悉后，合理安排下一步施工计划，外协部要实时跟进文物发掘进展 |

续表

| 序号 | 问题项 | 问题内容描述 | 实现目标 | 主责领导 | 主责部门 | 协同部门 | 落办时间 | 落实情况 |
|---|---|---|---|---|---|---|---|---|
| 4 | 施工生产 | 本年受二衬台车等工装拼装及各类检查影响，截至目前产值输出有限，为保证全年产值目标的实现，后续施工生产在趋于正常的情况下，应合理组织各类生产资源，保证隧道进尺，确保履约目标顺利完成 | 根据目前各洞口施工组织及围岩情况，每月生产目标必须保证刚性执行。需制定劳动竞赛方案，每日报送施工进展，每周以工区为单位召开生产调度会，每月召开项目部层面生产会，制定切实可行的实施方案；并且及时纠偏，倒排工期，将产值计划细分至每个洞口，结合工序写实，考核每道工序时间，结合围岩情况，各工区间、各单位间及时交流经验，保证整体目标实现 | | 各职能部门及各工区 | | 长效工作，定期总结分析纠偏 | 二季度月均完成产值不能满足年度产值目标，请生产经理及各工区引起关注；现场具备施工条件的工点能开尽开，已开工工点深挖工效提升，确保年度产值目标的完成 |

注："*"表示隐藏信息。

# 二、项目效益情况

## （一）标后预算情况

本项目下达标后预算，预计完工总收入为*万元，预计完工总支出为*万元，预计项目盈利金额为*万元，利润率为*%。

## （二）预收预本情况

（1）截至 2024 年 2 季度末，预计完工总收入为*万元，预计完工总支出*万元，预计项目盈利金额*万元，利润率为*%，较标后预计盈利金额*万元，较标后预算利润率增加*%。

（2）截至 2024 年 2 季度末，项目开累总收入*万元，开累总支出*万元，项目盈利金额*万元，利润率为*%，对应标后预算收入增加盈利金额*万元，较标后预算收入利润率增加*%。

## 三、主合同风险条款及应对措施

### （一）据实签认相关内容

合同条款：专用条款变更的范围及内容中，明确规定了反坡排水、隧道岩溶注浆处理、隧道帷幕注浆等特殊地段注浆施工以及隧道挤压性围岩大变形的相关签认流程和计量确认规定。

此部分内容在施工前均需履行业主、设计、监理、施工四方现场签认手续，若未履行手续则视为未出现相关情况，不予验工计价，因此存在较大减收风险（目前已出现减收情况）。

应对措施：根据项目部“变更索赔策划方案”，加强过程盯控及相关数据的收集和整理，尤其要注重时效性管理，适时通过调整围岩量测数据等技术方式，力求实现“较大变形一定变，一般变形力争变”的目标，从而降低项目利润流失。详细安排见下表。

工作内容安排表

| 序号 | 主要工作内容 | 岗位 | 责任人 | 工作时限 |
|---|---|---|---|---|
| 1 | 1. 做好二次经营的高层对接工作。<br>2. 全面监督项目部二次经营工作的落实 | 项目经理 | | 项目全生命周期 |
| 2 | 1. 负责软岩大变形动态设计相关技术数据的审核。<br>2. 负责在预设计大变形区段施工前，外部单位与沟通进行现场核实工作 | 项目总工 | | 1. 预设计段落施工前一周或出现具备动态设计段落的第一时间，推动现场审核工作。<br>2. 具备变更条件后 10 天内完成数据审核工作 |
| 3 | 1. 结合现场因软岩大变形造成实际发生措施增加成本的情况，研判变更经济性，并及时预警。<br>2. 与总工共同研判提升变形等级变更的可能性，针对签认完成部分，及时完善手续，并在下个验工计价周期前完成正式验工计价工作 | 商务经理 | | 动态变更设计签认手续完成后，至下个验工计价周期前完成相应的验工计价工作 |

续表

| 序号 | 主要工作内容 | 岗位 | | 责任人 | 工作时限 |
|---|---|---|---|---|---|
| 4 | 1.负责对一工区内软岩大变形进行前期筹划。<br>2.负责对一工区内大变形区段提前做好预警。<br>3.负责研判一工区内施工段落是否具备动态设计的可能。<br>4.针对可变更段落，及时与项目总工及项目经理沟通汇报 | 一工区 | 负责人 | | 1.预设计段落施工前十天，做好变形段施工筹划工作。<br>2.出现可变更段落时，第一时间收集数据，并与项目总工及项目经理沟通汇报 |
| 5 | 1.负责一工区内软岩大变形相关数据的收集分析。<br>2.负责一工区内变更数据的调整和上报审核，确保数据闭合，满足变更条件 | 一工区 | 技术负责人 | | 1.软岩大变形相关变更所需相关技术数据，自发生之日起5天内完成汇总、整理、初审工作，并报项目总工审核。<br>2.对连续变更段落，应每10天或每40 m作为一个归集周期，整合上报数据 |
| 6 | 1.负责相应洞口软岩大变形的初步判定。<br>2.负责提前规划测量观测点。<br>3.负责提前向相应施工单位发出预警提醒。<br>4.留存相关影像资料，并及时报工区技术负责人 | 一工区 | 隧道口施工主办 | | 1.预设计软岩大变形区段施工前，结合围岩情况，提前40 m做好围岩量测点规划。<br>2.出现非设计段向大变形或具备变更条件区段时，第一时间向工区负责人汇报。<br>3.每日归集围岩量测数据、掌子面影像资料及其他技术支撑性资料，3天为一个周期，整理上报至工区技术负责人 |
| 7 | 1.负责一工区隧道内围岩量测工作。<br>2.对测量数据异常情况，及时预警，并加密测量频次。<br>3.负责第一手围岩量测数据的整理工作，并对其准确性负责。<br>4.确保围岩量测数据的连续性 | 一工区 | 测量人员 | | 1.负责每日围岩量测数据的整理，每日将数据报至对应洞口施工主办方。<br>2.数据异常时，第一时间与施工主办方沟通，并及时预警 |
| 8 | 1.负责对二工区内软岩大变形的前期筹划。<br>2.负责对二工区内大变形区段提前做好预警。<br>3.负责研判二工区内施工段落是否具备动态设计的可能性。<br>4.针对可变更段落，及时与项目总工及项目经理沟通汇报 | 二工区 | 负责人 | | 1.预设计段落施工前十天，做好变形段施工筹划工作。<br>2.出现可变更段落时，第一时间收集数据并与项目总工及项目经理沟通汇报 |

续表

| 序号 | 主要工作内容 | 岗位 | | 责任人 | 工作时限 |
| --- | --- | --- | --- | --- | --- |
| 9 | 1. 负责二工区内软岩大变形相关数据的收集分析。<br>2. 负责二工区内变更数据的调整和上报审核，确保数据闭合，满足变更条件。<br>3. 负责项目部整体围岩量测工作 | 二工区 | 技术负责人 | | 1. 软岩大变形相关变更所需相关技术数据，自发生之日起 5 天内完成汇总、整理、初审工作，并报项目总工审核。<br>2. 对于连续变更段落，应每 10 天或每 40 m 作为一个归集周期，整理并上报数据 |
| 10 | 1. 负责相应洞口软岩大变形的初步判定。<br>2. 负责提前规划测量观测点。<br>3. 负责提前向相应施工单位发出预警提醒。<br>4. 留存相关影像资料，并及时报工区技术负责人 | 二工区 | 隧道口施工主办 | | 1. 预设计软岩大变形区段施工前，结合围岩情况，提前 40 m 做好围岩量测点规划。<br>2. 出现非设计段大变形或具备变更条件区段时，第一时间向工区负责人汇报。<br>3. 每日归集围岩量测数据、掌子面影像资料及其他技术支撑性资料，3 天为一个周期，将数据整理并上报至工区技术负责人 |
| 11 | 1. 负责收集汇总各工区涉及软岩大变形段落的影像资料及围岩量测数据，整理后报总工审核。<br>2. 四方签认完成后，跟踪办理其他变更设计手续。<br>3. 与计合部共同推进设计变更流程 | 技术中心 | | | 1. 上报各洞口软岩大变形数据及相应技术资料后，两天内完成数据汇总整理工作，将其并报总工审核。<br>2. 现场会签完成后，一周内完成变更资料的整理工作，与计合部合作，在下一个验工计价周期前完成变更资料的签认整理工作 |

## （二）安措费费率调整

根据财政部 2022 年 11 月 21 日发布的《企业安全生产费用提取和使用管理办法》修订文件，其中第二章第四节第十七条规定：“铁路工程、房屋建筑工程、城市轨道交通工程安措费计提标准为 3%。”国家铁路局于 2023 年 1 月 6 日下发的国铁科法〔2023〕7 号《国家铁路局关于铁路工程投资估算预算设计概算执行〈企业安全生产费用提取和使用管理办法〉有关问题的通知》同样明确了费率调整的适用范围，本项目满足调整条件。

根据目前产值完成情况，应归集安措费*万元，实际归集安措费*万元，安措费阶段性占比为*%，但考虑到安措费主要在于前期发生，项目部仍应加强安措费管理。

应对措施：结合目前业主对项目信息化、智能化提出的超标准要求这一客观情况，针对此部分技术服务合同，适当调整合同名称，在主体框架不变的前提下，将合同内容与安全、环保相关要求挂钩，从而增加安措费归集额度，同时，根据项目部“安措费策划”，落实各部门、各分管领导的责任，明确归集目标，如下表所示。

**安全生产费整体计划**

| 项目 | 具体内容 | 项目明细 | 规格型号、材质、性能 | 单位 | 数量/个 | 单价/万元 | 金额/元 | 部门 | 责任人 |
|---|---|---|---|---|---|---|---|---|---|
| “洞口”（楼梯口、电梯井口、预留洞口、通道口等）、“临边”（未安装栏杆的平台临边、无外架防护的层面临边、升降口临边、基坑沟槽临边、上下斜道临边等）、挖井、挖孔、沉井、泥浆池等防护、防滑设施 | 桥梁、隧道临边防护 | 安全网购置、安装 | 安全平网和密目网 | $m^2$ | 400000 | 0.0002 | 80 | 安环部 | |
| | | 购置、安装防护栏杆和踢脚板 | 标准化防护栏 | m | 8000 | 0.015 | 120 | 安环部 | |
| | | 安全梯笼 | 安全梯笼 | t | 30 | 0.85 | 25.5 | 工程部 | |
| | | 跳板的制作、安装 | 钢跳板 | 块 | 5000 | 0.01 | 50 | 工程部 | |
| | | 临水作业安全防护设施 | 救生衣 | 套 | 300 | 0.018 | 5.4 | 安环部 | |
| | | | 救生圈 | 套 | 100 | 0.01 | 1 | 安环部 | |
| | | | 救生绳 | m | 1000 | 0.005 | 5 | 工程部 | |
| | | 桥面湿接缝、隧道中心水沟、临时排水沟等防护钢板 | 定型标准化防护钢盖板 | $m^2$ | 3000 | 0.015 | 45 | 设备部 | |
| | 预留洞口、沟槽防护 | 封闭洞口 | 预留洞口钢板封盖 | t | 10 | 0.5 | 5 | 工程部 | |
| | | 泥浆池等周边防护栏 | 标准化防护栏 | m | 10000 | 0.005 | 50 | 工程部 | |
| | 隧道防撞墩 | 设置防撞墩 | 设置防撞墩 | 个 | 8 | 0.5 | 4 | 工程部 | |
| | 临边防护 | 驻地、场地安全网购置、安装 | 阻燃 1.2m×6m | 张 | 4000 | 0.01 | 40 | 安环部 | |
| | | 驻地、场地安全防护及警示 | 网片式围栏，30mm×30mm方钢 | 片 | 500 | 0.02 | 10 | 工程部 | |
| | 跨公路、铁路作业防护 | 设置防护隔离棚，其他设施 | 按实际发生 | 处 | 2 | 30 | 60 | 设备部 | |
| | | 设置道路隔离警示和防护措施 | 按实际发生 | 处 | 8 | 2 | 16 | 设备部 | |

# 四、主要盈、亏项执行情况分析（与清单对比）

## （一）盈利点执行情况

隧道开挖：清单收入单价根据围岩类别不同，约为*元/方，成本单价约为*元/方，单方盈利约为*元/方，目前直接费盈利约*万元。

隧道开挖作为隧道工程主要的利润输出点，其盈利能力直接影响项目整体效益，目前，项目部通过签订整体认价协议，锁定分包价格，以确保项目整体效益。

型钢钢架：清单收入单价根据支护结构类型不同约为*元/t，成本单价约为*元/t，每 t 盈利约为*元，目前直接费盈利约*万元。

砂浆锚杆：清单收入单价根据支护结构类型不同约为*元/m，成本单价约为*元/m，单 m 盈利约为*元，目前直接费盈利约为*万元。

## （二）亏损点执行情况

模筑混凝土：清单收入单价区间约为*元/方，根据支护形式不同，单价略有偏差，成本单价约为*元/方，单方亏损约为*元，造成目前亏损约*万元。

解决措施：通过优化配合比，针对仰拱回填等低标号模筑混凝土，采用自加工机制砂及碎石。同时，结合内部激励机制，加强自加工碎石及机制砂的有效利用，降低混凝土原材料成本。加强自主运营拌和站成本管控，通过固定车辆的操作员，并结合运输方量计算奖金的方式，提高操作员责任心，降低设备维修费，进一步降低混凝土运输成本。明确责任人。

智慧工地及信息化：包括智慧工地建设、铁路信息化平台使用（包括实验检测、验工计价、施工日志等多个模块），总体成本约*万元，均无对应收入。

解决措施：结合技术服务合同成果转化的多样性，客观研判技术服务内容的实用性。对项目各项指标推进有实质性帮助的内容，将合同内容与安全管理挂钩。对于实用性不高的技术服务内容，合理利用内部单位，签订框架合同，以满足迎检最低要求为标准，实现资金的回流集中和项目科研费用的归集。明确责任人。

# 五、成本效益偏差分析与纠偏措施（对比标后预算差异较大的重点项）

## （一）分包成本偏差分析

1. 合同价格情况

自加工碎石：标后单价为*元/t，目前价格为*元/t，超标后为*元/t。

碎石加工成本分析如下表所示。

碎石加工成本分析表

| 序号 | 成本组成 | 单位 | 数量 | 费用单价 | 费用合价 | 备注 |
|---|---|---|---|---|---|---|
| 1 | 固定设备成本摊销 | 项/t | 1 | * | * | 加工生产线及大临固定成本摊销，暂按 50 万 t 摊销，设备考虑 30%残值 |
| 2 | 大临建设费摊销 | 项/t | 1 | * | * | |
| 3 | 360 挖机 | 辆/月 | 1 | * | * | |
| 4 | 铲车 60 | 辆/月 | 4 | * | * | |
| 5 | 维修保障车 | 辆/月 | 1 | * | * | |
| 6 | 运输车辆 | 辆/月 | 4 | * | * | |
| 7 | 场长 | 人/月 | 1 | * | * | |
| 8 | 统计员 | 人/月 | 1 | * | * | |
| 9 | 操作工 | 人/月 | 10 | * | * | |
| 10 | 维修工 | 人/月 | 4 | * | * | |
| 11 | 电工 | 人/月 | 1 | * | * | |
| 12 | 清洁工 | 人/月 | 2 | * | * | |
| 13 | 厨师 | 人/月 | 1 | * | * | |
| 14 | 施工用电 | 度 | 321510 | * | * | 仅考虑成品碎石，电费成本 1.90 元/t |
| 15 | 施工用油 | L | 91001 | * | * | 仅考虑成品碎石，燃油成本 5.21 元/t |
| 16 | 利润摊销 | 项/t | 1 | * | * | |
| 17 | 成本小计 | 元 | | * | * | |
| 18 | 碎石 | t | 110071 | * | | |
| 19 | 机制砂 | t | 51830 | * | | |
| 20 | 综合产能 | t | 161901 | * | | |

注："*" 表示隐藏信息。

目前碎石加工正式投产约 5 个月，总体产出碎石 11 万 t，石粉 5 万 t，在不考虑机制砂的情况下，目前碎石加工成本仍高于标后单价。按照标后设定的创效目标，本项目需产出*万 t 碎石，才能达到平衡点。

成本平衡表如下表所示。

**成本平衡表**

| 加工与采购单价差/（元/t） | 目前降本合价/元 | 标后创效目标/元 | 目前完成创效比例 | 平衡点/t |
|---|---|---|---|---|
| * | * | * | *% | * |

注："*" 表示隐藏信息。

2. 计划采取以下措施

（1）结合目前生产情况来看，产能已趋于饱和，但装载机施工并不饱满。建议现场结合生产情况，将装载机由 4 辆减少至 2 辆，以此降低设备租赁成本。

（2）目前产出碎石各粒径比例与实际需求不匹配。为保证自加工碎石的有效利用，需调整碎石加工设备筛分机，降低 16.5~31.5 粒径碎石的产出比例，提高另外两种粒径碎石的产出比例，请二工区及碎石场重点关注此事。并明确责任人，如下表所示。

**生产情况表**

| 型号 | 工程量 | 占比 |
|---|---|---|
| 0~5 | * | 15.15% |
| 10~20 | * | 24.61% |
| 16.5~31.5 | * | 28.23% |
| 机制砂 | * | 32.01% |
| 合计 | * | 100.00% |

注："*" 表示隐藏信息。

## （二）材料费成本偏差分析

1. 材料节超情况

当月所有材料量差亏损金额为*万元，其中钢材亏损金额为*万元，自拌混凝土超耗和自拌混凝土原材料超耗是造成亏损的主要因素。其中，自拌混凝土超耗亏损金额为*万元，自拌混凝土原材料超耗亏损金额为*万元。材料量差分析如下表所示。

**主要材料量差分析表**

| 材料名称 | 单位 | 标后单价/元 | 设计量 | 实际消耗量 | 节（-）超（+） | | 实际损耗率/% |
|---|---|---|---|---|---|---|---|
| | | | | | 数量 | 金额/元 | |
| 钢筋 | t | * | * | * | * | * | * |
| 型材 | t | * | | | | | |
| 钢板 | t | * | | | | | |

**自拌混凝土量差分析表**

| 型号 | 单位 | 标后单价/元 | 量差对比 | | | 量差节超率/% | 标后损耗率/% | 量差节超金额/元 | 备注 |
|---|---|---|---|---|---|---|---|---|---|
| | | | 设计量 | 实耗量 | 用量节（-）超（+） | | | | |
| C20 | m³ | 427.77 | 120.48 | * | * | * | * | * | 仰拱填充 |
| C25 | m³ | 427.77 | 231.52 | * | * | * | * | * | 底板混凝土 |
| C25 喷射 | m³ | 553.47 | 3653.57 | * | * | * | * | * | 初支混凝土 |
| C30 | m³ | 432.93 | 1922.98 | * | * | * | * | * | 仰拱填充 |
| C40 | m³ | 445.77 | 565.33 | * | * | * | * | * | 二衬混凝土 |
| C40 | m³ | 445.77 | 431.5 | * | * | * | * | * | 仰拱混凝土 |
| C45 | m³ | 449.9 | 938.61 | * | * | * | * | * | 二衬混凝土 |
| C45 | m³ | 449.9 | 661.78 | * | * | * | * | * | 仰拱混凝土 |
| 合计 | | | 8525.77 | 12944.8 | * | | | * | |

注："*" 代表隐藏信息。

混凝土材料量差整体亏损约*万元，主要原因是岩堆体区段围岩相对破碎，导致喷射混凝土超耗相对较大。结合分包合同及项目部混凝土超耗管理办法，本月混凝土超耗应扣款*万元，实扣*万元。

2. 火工品超耗情况

各洞口火工品成本分析如下表所示。

**各洞口火工品成本分析**

| | 隆务一正洞 | | | 当顺二横正洞 | | | 隆务二正洞 | | | 当顺三斜正洞 | | |
|---|---|---|---|---|---|---|---|---|---|---|---|---|
| | 材料名称 | | | 材料名称 | | | 材料名称 | | | 材料名称 | | |
| | 炸药 | 雷管 | 连接线 | 炸药 | 雷管 | 连接线 | 炸药 | 雷管 | 连接线 | 炸药 | 雷管 | 连接线 |
| 数量/个 | 8394 | 7340 | 40 | 15852 | 9020 | 20 | 7104 | 4680 | 40 | 13962 | 9890 | 200 |
| 单价/元 | * | * | * | * | * | * | * | * | * | * | * | * |
| 合价/元 | * | * | * | * | * | * | * | * | * | * | * | * |
| 成本小计/元 | 203602 | | | 288666 | | | 146732 | | | 324771 | | |

续表

| | 隆务一正洞 | | | 当顺二横正洞 | | | 隆务二正洞 | | | 当顺三斜正洞 | | |
|---|---|---|---|---|---|---|---|---|---|---|---|---|
| | 材料名称 | | | 材料名称 | | | 材料名称 | | | 材料名称 | | |
| | 炸药 | 雷管 | 连接线 | 炸药 | 雷管 | 连接线 | 炸药 | 雷管 | 连接线 | 炸药 | 雷管 | 连接线 |
| 炸材单方成本 | * | | | * | | | * | | | * | | |
| 技术服务费摊销 | * | | | * | | | * | | | * | | |
| 成本合计 | * | | | * | | | * | | | * | | |
| 方量 | 21966 | | | 22933 | | | 12735 | | | 25644 | | |
| 折算单价 | * | | | * | | | * | | | * | | |

注：“*”代表隐藏信息。

通过分析各洞口火工品用量，并结合成本数据偏差，计划采取以下措施。

二工区需控制当顺三斜雷管连接线的使用，降低项目部提供的铜线用量，加强掌子面 20 m 以外雷管连接线的循环利用，以此降低单方火工品成本。明确责任人。

一工区需控制当顺二横、隆务二横爆破炸药用量过大的问题，其随意“放大炮”不仅造成火工品成本增加，还极易造成喷射混凝土超耗过大，此部分材料费均在扣款范围内，极不利于分包成本控制，需及时向分包单位反馈，必要时更换分包现场负责人。明确责任人。

## （三）船机设备费成本偏差分析

项目部自有设备共计 89 台（套），其中在混凝土拌和运输方面投入固定资产 47 台/套，包括 3 方混凝土拌和站 2 座、2 方混凝土拌和站 4 座、混凝土罐车 23 辆、装载机 6 台、地泵 2 台（其中备用 1 台）、天泵 1 台、挖掘机 1 台、砂石分离机 3 套、发电机 3 台，龙门吊 1 台，地磅 3 台，隧道施工设备 18 台，电力设备 14 台，办公用车 7 辆，应急用车 1 辆。

其中 1 辆装载机因性能过差，维修成本高，已调离本项目，更换了 1 辆新装载机。随着隧道陆续进入正洞，作业面展开，混凝土需用量增大，通过测算，混凝土罐车将出现 6 辆的缺口（61#站 4 辆、62#站 1 辆、63#站 1 辆），需尽快由公司提交设备需用计划（设备部负责），确保满足现场施工需求。

对混凝土罐车进行单车核算。结合各罐车实际运输方量，二季度平均运输成本为*元/方，结合混凝土拌和成本为*元/方，整体混凝土拌和运输成本在标后可控。

针对维保费用过高的两辆罐车，建议设备部及时与公司沟通，安排其及时退场。明确责任人。

### （四）临时设施成本偏差分析

前期临建部分整体标前收入为*万元，标后指标为*万元，实发成本为*万元。

亏损原因：主要为临建建设期恰逢疫情末期，各类建设资源运输困难，同时，面临冬季施工及春节期间，施工措施费用及人工费用均有较大程度的上涨，且项目周边商混资源匮乏，周边标段拌和站建设对商混需求量也较大，导致商混供不应求，且商混质量参差不齐，项目部为保证临建实体质量，个别位置采用提高混凝土标号、自主租赁罐车运输等方式加快大临建设，造成成本增加。

解决措施：目前临建已基本完成建设，后续将结合工程量清单以及合同边界条件，据实核算实际工程量，压实结算数量，确保结算数据真实准确。变更记录表如下表所示。

### （五）现场管理费成本偏差分析

项目部成立了八部、一室、一中心，管理人员共 120 人。其中领导班子 14 人，正式员工 74 人，外聘员工 46 人。见下表。

**项目人员数量表**

| 机构 | 领导班子/人 | 工程部/人 | 试验室/人 | 计合部/人 | 安环部/人 | 物设部/人 | 综合部/人 | 财务部/人 |
|---|---|---|---|---|---|---|---|---|
| 正式 | 14 | 27 | 11 | 2 | 4 | 11 | 3 | 1 |
| 外聘 | 0 | 22 | 8 | 3 | 3 | 4 | 7 | 0 |
| 合计 | 14 | 49 | 19 | 5 | 7 | 15 | 10 | 1 |

截至 2024 年 2 季度，项目部共计发生间接费*万元，占比*%。

原因分析：项目前期主要受施工准备及辅助坑道造价指标偏低影响，整体产值产出较低，而隧道施工需 24 小时作业，对现场管理人员配置要求相对较高，故目前整体间接费占比偏高。

解决措施：随着项目推进，隧道施工陆续进入正洞，产值输出将大幅度提升，因目前职能岗位配置已相对齐整，故间接费占比将呈下降趋势。后续项目部将结合现场施工需要，对管理人员配置做好潮汐管理，控制项目不可控间接费支出，同时针对可控间接费中差旅、办公车辆、食宿、办公用品等重点成本组成，制定相应指标，结合考核制度，做好可控间接费管理，确保项目间接费整体可控。（被动调整）

结合各职能岗位工作需求，逐步以外聘人员替换正式员工，优化外聘人员与正式员工配比，降低间接费支出。（主动调整）

# 六、变更索赔批复情况

## （一）已发生变更

结合现场施工情况，目前项目部已发生设计变更 5 项，其中已批复 5 项，整体减少收入*万元。变更索赔已全部批复完成。

**变更记录表**

| 序号 | 变更索赔名称 | 上报原因 | 上报依据 | 上报金额 | 是否批复 | 未批复原因 | 下一步工作措施 |
| --- | --- | --- | --- | --- | --- | --- | --- |
| 1 | 取消当顺隧道Ⅰ级软岩大变形 | 原设计中当顺隧道存在Ⅰ级软岩大变形区段，未达到软岩大变形相关变形速率标准，故取消该设计内容 |  | 减少 260.24 万元 | 是 |  |  |
| 2 | 取消隆务隧道Ⅰ级软岩大变形 |  |  | 减少 320.75 万元 | 是 |  |  |
| 3 | 当顺隧道出口设计变更 | 洞口地形相较于勘察设计阶段出现变化，需加强洞口防护设计 | 设计巡查工作报告 | 增加 140.4 | 是 |  |  |
| 4 | 隆务隧道 1 号横洞 H10+53-H10+20 段变更设计 | 掌子面揭示围岩情况较好，业主要求将围岩等级由Ⅴ级变Ⅳ级 |  | 减少 24.77 万元 | 是 |  |  |
| 5 | 当顺隧道 DK453+570-DK453+510 段变更设计 |  |  |  | 是 |  |  |

## （二）后续需推进变更

后续变更记录如下表所示。

后续变更记录表

| 变更索赔名称 | 上报原因 | 上报依据 | 相关工作 | 责任人 | 责任部门 |
|---|---|---|---|---|---|
| 隆务隧道出口下穿高速公路工法变更 | 原设计140 m管幕施工难度大，国内暂无成熟技术能够保证施工安全及施工进度，故调整为大管棚+双层小导管支护结构 | 下穿高速段工艺研讨专家会 | 1.高速公路导改手续办理。<br>2.工程量计算及价格确定 | | 1.外协部<br>2.技术中心<br>3.计合部 |

# 七、技术方案、质量、安全、环保对成本的影响

## （一）技术方案管理

通过对业主编制下发的《铁路建设项目工艺工法和工装改进创新及应用汇编》的学习和应用，项目部自主开发了钢拱架割孔小工装，提升了施工效率和施工质量。项目部经过研讨，决定将原计划的 12 m 台车分割为 6+6 m 台车，以便同步进行钢筋绑扎及防水板铺挂施工，提高台车利用率。项目部与多家台车加工厂家进行经济比选谈判，发现价格均较为昂贵，且性能上难以达到项目高效施工要求，因此项目部利用钢材加工场的既有资源，实现自行式全自动挂布台车的自主加工，与成品采购相比，预计整体将实现降本约*万元。此外，项目部将台车优化团队一线员工本月奖金系数提高 0.1。

## （二）质量管理

本季度，质量部共计下发质量处罚通知单 8 份，涉及二衬养护、矮边墙凿毛、防水板贴合不紧密、喷射混凝土表观质量差等 12 项质量问题，共计处罚 2 万元，计合部已在当月分包结算中予以扣款。请相关工区加强质量管理，并与分包单位就共性问题做好宣贯监督。

## （三）安全、环保管理

（1）目前，本项目针对环境评价、安全评价方案的编审，共计签订技术服务合同 7 份，合同额为*万元，此部分对应的标后收入为*万元，已超出标后*万元。因本项目地处黄河流域，且隧道洞口周边存在冲沟区域，后续根据雨季情况，仍可能增加相应环境、安全评价方案。请安环部结合现场情况，合理统筹方案编审内容，尽可能合并方案范围，避免费用进一步增加。

（2）当顺三横1#弃渣场及当顺三斜3#弃渣场混凝土挡墙未嵌入山体，导致在“环水保”检查中被通报批评，主要原因是原地面与施工图地勘不一致，且受雨季冲刷影响，原地面出现偏差。

解决措施：结合总承包合同中变更及不可抗力相关条款，因自然灾害导致的原地面变化，进而引起主体及附属工程工程量增加的部分，应由发包人承担相应费用。技术中心需尽快完善上报变更相关资料的编制及签认，所属工区根据设计反馈，组织人员对增加的挡墙进行施工，避免雨水持续冲刷造成更大的损失，明确责任人。

## 八、其他需说明或解决的问题

### （一）临时征地

隆务河大桥5#、6#墩位征地工作需尽快推进，确保桥梁施工的连续性，避免因窝工或频繁进退场导致分包成本增加，进而引发索赔情况发生。

当顺隧道4#横洞的2#弃渣场征地工作也需尽快开展。根据施工进度，1#渣场3个月内达到设计弃渣量，外协部需在1#弃渣场弃满前一个月完成2#弃渣场的征地工作，三工区需在一个月内完成弃渣场便道建设，确保隧道正常施工。

### （二）施工生产

本年产值目标为*亿元，目前已完成产值*亿元，后续产值压力较大，平均每月产值均需完成*余万元，生产组织需保证有序开展，隧道资源配置、材料供应及时有序，避免因产值完成比例较低，导致信誉评价扣分，激励约束考核费扣减，同时内部履约目标难以实现。本期工作落实情况如下表所示。

**本期工作落实情况表**

| 序号 | 问题项 | 问题内容描述 | 实现目标 | 主责领导 | 主责部门 | 协同部门 | 落办时间 |
|---|---|---|---|---|---|---|---|
| 1 | 弃渣场整治 | 当顺隧道3#斜井的2号、3号弃渣场因其地处沟谷位置，尤其雨季排水应着重关注，避免已完工的排水工程受雨水冲刷而不能满足排水需求，形成堰塞湖等情况，同时，2号弃渣场台阶修整、碾压等工作及时跟进，因其临近便道，防止雨水导致溜渣风险 | 2号渣场已完成台阶修整的位置，应及时进行覆盖，规避溜渣风险，3号渣场需定期对排水设施进行巡查；特别要关注天气预报，尤其在降雨前，确保排水设施能够正常运转，降低安全风险 | | 二工区 | | 8月10日至9月10日 |
| 2 | 碎石加工 | 碎石加工作为本项目成本管控的重点工作及创效的关键环节，三级配碎石产出比例与实际配合比需用比例存在偏差；为保证碎石的高效利用，需对生产线进行改良优化，保证自加工碎石创效目标的实现 | 通过调整筛网、降低大粒径碎石产出比例，提升中、小粒径碎石产出比例；通过精准匹配契合施工配合比的原材料需求，优化自加工碎石的生产效能，实现资源利用率的最大化 | | 二工区 | 计合部 | 8月15日至8月31日 |
| 3 | 设计变更 | 目前项目涉及预设计中软岩大变形区段较多，结合业主验工计价原则，设计变更手续未履行或履行不完全的，原清单中对应变更部分均不予以计量，这将严重侵蚀验工计价金额 | 为保证三季度验工计价工作顺利、合规开展，涉及软岩大变形负变更部分需在9月15日前完成本次变更签认内容，使其具备业主上会条件，尽可能减少因变更手续未完成导致的验工计价缺口 | | 计合部 | 工程部/技术中心 | 9月15日前 |
| 4 | 验工计价 | 为保证三季度验工计价工作顺利开展，对应各类技术、质量支撑资料需及时跟进完善，避免因资料不全导致验工计价核减 | 根据目前各洞口施工进展，合理预估月底工程形象进度，并超前谋划相应的技术、质量资料及相关验收资料，力争三季度将全部形象进度的施工内容纳入验工计价中 | | 质量部 | 计合部/工程部/试验室 | 9月20日前 |

续表

| 序号 | 问题项 | 问题内容描述 | 实现目标 | 主责领导 | 主责部门 | 协同部门 | 落办时间 |
|---|---|---|---|---|---|---|---|
| 5 | 临时征地 | 某大桥0#墩、路基位置的临时征地工作需有序开展，避免造成施工不饱满、产值无法有效输出及冬季施工等问题，造成成本额外增加 | 根据目前的气候条件及往年业主要求，10月中旬将进入冬季施工，非关键线路的桥梁结构、路基回填等工作将停止施工，这会造成一定的产值流失；需抓住最后的一个半月时间，将本年具备施工条件的工点全部开启，形成产值，这对项目的年度目标完成和资金流转均有正向影响 | | 外协部 | 三工区 | 9月中旬 |
| 6 | 施工生产 | 本年受二衬台车等工装拼装及各类检查的影响，截至目前产值输出有限；为保证全年产值目标的实现，后续施工生产在趋于正常的情况下，应合理组织各类生产资源，保证隧道进尺，确保履约目标顺利完成 | 根据目前各洞口施工组织及围岩情况，每月生产目标必须保证刚性执行；要制定劳动竞赛方案，每日报送施工进展，每周以工区为单位召开生产调度会，每月召开项目部层面生产会；要制定切实可行的实施方案，及时纠偏，倒排工期，将产值计划细分至每个洞口，并结合工序写实，考核每道工序的时间，结合围岩情况，各工区间、各单位间应及时交流经验，以保证整体目标实现 | | 各职能部门及各工区 | | 长效工作，定期总结，分析纠偏 |

# 附录5　中山某轨道交通项目经济活动分析报告

## 一、工程总体情况

### （一）工程概况

工程概况如下表所示。

工程概况表

| 序号 | 项目 | 内容 |
|---|---|---|
| 1 | 工程名称 | 中山某城际及同步实施工程施工总承包 |
| 2 | 工程地址 | 广东省中山市 |
| 3 | 工程类型 | 城际 |
| 4 | 工程承包模式 | 传统项目，PPP，DB，EPC，BT，BOT等 |
| 5 | 业主单位 | 某建设管理有限公司 |
| 6 | 设计单位 | 某设计研究院股份有限公司 |
| 7 | 监理单位 | 某监理有限公司 |
| 8 | 合同总工期 | 1704天/月（2023年4月1日至2027年11月30日） |
| 9 | 实际总工期 | 1704天/月（2023年4月1日至2027年11月30日） |
| 10 | 其他内容 | |

### （二）建设合同履约情况

建设合同履约情况如下表所示。

建设合同履约情况

金额单位（人民币）：元

| 序号 | 项目 | 内容 | 备注 |
| --- | --- | --- | --- |
| 1 | 原合同签约金额 | * | |
| 2 | 已批复变更索赔 | * | |
| 3 | 开累完成产值 | * | |
| 4 | 开累批复计量金额 | * | |
| 5 | 开累计量产值比 | * | （4/3）正在签认中 |
| 6 | 开累业主支付金额 | * | |
| 7 | 开累支付计量比 | * | （6/4） |
| 8 | 质保金金额 | * | |
| 9 | 其他保证金金额 | * | |
| 10 | 其中合同履约奖励 | * | |
| 11 | 其中合同履约罚款 | * | |
| 12 | 其他内容 | 无 | |

注：“*”表示隐藏信息。

合同价款形式。本项目实行总价承包，具体采用总价包干计价、单价包干计价、施工图预算下浮计价相结合的合同价格形式。

（1）总价包干。建筑工程（除单价包干项目外）、机电安装工程、河涌迁改（除施工图预算范围外），复垦费，区间上方的房屋临迁。

应对措施。对于总价包干项目，需结合广州地铁集团过往项目经验及中山市财审习惯，可做减量变更，但要做到减量不减项，以规避审减风险。另外，对于亏损项进行设计优化变更，以减少亏损，对于盈利项目，可通过设计变更适当增加相应工程量。

（2）单价包干。绿化迁移及回迁，交通疏解与道路照明，道路恢复，基地加固。

应对措施。对于单价包干项目，合同约定单价固定，数量根据现场实际签证进行计量，所以在施工过程中做足做大签证工程量是关键。同时，应保留相应的施工影像资料，以确保单价包干项目利益最大化。

（3）施工图预算下浮。资金补偿类管线迁改的配合工作（前期工作费），河涌迁改[仅含根据水务、航道等行政管理部门审批要求开展的防洪评价河道改移（造）、航标配布及桥梁防撞]，拆除复建工程，管线迁改（不含按资金补偿方式的管线）。

应对措施。本工区主要涉及管线迁改，以往项目管线迁改通常属于亏损项，鉴于本项目管线迁改合同模式，项目部可寻找与权属单位关系密切的分包单位采用“背靠背”模式进行分包，即对分包单位采取下浮率的模式进行结算。结算过程中，预算工作和交工验收工作可由分包单位配合完成，项目部要降低管线施工成本，保障管线利润。同时，项目部选择此模式后，需严格管控相应的风险。

### （三）工程形象进度

完成情况如下。

土方开挖：基坑开挖设计 23 万 $m^3$，二季度完成 14.76 万 $m^3$，完成占比 64.2%；

第六道钢支撑：设计 56 根，二季度完成 56 根，完成占比 100%；

第六道混凝土支撑：设计 20 根，二季度完成 20 根，完成占比 100%；

第七道钢支撑：设计 75 根，二季度完成 57 根，完成占比 76%；

第七道混凝土支撑：设计 14 根，二季度完成 14 根，完成占比 100%；

底板：设计 11 块，二季度完成 2 块，完成占比 18%。

## 二、项目效益情况

### （一）标后预算情况

本项目下达标后预算预计完工总收入*万元，预计完工总支出*万元，预计项目盈利金额*万元，利润率为*%。

### （二）预收预本情况

因某站无清单，且车站主体无蓝图，导致无法预测该项目总成本。

### （三）开累成本情况

截至 2024 年 6 月，项目开累总收入*万元，开累总支出*万元，项目盈利金额*万元，利润率为*%，对应标后预算收入盈利金额*万元，较标后预算收入利润率提高了*%。

### （四）主要盈亏点分析

主要盈利点如下。

（1）地下连续墙不含税收入为*万元，不含税成本为*万元，盈利*万元。

（2）冠梁支撑梁盈利不含税收入为*万元，不含税成本为*万元，盈利*万元。

（3）钢支撑不含税收入为*万元，不含税成本为*万元，盈利*万元。

（4）土方外运不含税收入为*万元，不含税成本为*万元，盈利*万元。

主要亏损点如下。

（1）降水井亏损*万元，亏损原因是总包部未给出此项收入。

解决措施：一是与设计单位沟通优化降水井的数量，将降水井从原设计的44口降至30口。目前与总包部沟通标前成本不予调整，因业主收入中降水包含在土方开挖中，未单独给出。项目部整理好相关资料，在项目最终结算时将过程中类似问题统一提出解决。二是后续严格把控分包单价，确保不超出标前成本价格。

（2）格构柱亏损*万元，亏损原因为标前考虑拆除及回收费用为–0.2万元/t，实际拆除成本较高，回收约0.25万元/t，整体价格无法满足实际情况。

解决措施：将市场价格收集整理后报送总包部，申请调整该部分成本费用。

## （五）成本管理风险点

（1）车站因受同步实施工程影响，车站总价包干部分无工程量清单，导致收入不明确，无法及时分析量差。

解决措施：项目部已编制总价包干部分工程量清单，并报送业主审核，催促业主加快审核进度，审核完成后及时进行标前测算及标后预算的修编工作，确保成本可控。明确责任人和责任领导。

（2）图纸清量工作缓慢，无法及时与初步设计阶段工程量清单作对比，不能及时作出优化。

解决措施：蓝图下发后立即展开图纸清量工作，对比总价包干清单是否存在量差，分析量差带来的盈亏，若存在量差亏损，及时进行设计优化，避免量差带来的亏损。明确责任人和责任领导。

（3）材料计划申请时仔细核算图纸，避免材料进场超量。

解决措施：工程部申请材料时严格按照图纸计算，计合部进行复核，申请单经工程部、物资部、计合部、分管领导、项目经理多级审批。明确责任人和责任领导。

（4）现场施工要提前做好作业人员数量筹划，避免产生窝工费和误工费。

解决措施：现场基坑目前处于公司级风险状态，导致功效降低。现场管理人员要合理安排工序，保障基坑安全，另外合理安排作业人员，满足现场生产要求即可，避免产生窝工费，引发队伍索赔。明确责任人和责任领导。

# 三、材料消耗节超、材料调差、机械设备利用率（重点分析）

## （一）材料节超情况（与标后预算对比）

材料超耗的管控，量差、价差分析。

开累主要材料节超情况如下。

（1）钢筋量价差情况：钢筋量差超耗*万元，价差节余*万元，量价差合计节余*万元。如下表所示。

**钢筋累计量价差节超情况**

| 工区 | 累计采购数量（包含已入库未入账） | | | 应耗数量（含已消耗未入账）/t | 实盘数量/t | 量差（+）为盈（-）为亏 | | | 价差（+）为盈（-）为亏 | | | 量价差合计 | |
|---|---|---|---|---|---|---|---|---|---|---|---|---|---|
| | 数量/t | 金额（不含税）/元 | 采购平均单价/元 | | | 数量差/t | 量差金额/元 | 量差节超率/% | 平均投标单价/元 | 价差单价/元 | 价差金额/元 | 量价差合计金额/元 | 量价差节超率/% |
| 四工区 | * | * | * | | * | * | * | | * | * | * | * | |

注："*"表示隐藏信息。

（2）商混量价差情况：混凝土量差超耗*万元，价差节余*万元，量价差综合情况为节余*万元。如下表所示。

**混凝土累计量价差节超情况**

| 工区 | 累计采购数量（包含已入库未入账） | | | 应耗数量（含已消耗未入账）/元 | 实盘数量/t | 量差（+）为盈（-）为亏 | | | 价差（+）为盈（-）为亏 | | | 量价差合计 | |
|---|---|---|---|---|---|---|---|---|---|---|---|---|---|
| | 数量/t | 金额（不含税）/元 | 采购平均单价/元 | | | 数量差/t | 量差金额/元 | 量差节超率/% | 平均投标单价/元 | 价差单价/元 | 价差金额/元 | 量价差合计金额/元 | 量价差节超率/% |
| 四工区 | * | * | * | * | * | * | * | | * | * | * | * | |

注："*"表示隐藏信息。

（3）水泥量价差情况：水泥量差超耗*万元，价差节余*万元，量价差合计节余*万元。如下表所示。

**水泥累计量价差节超情况**

| 工区 | 累计采购数量（包含已入库未入账） | | | 应耗数量（含已消耗未入账）/t | 实盘数量/t | 量差（+）为盈（−）为亏 | | | 价差（+）为盈（−）为亏 | | | 量价差合计 | |
|---|---|---|---|---|---|---|---|---|---|---|---|---|---|
| | 数量/t | 金额（不含税）/元 | 采购平均单价/元 | | | 数量差/t | 量差金额/元 | 量差节超率/% | 平均投标单价/元 | 价差单价/元 | 价差金额/元 | 量价差合计金额/元 | 量价差节超率/% |
| 四工区 | * | * | * | * | * | * | * | | * | * | * | * | |

注：“*”表示隐藏信息。

## （二）材料调差情况

总承包合同中约定材料调差细则为：当实施期材料信息价格涨落幅度超过合同工程基准日期材料信息价格5%时，对超过5%的部分价差进行调整。

目前业主还未开展材料调差工作，项目部根据合同要求，以2023年2月中山市信息价为基价进行调差测算，目前钢材、水泥调差均为负差。

## （三）机械设备利用率

项目部未租赁设备。

## （四）针对盈亏情况制定相应的减亏措施

（1）严肃盘点工作，每月16日工程部、物资部、计合部、财务部、协作单位五方联合统一盘点，确保数据准确。

（2）物资部、工程部加强现场巡视，严禁将钢筋、混凝土使用到临建等非主体部位，严禁钢筋原材料混料半成品混乱堆放。钢筋长度≥1 m的余料单独存放，严禁当作废料处理。

（3）按月度召开材料节超分析会，深入研究数据异常的原因，制定后续施工整改措施。对于协作队伍保管不当及加工使用过程中造成的超耗，当月在工程结算中扣除。

（4）严格执行限额领料制度，当材料进场量达到分包物资总用量的80%时，物资部门提出预警；如超过分包物资总用量，工程部需提前进行核算，经总工、项目经理审批后方可进场。

# 四、变更索赔批复情况

变更索赔批复情况如下表所示。

**变更索赔批复情况表**

| 序号 | 变更索赔名称 | 上报原因 | 上报依据 | 上报金额/元 | 是否批复 | 未批复原因 | 下一步工作措施 |
| --- | --- | --- | --- | --- | --- | --- | --- |
| 1 | 权属单位树木迁移 | 1096棵树由权属单位自行处理，单价需要调整 | 依据合同条款 | * | 否 | 正在沟通权属单位出具树木迁移意见 | 督促业主进行合同变更工作 |
| 2 | 绿化带迁移缺漏项 | 绿化带迁移15184.95 m² 漏项 | 依据合同条款 | * | 否 | 业主委托设计单位正在出图 | 督促业主进行合同变更工作 |
| 3 | 雨污水迁改 | 某站管线迁改属于同步实施工程，目前已完成施工，且业主已在会议中明确将其纳入正线 | 依据会议纪要 | * | 否 | 造价咨询正在审核预算 | 督促造价咨询审核预算，并上报业主审核 |
| 4 | 通信迁改 | 某站管线迁改属于同步实施工程，目前已完成施工，且业主已在会议中明确将其纳入正线 | 依据会议纪要 | * | 否 | 造价咨询正在审核预算 | 督促造价咨询审核预算，并上报业主审核 |
| 5 | 燃气迁改 | 某站管线迁改属于同步实施工程，目前已完成施工，且业主已在会议中明确将其纳入正线 | 依据会议纪要 | * | 否 | 造价咨询正在审核预算 | 督促造价咨询审核预算，并上报业主审核 |
| 6 | 自来水迁改 | 某站管线迁改属于同步实施工程，目前已完成施工，且业主已在会议中明确将其纳入正线 | 依据会议纪要 | * | 否 | 造价咨询正在审核预算 | 督促造价咨询审核预算，并上报业主审核 |

注：“*”表示隐藏信息。

# 五、技术方案、质量、安全、环保对成本的影响

## （一）技术方案管理

1. 优化方案

（1）某站原交通疏解分为三期，分别为车站主体结构、盾构、车站附属结构施工阶段，这种安排导致借地、管线迁改、绿化迁移等工作反复进行，也不利于成本节约和工期缩短。现将某站交通疏解方案由三期优化为一期，将车站、盾构、车站附属结构施工区域整体围蔽，同时将港祥隧道合建段也进行了围蔽。交通疏解优化后，有利于车站、盾构及港祥隧道（位于深圳市宝安区，连接大铲湾码头与南坪快速路中的隧道）合建段的施工组织，可节约工期约 12 个月，降低施工成本。平面图如下图所示。

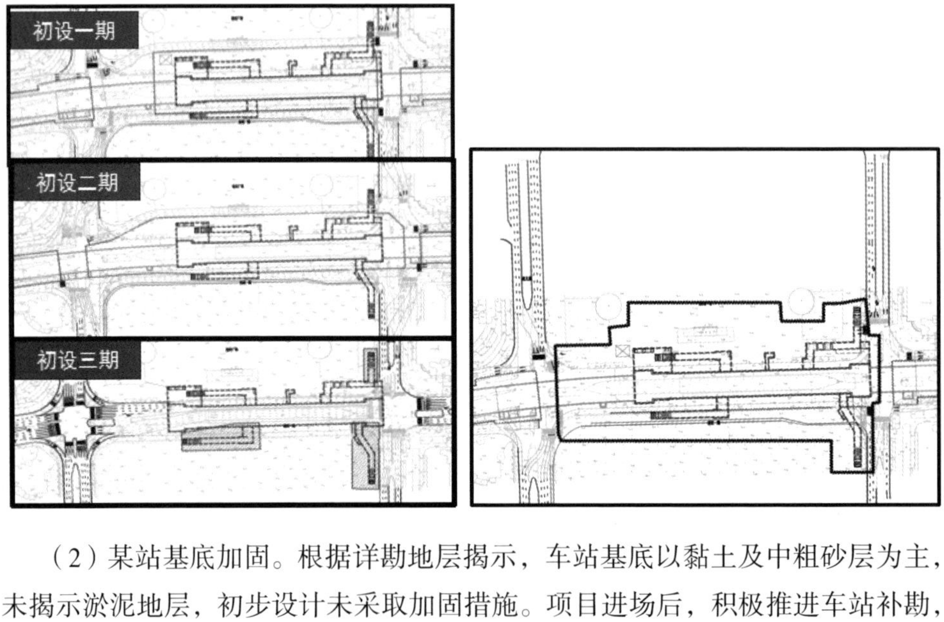


（2）某站基底加固。根据详勘地层揭示，车站基底以黏土及中粗砂层为主，未揭示淤泥地层，初步设计未采取加固措施。项目进场后，积极推进车站补勘，进一步揭示车站基底局部存在淤泥地层，并将补勘成果纳入了设计依据。通过两次优化，增加了 700 组三轴搅拌桩，提高收入*万元。同时，将不统一的槽壁加固、端头加固、基底加固施工工艺，均优化为三轴搅拌桩工艺，并促成同时出图和施工，有利于施工组织筹划安排，减少不同工法设备进场次数，降低成

本，缩短工期。基底地层图如下图所示。

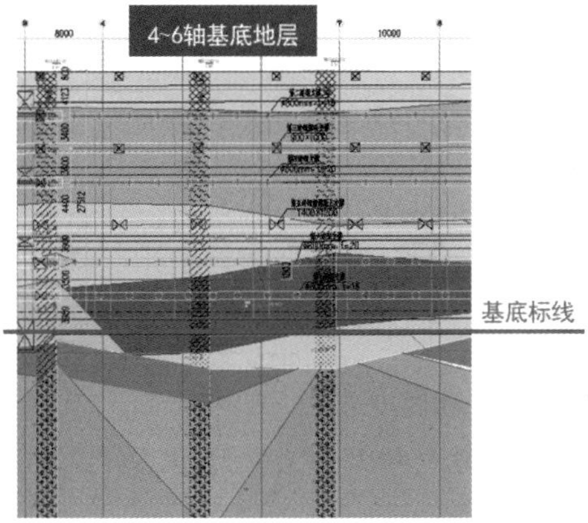


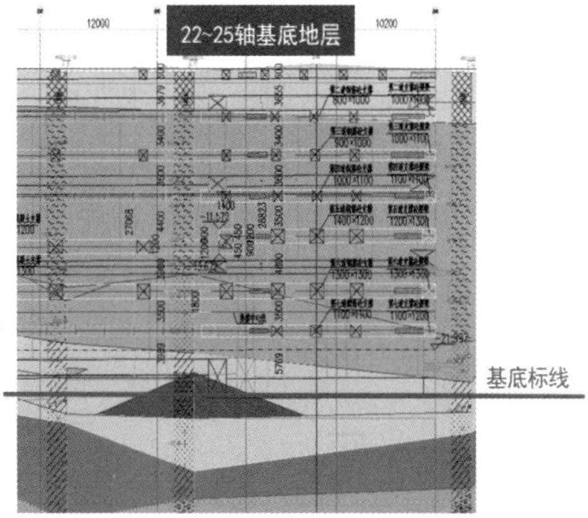


（3）某站通过对详勘地质与初勘地质对比，将标准段“4 道混凝土支撑+3 道钢支撑+1 道换撑”优化为“3 道混凝土支撑+4 道钢支撑+倒撑预留措施”；同时，经重新验算将全基坑围护结构插入中风化深度缩短了 1 m。这一优化强化了支撑体系，最大程度保证了基坑开挖安全稳定；科学合理地减少了围护结构入岩深度，节约了施工工期和成本，保证了基坑的本质安全。通过围檩模块化，对围檩采取加强措施，调整钢支撑间距，增设 7 处出土点，解决了出土问题。

2. 技术创新

在围护结构地连墙施工阶段，采用自动化焊接机器人进行工字钢现场加工制作，施工效率远高于人工焊接，且焊接质量稳定，不仅提升了施工效率，同时降低了施工成本。

## （二）质量管理

本期无。

## （三）安全、环保管理

要按照业主管理规定进行安全生产费投入使用，足额开取安措费发票，保证安措费可计量。

## 六、上期问题落实情况

（1）项管系统数据填报不及时且不准确，导致数据健康指数偏低。

责任部门：工程部、计合部、财务部。明确责任人。

解决情况：本月已对项管系统数据进行详细核对，推送至生产经营系统的数据均符合实际，且数据健康状况良好。

（2）分包结算资料上报滞后。

责任部门：工程部、计合部、物资部。明确责任人。

解决情况：本月通过周例会及月度生产例会，再次落实了分包结算管理办法，各部门对于分包结算配合度有很大提高。

（3）主体结构图纸清量缓慢。

责任部门：工程部。明确责任人。

解决情况：工程部已完成主体结构图纸清量，并报送咨询单位审核。

（4）经济活动分析数据归集缓慢且数据准确性较差，导致经济活动分析工作进展缓慢。

责任部门：各部门。明确责任人。

解决情况：通过周例会及月度例会,对成本管理制度及经济活动分析内容重新对各部门宣贯，为提高全员成本意识，本月对于成本分析所需资料提供较为及时。

## 七、本期商务管理需要解决的问题

（1）某站清单受港祥隧道影响，自招标至今无工程量清单，截至目前与业主共同推进清单事宜，已审核至造价咨询单位；目前还未明确施工范围及合同清单，对后续成本测算及施工计划均有影响。

解决办法：根据项目公司反馈的意见重新寻找依据办法，确保重新编制清单金额最大化，另外对接设计单位和咨询单位核对图纸数量，梳理出清单数量差异，及时判断需要优化的项目。具体分工表如下表所示。

**具体分工表**

| 具体事项 | 责任人 | 责任领导 | 完成时间 |
| --- | --- | --- | --- |
| 梳理合同条款，找出反驳项目公司依据 | | | 7 月 25 日 |
| 对接设计及咨询单位核对工程量 | | | 7 月 28 日 |

| | | | |
|---|---|---|---|
| 联合总包及业主召开会议，最终确定清单 | | | 7月30日 |

（2）区间上方房屋临迁数量在合同中与实际数量存在较大差距，该项目属于总价包干项目，存在后续费用不足的问题，目前，项目方已与业主沟通相关情况，正在编写正式报告上报业主以寻求解决。

解决办法：联系设计单位提供概算资料，查看概算中房屋临迁具体包含的内容，目前初步得到的消息是，大部分区间上方房屋临建费用包含在同步实施工程中，此合同中仅包含一小部分临迁内容。根据两个工程概算，重新梳理出各自的临迁范围，并报送业主，由业产发文明确我单位临迁范围，确保合同临迁费用不超额。具体分工表如下表所示。

**具体分工表**

| 具体事项 | 责任人 | 责任领导 | 完成时间 |
|---|---|---|---|
| 联系设计单位提供两个项目的概算文件并梳理出各自项目中临迁范围 | | | 7月20日 |
| 对区间上方房屋状况进行摸排，是否可将临迁变更为征拆（征拆工作由业主完成） | | | 7月23日 |
| 联合总包及业主召开会议，明确各自临迁范围 | | | 7月28日 |

# 附录 6　大连某水工项目经济活动分析报告

## 一、工程概况

南岸港池工程北侧顺接沉管 E18 管节，向南在大连港丙码头登陆。主线隧道总长 1392 m，港池内分离出 DE 匝道汇流为 C 匝道，C 匝道长 1110 m。

结合施工环境和结构形式，南岸工程港池部分主线长 650 m（包含 25 个结构段），匝道长 780 m（28 个结构段）。

南岸港池工程还包含位于港池北侧的防波堤施工内容。

总工期为 2019 年 8 月 8 日至 2023 年 4 月 18 日，共计 45 个月。

主要施工内容如下。

（1）港池部分：3#、4#码头内围堰填筑与拆除、临时围堰填筑及拆除，塑性混凝土咬合桩+帷幕灌浆止水，港池抽水，港池开挖凿岩，主线及匝道主体结构施工，回填保护层施工。

（2）现有防波堤的拆除和恢复。

## 二、上次会议问题整改及计划落实情况

项目经理通报落实上次成本分析例会问题的整改及计划落实情况，由项目经理对上次会议发现的问题进行提问式落实，由相关负责人进行详细说明。职责分工表如下表所示。

**职责分工表**

| 序号 | 上次会议问题整改及计划落实情况 | 责任人 | 职责 |
| --- | --- | --- | --- |
| 1 | 供应商材料涨价诉求落实情况 | | 商务副经理 |
| 2 | 主体结构施工效率分析 | | 生产副经理 |

## （一）供应商材料涨价诉求落实情况

受市场影响，2020年底至今，钢材、木材及地材等主要材料价格涨幅较大，自2021年3月份开始，各家供应商纷纷发函要求调价。为保证现场物料的正常供应，项目部请示公司后，公司同意对供应商材料部分的价格进行合理调整，项目部集中在4月下旬与各供应商进行了商务谈判，目前正在完善调价补充协议的相关工作，具体调整情况如下表所示。

供应商材料涨价情况表

| 序号 | 单位名称 | 调价内容 | 单位 | 合同额 | 供应商上报 | | 计划调整 | | 备注 |
|---|---|---|---|---|---|---|---|---|---|
| | | | | | 增加金额 | 增长比例 | 增加金额 | 增长比例 | |
| 1 | 某商贸有限公司 | 钢筋套筒 | 元 | * | * | 32.7% | * | 25.0% | 以钢铁网材料价及市场材料价为基础进行谈判 |
| 2 | 某商贸有限公司 | 锚固板及限位板 | 元 | * | * | 15.2% | * | 12.6% | |
| 3 | 某有限公司 | 预埋件 | 元 | * | * | 28.0% | * | 19.5% | |
| 4 | 某商贸有限公司 | 矿渣粉 | 元 | * | * | 16.2% | * | 14.7% | |
| 5 | 某建材有限公司 | 碎石 | 元 | * | * | 18.7% | * | 13.3% | |
| 6 | 某模板工程技术股份有限公司 | 模板 | 元 | * | * | 16.9% | * | 10.1% | |
| 合计 | | | 元 | * | * | * | * | * | |

注："*"表示隐藏信息。

## （二）主体结构施工效率分析

近期，项目部已指定专人分别对三个合同包的施工效率进行了统计，汇总情况如下。

（1）施工区Ⅰ。

Z16底层钢筋绑扎：480 t，20天，每日绑扎24.6 t，配备20~25人，绑扎效率为1.1 t/人/天。

Z19底层模板支立：计112片，15天完成，配备20~27人，支立效率为0.32片/天/人。

Z23混凝土浇筑：2157 $m^3$，配备4台泵车，24名混凝土工，浇筑时长33 h，平均效率为66 $m^3$/h。

（2）施工区Ⅱ。

Z33-2 段底层钢筋绑扎：300 t，24 天（受 Z33-1 顶板、Z33-3 底板施工影响，有效绑扎时长为 15 天），每日绑扎 20 t，配备 20~25 人，绑扎效率为 0.89 t/人/天（与设备区连接段结构复杂、效率降低）。

Z33-3 底层模板支立：97 片，配备 20~23 人，14 天完成，支立效率为 0.33 片/人/天（与设备区连接段结构复杂、效率降低）。

Z33-3 底层混凝土浇筑：2827 $m^3$，配备 4 台泵车，20 名混凝土工，浇筑时长 53 h，平均效率为 53 $m^3/h$。

（3）施工区Ⅲ。

E6 底层钢筋绑扎：100 t，6 天，每日绑扎 16.7 t，配备 14~16 人，绑扎效率为 1.1 t/人/天。

D10 底层模板支立：40 片，5 天，配备 15 人，支立效率为 0.53 片/人/天。

E6 底层混凝土浇筑：528 $m^3$，配备 4 台泵车，15 名混凝土工，浇筑时长为 16 h，平均效率为 33 $m^3/h$。

## 二、汇报项目整体经济效益情况

由计合部结合项目成本核算分析报表内容，汇报已完工程本月、年度、开累整体收入、成本及利润情况，并结合预收预本编制情况，汇报项目完工后的预计总收入、总成本、总利润及利润率情况。

当月完成不含税概算额*万元，发生成本*万元，形成利润*万元，利润率*%；项目开累完成不含税概算*万元，总成本*万元，利润总额*万元，利润率*%，具体如下表所示。

**项目经济效益情况表**

| 序号 | 统计期间 | 对应概算收入/元 | 标前签认收入/元 | 成本统计（不含税） | | | | | | 利润额/元 | 利润率/% |
|---|---|---|---|---|---|---|---|---|---|---|---|
| | | | | 分包成本/元 | 材料成本/元 | 租赁成本/元 | 间接费成本/元 | 其他费用成本/元 | 总成本/元 | | |
| A | B | C | D | E | F | G | H | I | J=E+F+G+H+I | K=C-J | L=J/（C×1.09） |
| 1 | 月度（5月） | * | * | * | * | * | * | * | * | * | *% |
| 2 | 开工累计 | * | * | * | * | * | * | * | * | * | *% |

注："*" 表示隐藏信息。

预计本工程完工后不含税概算总收入为*万元，预计总成本为*万元，利润总额为*万元，利润率为*%（包含投资价差）。与前期预测的总利润率*%的差额主要由钢材材料价上涨引起，其中钢筋材料价由 3812 元/t 调整为*元/t，埋件材料价平均上涨*元/t。

## 三、总结月度成本管理重点工作完成情况

工程部总结分析本月进度计划完成情况、实际完成产值与业主签认产值偏差的原因、未完成或超额完成的原因及采取的措施等，变更签证资料的整理、编制及报批情况，施工方案的优化及完成情况等。

### （一）本月进度计划完成情况

计划完成情况如下表所示。

**计划完成情况表**

| 序号 | 工程名称 | 项目 | 单位 | 工程总量 | 本月计划 | 本月完成 | 完成率 | 累计计划 | 累计完成 | 累计完成率 | 占总量 |
|---|---|---|---|---|---|---|---|---|---|---|---|
| 1 | 某水工项目岸边段 | 主体结构垫层 | 段 | 53 | 4 | 4 | 100% | 29 | 29 | 100% | 56% |
| 2 | | 主体结构底层钢筋绑扎 | 段 | 53 | 5 | 6 | 120% | 18 | 17 | 94% | 32% |
| 3 | | 主体结构底层混凝土浇筑 | 段 | 53 | 6 | 7 | 117% | 14 | 13 | 93% | 25% |
| 4 | | 主体结构顶层混凝土浇筑 | 段 | 53 | 1 | 1 | 100% | 2 | 1 | 50% | 2% |

形象进度：截至 5 月 20 日，底层（底板+侧墙）钢筋绑扎计划 18 段、实际完成 17 段，混凝土浇筑计划 14 段、完成 13 段；顶层混凝土浇筑计划 2 段，实际完成 1 段。各施工区均有超前和滞后项目，施工安排有所调整，总完成段数与计划完成段数相比略有滞后。

### （二）产值完成情况

产值完成情况如下表所示。

产值完成情况表

| 序号 | 项目名称 | 单位 | 对应概算额 | 5月份计划 | 5月份完成 | 完成比例 | 本年计划 | 本年完成 | 完成比例 | 开累签认产值 | 开累完成概算额 |
|---|---|---|---|---|---|---|---|---|---|---|---|
| 1 | 某水工项目岸边段 | 万元 | * | * | * | * | * | * | * | * | * |

注："*"表示隐藏信息。

完成概算额与签认产值差额的主要原因如下。

（1）过程计量采用的临时计价清单，未包含相关费用分摊，因此应扣除相应的工程结算收入。

（2）施工过程中的工艺变化或设计变更项目，因临时清单没有对应清单项，业主单位暂未予以签认。如防波堤拆除，由吊装改成爆破工艺，过码头止水段由拆除结构段止水调整为在原结构上止水，丙码头咬合桩变更为钢板桩等。

## （三）设计变更及技术签证

主要设计变更及技术签证情况如下表所示。

主要设计变更及技术签证情况

| 序号 | 变更内容 | 是否上报 | 是否施工 | 备注 |
|---|---|---|---|---|
| 1 | 关于港池、陆域部分暗埋段主体结构分界处增加二次止水结构的事宜 | 是 | 是 | 蓝图已下发，按蓝图组织施工 |
| 2 | 关于主体结构基础处理承载力调整的事宜 | 是 | 是 | |
| 3 | 关于主体结构各结构段基础碎石换填处理确认的事宜 | 否 | 是 | 与监理、设计单位已确认，近日将上报项目公司签认 |

## （四）施工方案的优化及完成情况

（1）设备用房施工方案。

本月已确定分层形式，外墙钢模板采用沉箱标准化钢模板改制、内模采用竹胶板组拼，此做法可以节省成本、提升工效。

（2）丙码头恢复设计。

本月，项目部正在对丙码头恢复设计进行优化，将异形沉箱结构向现浇块体方向优化，此方案将缩短丙码头恢复（关键线路）的工期。

# 四、各部门月度经济活动分析情况

## （一）计合部

计合部总结月度及开累项目收入完成与签认情况、变更签证费用的审批情况，各类成本费用归集核算情况，分包成本及月清月结情况、租赁成本及月清月结情况，已完项目的主要盈亏点、未施工项目的主要盈亏点等情况。

1. 整体收入成本对比表

本工程含税概算额为*万元，不含税概算额为*万元，局下达的标后成本为*万元，标后利润率为*%，目前整体利润率仅略高于标后利润率，具体收入成本情况如下表所示。

**收入成本对比表**

| 项目名称 | 已完成部分情况 | | | | 整体情况 | | | |
|---|---|---|---|---|---|---|---|---|
| | 概算收入/元 | 成本/元 | 利润额/元 | 利润率 | 概算收入/元 | 成本/元 | 利润额/元 | 利润率 |
| 某水工项目南岸边段 | * | * | * | *% | * | * | * | *% |

注：“*”表示隐藏信息。

因本月施工内容主要为港池主体结构钢筋、混凝土、埋件及防水施工，该部分利润微薄，后面将对该部分整体分析，故不单独分析月度成本情况。

2. 本工程主要盈亏点分析

（1）本工程主要盈利点。

①根据设计单位的土石方平衡方案，原计划回填石渣中有 28.5 万 $m^3$ 为无价料，剩余均为有价料。实际通过收集主线来料及利用分包现有存料的施工策划，所填石渣基本均为无价料，该部分盈利约*万元。

②临时围堰拆除在不考虑塑性混凝土强度超设计要求的前提下，能直接用挖机或抓泥船挖除后外排，预计盈利*万元。

③临时围堰及内围堰上的咬合桩与帷幕灌浆止水施工工艺对应的水工概算价格水平较高，该部分盈利约*万元。

④港池石方及护坦，概算按干砌片石护坡计价，实际为回填块石，该部分盈利*万元。

⑤过3#、4#码头止水段，由拆除+恢复原结构段工艺调整为原直接在结构上采用旋喷与升降、帷幕、咬合桩结合的工艺进行止水，该部分盈利*万元。

（2）本工程利润薄弱点及亏损点。

①本工程的主体结构及设备用房施工对应的不含税概算额为*万元，对应的成本额为*万元，利润额为*万元，而该部分概算额占总概算的*%，因此导致本工程后期利润率不高。

主体结构及设备用房的主要盈利点为结构防水、设备用房基础及土石方施工，亏损点主要为模板及埋件施工，钢筋及混凝土施工略微盈利。现对该部分利润薄弱点及亏损点进行单独分析。具体情况如下表所示。

**主要项目概算收入及成本情况**

| 序号 | 项目名称 | 单位 | 工程量 | 概算收入 | | 成本情况 | | 利润额/元 |
|---|---|---|---|---|---|---|---|---|
| | | | | 综合单价/元 | 合价/元 | 综合单价/元 | 合价/元 | |
| 1 | 主体结构钢筋 | t | * | * | * | * | * | * |
| 2 | 主体结构模板 | $m^2$ | * | * | * | * | * | * |
| 3 | 主体结构混凝土C50P8 | $m^3$ | * | * | * | * | * | * |
| 4 | 主体结构埋件 | t | * | * | * | * | * | * |
| 合计 | | 元 | | | * | | | |

注："*"表示隐藏信息。

**成本单价具体组成情况**

| 序号 | 项目名称 | 单位 | 工程量 | 概算单价/元 | 成本单价/元 | 成本单价组成 | | | | | |
|---|---|---|---|---|---|---|---|---|---|---|---|
| | | | | | | 分包单价/元 | 材料单价/元 | 损耗系数 | 周转材料摊销/元 | 设备租赁分摊/元 | 其他 |
| 1 | 主体结构钢筋 | t | 28598 | * | * | * | * | 1.02 | | * | * |
| 2 | 主体结构模板 | $m^2$ | 159580 | * | * | * | | | * | * | |
| 3 | 主体结构混凝土C50P8 | $m^3$ | 127648 | * | * | * | * | 1.00 | | * | * |
| 4 | 主体结构埋件 | t | 378 | * | * | * | * | 1.00 | | * | |

注："*"表示隐藏信息。

成本单价数据来源说明如下。

a. 分包单价为目前主体结构三家队伍的分包单价加权平均值。

b. 钢筋概算材料价为 3673 元/t，现钢筋市场价为 4425 元/t，因市场价高于概算价，预计减少利润*万元。

c. 混凝土材料单价包含混凝土材料费、运输费（老甘井子—大连港，水陆联运）及泵送费用。

d. 周转材料摊销单价分成面板、木梁及钢材三部分分别进行摊销，详见周转材料说明。

e. 设备租赁分摊单价根据预测总的租赁费分摊得出。

f. 主体结构钢筋的其他费用是通过对钢筋棚建设及钢筋设备采购合价的 60% 进行摊销计算得出的。

g. 主体结构混凝土的其他费用是通过对温控系统、冷却管、灌浆、塔吊基础及场地碎石、混凝土垫层等措施费用进行摊销计算得出的。

②港池清淤无对应的概算清单收入，实际施工过程中发生成本约*万元，项目部将在编制施工图预算时，将因临时围堰回填产生的港池清淤费用编入预算中，计划通过消化预备费解决清淤造成的亏损问题。

③概算编制阶段未单独考虑丙码头及防波堤作为文物的拆除、恢复保护费，目前已发生文物拆除费用*万元，计划后期通过预算调整或变更签证来确认该部分收入。

## （二）物设部

物设部总结分析以下情况：材料的现场和库存盘点情况、用量及损耗情况；辅助材料成本支出情况；租赁周转材料、自有周转材料的摊销情况；机械设备资源投入及能耗情况；主要材料价格波动情况、主要材料的量差价差情况等，并分析其原因。

1. 消耗材管理情况

第一，主要材料。物资部每月对项目主要材料进行盘点。目前水泥、粉煤灰、砂石料、矿粉的损耗情况控制较好，外加剂损耗情况较大。通过现场了解与试验室沟通得知，由于砂石料质量不稳定，且运输距离较长，拌和站内减水剂用量提高。同时，为了保证现场施工调节，还将部分减水剂调运至现场，因此测算，减水剂实际使用量较理论消耗量多。钢筋损耗经测算，本工程主体结构属于变截面，钢筋下料尺寸变化频繁，相邻钢筋相差 1~5 cm，因此加工棚钢筋损耗较高，约为 2.2%。下一步，物资部将协同工程部，共同研究剩余料头的再利用工作，争取进一步降低钢筋损耗。主要材料损耗情况见下表。

**主要材料损耗情况表**

| 序号 | 名称 | 单位 | 本月 | | | | 开累 | | | | 备注 |
|---|---|---|---|---|---|---|---|---|---|---|---|
| | | | 理论消耗 | 实际消耗 | 损耗 | 盈亏率/% | 理论消耗 | 实际消耗 | 损耗 | 盈亏率/% | |
| 1 | 钢筋 | t | * | * | * | * | * | * | * | * | |
| 2 | 水泥 | t | * | * | * | * | * | * | * | * | |
| 3 | 砂子 | $m^3$ | * | * | * | * | * | * | * | * | |
| 4 | 碎石 | $m^3$ | * | * | * | * | * | * | * | * | |
| 5 | 粉煤灰 | t | * | * | * | * | * | * | * | * | |
| 6 | 减水剂 | t | * | * | * | * | * | * | * | * | |

注："*"表示隐藏信息。

第二，非主体结构材料。项目部对非主体结构材料均通过线上采购，广泛运用了物采平台和云电商采购平台，达到了降本的目的。目前投入较多的辅助材料为木方、土工布、密目网。这些材料均与现场文明施工紧密相连。为了满足使用要求，同时降低采购价格，木方分部位采购旧木方，苫盖用土工布在满足使用功能的前提下降低单位面积重量，密目网则根据使用部位采购目数较少的规格。

2. 周转材管理

第一，自有周转材料。目前项目自有周转材为台车和木梁模板。台车使用后，计划调拨给建安分公司统一管理。木梁模板按照混凝土方量进行摊销，经测算计划按 80 元/$m^3$ 进行摊销。前期由于涉及调价问题，一直未办理入账，目前已沟通完毕，下月起开始摊销。

**自有周转材料管理**

| 序号 | 物资名称 | 材料名称 | 预计原值/元 | 摊销比例 | 预计摊销金额 | 摊销方式 | 摊销数量 | 摊销单价 | 备注 |
|---|---|---|---|---|---|---|---|---|---|
| 1 | 木模板 | 面板 | * | 100% | * | 按工程量摊销 | *万 $m^3$ | *元/$m^3$ | |
| | | 木梁 | * | 50% | * | | | | |
| | | 钢件 | * | 50% | * | | | | |
| 合计 | | | * | | * | | | | |

注："*"表示隐藏信息。

第二，租赁周转材料。主体结构租赁周转材料为盘扣式脚手架。结合市场租赁价格，通过与速捷公司的多次谈判，以不含税单价*元/t/d 的价格进行租赁，目前已发生租赁费*万元，预计总的租赁费为*万元。项目部将充分结合现场施工进度要求，安排盘扣式脚手架分批、分阶段进场，避免闲置材料提前进场，最大限度地提高脚手架现场的使用效率，同时，对于已使用完毕的材料，第一时间安排及时退场。

3. 设备管理

本工程投入设备 49 台。其中自有设备 21 台（龙门起重机 4 台，钢筋加工设备 13 台套，其他设备 4 台），发生折旧费 2.8 万元。外租设备 30 台（10 台塔吊、6 台汽车起重机、3 台履带起重机、2 台挖掘机、1 台装载机、5 台板车、2 台自卸车、1 台压路机），发生租赁费*万元。后期项目部将通过提高塔吊的利用率，不断降低其他设备的使用时长。外租设备燃油实际消耗 17.6 t，理论计算应消耗 18.2 t，燃油实际消耗与理论计算消耗基本持平，为了加强油耗管理，每台耗油的设备油箱都进行上锁管理。

4. 电费统计分析

本工程排水现已投入 90 kW 水泵 4 台，55 kW 水泵 2 台，排水耗电费用平均每月 13 万元；随着施工塔吊的利用率逐步增加，电费也相应增加，统计表中的 4 月及 5 月份电费可以明显体现。预计 6 至 11 月份的工程施工电费平均约*万元，12 月份电费为*万元，全年施工发生电费为*万元。预计生活办公区电费全年为*万元。2021 年度本工程电费预计发生*万元，如下表所示。

**电费统计分析表**

| 月份 | 单位 | 生活办公区 | 港池施工 | 备注 |
| --- | --- | --- | --- | --- |
| 2021 年 1 月电费 | 元 | * | * | |
| 2021 年 2 月电费 | 元 | * | * | |
| 2021 年 3 月电费 | 元 | * | * | |
| 2021 年 4 月电费 | 元 | * | * | |
| 2021 年 5 月电费 | 元 | * | * | |
| 合计 | 元 | * | * | |

注：“*”表示隐藏信息。

## （三）安全部

安全部总结分析安全文明措施费成本、安全事项处理成本等情况。

1. 安全生产费用管理

截至 5 月末，本工程累计完成施工产值*亿元，应计提安全生产费用*万元，实际支出*万元。本月本工程完成施工产值*万元，应计提安全生产费用*万元，实际支出*万元，计提数与实际支出数基本持平，实际投入安全防护类*万元，占总投入比例为18%、应急救援与演练投入0.8万元，占总投入比例为2%、个人防护类投入*万元，占总投入比例为14%、环境保护类投入*万元，占总投入比例为20%、其他类（疫情防控）投入*万元，占总投入比例为46%。

2. 安全物资及分包管理

2021年公司发布了《安全物资集中采购目录》与《劳动防护用品管理规定》，项目部根据公司文件要求，将以上类别安全物资提交物资采购计划由公司统一采购，分包单位以上物资由项目部统一配发，费用由分包单位承担。

3. 分包管理

2021年年初，公司安监部联合法律、采购、工管、船机等部门修订了分包合同范本、印发了公司《项目分包安全管理十条》，项目部严格按文件要求，自4月起共对新签14项分包合同进行审核梳理，在分包合同中明确分包单位安全管理界面、资源配置等边界条件，同时监督分包单位按合同约定落实安全管理措施，项目运行过程中定期对分包单位关键岗位人员数量、姓名、资质等进行履约检查。

综合办公室总结分析工资薪酬开支、行政及办公费用支出等情况。

第一，人工成本。

项目部5月在册正式员工95人，外聘33人，本月共发生工资、奖金及五险一金*万元（含正式职工*万元，外聘人员*万元）。

第二，办公用品及差旅费。

本月共发生办公及差旅费*万元，所有办公用品均从集团指定电子超市采购，差旅费严格按照三公司差旅费管理办法执行报销。

第三，伙食费。

按照公司要求每人每月不超过600元的伙食标准，5月份伙食费开支合计*万元，控制得当，没有超标情况出现。

### （四）财务部

财务部总结项目间接费发生情况，包括可控与不可控间接费的支出及占比情况、项目保险理赔情况、税赋策划完成情况等。

1. 可控与不可控间接费的支出及占比情况

本工程主线工程从 2019 年 7 月开始进行相关费用归集，2021 年 5 月发生间接费*万元，占本月完成概算额*万元的*%，开累发生间接费*万元，占总概算额*万元的*%，具体发生金额如下表所示。

**间接费统计表**

| 序号 | 间接费类别 | 单位 | 当月 | 本年 | 开累 | 备注 |
|---|---|---|---|---|---|---|
| 1 | 可控间接费（主要包含日常的管理支出） | 万元 | * | * | * | |
| 2 | 不可控间接费（主要包含工资奖金等薪酬类费用） | 万元 | * | * | * | |
| 合计 | | 万元 | * | * | * | |

注："*" 表示隐藏信息。

后期项目部将通过树立自上而下"过紧日子"、倡导节约的思想意识，严格控制非生产性支出，降本增效，努力缩减项目部的非必要可控费用支出。

2. 保险理赔情况

本月未发生保险理赔。截至目前，项目部已利用防灾防损专项费用购置防疫物资、排水设备及防护用品等，共计向保险公司申请理赔*万元，减少项目成本支出。

# 五、分析本月成本管控工作中存在的问题及风险

项目部分析并探讨存在的问题，提出解决方案和下期成本控制的具体要求，并指定执行负责人。当时不能解决的问题，由项目经理指定负责人，会后由负责人落实并提出解决方案，解决方案应于成本分析会后 7 日内提交项目经理确认实施。

## （一）材料付款不及时导致的保供问题

项目部目前的主要施工内容为主体结构的钢筋、混凝土及埋件施工，其中材料成本约占概算额的*%。现业主按临时计价清单扣除投资价差后支付工程款（临时清单总收入为概算总收入的*%，其中主体结构的临时清单收入为概算收入的*%），业主单位实际收款比例约为概算额的*%。公司再按临时标后预算扣除部分收款后，最后项目部实际可用于支付材料款、分包及租赁款的额度约为概

算收入的*%，导致各种大宗材料款支付不及时，多次出现供应商停供问题，对项目成本管控造成了较大风险。

解决措施：①积极向业主单位上报完成产值、催要工程款；②加强与公司沟通，希望公司能同意暂时将主体结构施工的收款扣除比例降低，以保证现场物资正常供应；③积极推进预算编制工作，尽快与公司确定最终标后预算额度；④全力安抚各供应商的情绪，积极寻找可替代供应商，增强供应商的整体垫资能力。

### （二）周转材料管理及主要材料损耗控制风险

本工程施工内容主要为钢筋、混凝土施工，材料费占比较大。项目工期要求紧，短期内材料消耗量极大，因此周转材料的合理调配和主要材料的损耗控制、过程管理，是近期成本控制的重点及风险点。

解决措施：进一步完善专项物资限额领料、物资盘点管理制度，每月 20 号定期盘点、核算材料的损耗情况，形成物资盘点分析报告，并严格按照合同约定损耗系数，控制损耗率，分析损耗出现的原因，各个部门共同做好材料内控工作。

### （三）分包策划不及时问题

项目部未按管理规定提前开展策划，拌和站基础建设存在先分包进场后招标的问题。

解决措施：①工程部在拟分包项目开工前 60 天上报相关分部的详细施工方案；②计合部提前 45 天编制招标文件和采购工作计划，并将分包资料上报云电商审批；③计合部在开工前 30 天进入分包采购寻源工作，确保定标后分包再进场。

### （四）劳务用工风险

本工程主体结构钢筋、模板及混凝土施工体量大，劳务用工数量多，施工区域内近 500 名工人同时作业，在恶劣天气、材料供应、工序交接等各种施工不紧凑的情况下可能会出现窝工情况，为保证总工期，后期也可能出现赶工现象，这对成本管控带来较大的风险。

解决措施：①为避免出现严重的窝工或赶工现象、防范用工风险，技术部分及生产部分须科学组织、提前谋划、合理规划每一道施工工序，保证资源与进度相匹配，将成本风险降至最低；②若确实因我方原因造成窝工或赶工现象，务必在事故发生的当天形成相应记录，并上报计合部，为后期反索赔提供支撑资料。如下表所示。

**职责分工表**

| 序号 | 本月成本管控工作中存在的问题 | 责任人 | 职责 |
|---|---|---|---|
| 1 | 材料付款不及时导致的保供问题 | * | 商务副经理 |
| 2 | 周转材料管理及主要材料损耗控制风险 | * | 物资管理部部长 |
| 3 | 分包策划不及时问题 | * | 经济管理部部长 |
| 4 | 劳务用工风险 | * | 总工 |

注："*" 表示隐藏信息。

# 六、下月成本管理重点工作计划

会议要研讨下月重点工作计划，该计划要根据成本分析例会内容、提出的问题和管控风险，结合公司针对项目提出的个别重点工作要求进行编制。各项计划、要求要清单化、量化、时间化，要有具体工作内容、完成程度、完成时间等，计划制订完毕后上报公司成本管理部。

（1）计划在某月完成施工图预算的清单列项及工程量计算书的编制工作，完成定额组价等工作，满足上报的相关要求。

（2）推进、落实基础碎石换填签认、注浆方案优化以及丙码头恢复异形沉箱优化等变更索赔工作，月底前至少完成两项变更索赔工作。

（3）进行最终接头预埋件施工，该部分埋件工程量多，焊接变形、焊缝质量及安装精度要求高，施工难度大，零散、施工烦琐，且每个埋件的安装精度要求极高。经了解目前该部分埋件的市场安装价约*元/t，而中标单位报价仅*元/t，明显低于成本价。在下月的成本管理工作中，一定要注意防范中标单位可能因报价低，而故意延误施工或要求调价等成本风险，并做好相关预案，确保施工进度不受影响。

（4）持续做好分包现场实际工效及成本投入的统计、分析工作。

（5）结合项目进度情况，做好人力资源使用规划和员工技术技能培训，督促各类证件的考取工作，做好人力资源在全公司范围内的共享，为项目部开源节流。

# 附录 7　玉林某公路项目经济活动分析报告

## 一、工程总体情况

### （一）工程概况

工程概况如下表所示。

工程概况表

| 序号 | 项目 | 内容 |
|---|---|---|
| 1 | 工程名称 | 某公路项目 |
| 2 | 工程地址 | 某市境内 |
| 3 | 工程类型 | 公路 |
| 4 | 工程承包模式 | PPP |
| 5 | 业主单位 | 某公司 |
| 6 | 设计单位 | 某设计研究院有限公司 |
| 7 | 监理单位 | 某工程建设有限公司 |
| 8 | 合同总工期 | 1140 天（2019 年 11 月 1 日—2022 年 12 月 31 日） |
| 9 | 实际总工期 | 1140 天（2019 年 11 月 1 日—2022 年 12 月 31 日） |
| 10 | 其他内容 | |

### （二）建设合同履约情况

建设合同履约情况如下表所示。

建设合同履约情况表　　金额单位（人民币）：亿元

| 序号 | 项目 | 内容 | 备注 |
|---|---|---|---|
| 1 | 原合同签约金额 | *亿元 | |
| 2 | 已批复变更索赔 | *亿元 | |
| 3 | 开累完成产值 | *亿元 | |

续表

| 序号 | 项目 | 内容 | 备注 |
| --- | --- | --- | --- |
| 4 | 开累批复计量金额 | *亿元 | |
| 5 | 开累计量产值比 | 100% | |
| 6 | 开累业主支付金额 | *亿元 | |
| 7 | 开累支付计量比 | *% | （6/4） |
| 8 | 质保金金额 | *亿元 | 3% |
| 9 | 其他保证金金额 | | |
| 10 | 其中合同履约奖励 | | |
| 11 | 其中合同履约罚款 | | |
| 12 | 其他内容 | | |

注："*" 表示隐藏信息。

### （三）工程形象进度

截至 2024 年 3 季度，主体工程全部完成，最后收尾阶段主要包括克缺整治、竣工资料移交、竣工结算等主要工作。

## 二、项目效益情况

### （一）标后预算情况

本项目下达标后预算后，预计完工总收入*万元，预计完工总支出*万元，预计项目盈利金额*万元，利润率为*%。

### （二）预收预本情况

（1）截至 2024 年 3 季度末，经测算，预计完工总收入*万元，预计完工总支出*万元，预计项目盈利金额*万元，利润率为*%，较标后预算增盈利金额*万元，较标后预算利润率高*%。

（2）截至 2024 年 3 季度末，项目开累总收入*万元，开累总支出*万元，项目盈利金额*万元，利润率为*%，较标后预算收入增盈利金额*万元，较标后预算收入利润率高*%。

### （三）项目现金流情况是否存在问题，如有问题则分析原因并提出解决措施

问题：本项目中，因某公司与某院存在价差争议，某公司暂停计量，致使某院无法对项目进行计量，导致项目收款途径中断。

解决措施：正在加速解决局内部争议，积极借此契机推动解决项目收款中断问题。

## 三、主合同风险条款及应对措施

（1）合同约定钢筋、水泥、防水板等主材价格波动所引起的工程成本增加由甲方承担，在合同执行期间，若材料价格波动导致成本增加，甲方按照约定方式给予补偿，但单价不予调整。

风险点分析如下所示。

一是执行期间不调差的条款对项目造成较大资金压力。

二是调差原则不明确。

应对措施如下所示。

一是关注材料价格走势，尽量在材料单价低点采购、屯料、锁价。

二是设想多种调差原则，建立调差对比结果，主动出击，积极争取对项目有利的调差原则。

三是积极争取过程调差。

（2）补遗中明确运梁通道实施单位以清单工程量为准。

风险点如下所示。

本标段清单中无此项费用，使用现有道路会导致其他标段路基损坏。

执行情况：施工过程中新建便道、维护期间发生较大成本，积极向业主索赔，虽然最终未获得批复，增加了项目成本，但降低了全线其他标段成本。

## 四、主要盈、亏项执行情况分析（与清单对比）

### （一）盈利点执行情况

（1）充分利用隧道洞渣。项目于隧道进出口分别建立两座碎石加工场，将隧道产出的洞渣加工成碎石机制砂，用于混凝土原材料及路基回填，此举不仅可降低材料外购成本，还能减少弃砟场的建设防护费用及租金，同时可保证材料供应及时可控，不受外部条件影响。

（2）梁场建设。项目部将梁场设在路基上减少租地费并优化架梁路线，梁场数量由三座减为两座，建设费减少*万元。

（3）减量变更。利用业主减量变更奖励50%原则，项目部结合现场实际情况，与业主及设计方代表积极沟通进行现场工艺优化，节约成本约*万元。

### （二）亏损点执行情况

（1）弃土场防护工程。投标时以初设图为准按照包干费用清单报价，初设图纸路基土方基本平衡，填挖基本平衡（弃方*万$m^3$），挡护工程较少，实际施工图弃方工程量剧增（弃方*万$m^3$）。因填挖不平衡，增加弃土场挡护工程量，导致原弃土场挡护包干费用远远不足。目前已完成变更手续的签认，增加收入约*万元。

（2）洞内装饰工程。投标时隧道3.1 m以下洞内装饰工程为镶贴瓷砖工艺，因存在安全隐患，部分省市已明文禁止，因此我标段进行了不平衡报价调整，投标报价为*元/$m^2$，与横向标段投标报价*元/$m^2$相比，此项报价调减费用合计约*万元。施工过程中我部积极推动设计变更，调整为纳米硅负离子施工工艺，实现扭亏为盈。

## 五、成本效益偏差分析与纠偏措施（与标后预算对比差异较大的重点项）

### （一）分包成本偏差分析

1. 合同价格情况

挖石爆破炸材单价。项目投标时前期测算成本价格为*元/t（不含雷管），局投标限价测算成本价格为*元/t（不含雷管），均未考虑洞口管理费、爆破服务安评费及监理费等费用，导致测算时单价偏低，实际使用过程中，随着国家安全管控日益严格，上述费用均需发生，同时因项目所在地区域性质、疫情导致的人工、运输及原材料成本均有不同幅度上涨，导致炸药整体价格上浮，目前上报的合同综合测算单价为*元/t（不含雷管、含管理费等），炸药较前期投标测算时上涨有以下几点原因。

①本合同为火工品爆破服务合同，乙方单位不仅提供炸药，还同时提供现场安全管理、巡回检查及爆破活动指挥、公安机关开证、数据上报、手续审批等服务，对于现场爆破作业的安全性提供较多保障，有助于减轻隧道施工中较高的安全风险压力，因乙方需投入一定的人力物力，管理费相对较高。

②因项目标段内只有一条隧道，导致炸药用量较少，预计为*t，但因地质原因，施工周期较长，故其他管理费用分摊至炸药每 t 单价中时出现较大幅度上升。

针对上述问题，项目部多方询价，与公司（浦清 3、5 标段）已合作的单位合作，采用相同单价，从而有效降低管理费、协调费等费用分摊。

2. 分包结算情况

为加强项目部成本管理控制工作，堵塞管理漏洞，减少项目亏损，最大限度提高企业经济效益，降低合同风险；项目部秉持“完工后立即结算，退场一家结算一家”的原则，对参与项目部主体及其他工程施工的分包单位开展末次结算工作。截至目前，已完成所有已完工退场的*家分包单位的末次结算工作，并通过了项目部、公司、局三级审批。对分包单位进行末次结算工作，对质量缺陷整改、领用材料、项目代购油料及电费、材料超耗等项目，累计扣款*万元。

项目部在项目初期已高质量完成 0#清单的编制，同时在施工过程中及时更新对内对外结算对比表，以对上计量数量作为对下结算数量控制红线，所有分包完成工程量均要求按实际完成量结算，同时正量差不对外结算，确保施工利润“颗粒归仓”。不存在分包结算同一细目结算工程量超业主合同清单数量的问题。

## （二）材料费成本偏差分析

（1）钢筋节超总表如下表所示。

钢筋节超情况表

| 序号 | 材料名称 | 单位 | 本月 | | | | 累计 | | | |
|---|---|---|---|---|---|---|---|---|---|---|
| | | | 实际消耗 | 理论消耗 | 量差 | 节超率 | 实际消耗 | 理论消耗 | 量差 | 节超率 |
| 1 | 钢筋 | t | * | * | +* | +*% | * | * | +* | +*% |

注："*" 表示隐藏信息。

说明：本项目钢筋材料主要包括螺纹钢、盘圆、盘螺。截至本季度钢筋开累进场数量*t，库存（含半成品）*t，实际消耗量为*t，理论消耗量为*t，量差为*t，节约*%，钢筋消耗总体处于节省状态，现场钢筋使用总体可控。

（2）混凝土及混凝土材料消耗情况如下表所示。

分项混凝土设计用量与实际用量

| 使用部位 | 单位 | 设计混凝土量 | 应耗量 | 实际消耗量 | 节（+）超（-）数量 | 节超系数 | 备注 |
|---|---|---|---|---|---|---|---|
| 桥梁桩基 | $m^3$ | 22044 | 25344 | * | * | * | |
| 桥梁下构 | $m^3$ | 28108 | 28656 | * | * | * | |
| A 匝道 | $m^3$ | * | * | * | * | * | |
| 涵洞工程 | $m^3$ | * | * | * | * | * | |
| 路基工程 | $m^3$ | * | * | * | * | * | |
| 桥面系 | $m^3$ | * | * | * | * | * | |
| 预制箱梁 | $m^3$ | * | * | * | * | * | |
| 隧道工程 | $m^3$ | * | * | * | * | * | |
| 临建汇总 | $m^3$ | * | * | * | * | * | |
| 合计 | $m^3$ | * | * | * | * | * | |

注："*" 表示隐藏信息。

混凝土原材料节超情况表

| 材料名称 | 进场量/$m^3$ | 库存量/$m^3$ | 消耗量/$m^3$ | 设计量/$m^3$ | 节超率/$m^3$ | 备注 |
|---|---|---|---|---|---|---|
| 水泥 | 215268 | 2338 | * | * | * | |
| 黄砂 | 727780 | 11382 | * | * | * | |
| 碎石 | 756570 | 14000 | * | * | * | |
| 粉煤灰 | 19956 | 500 | * | * | * | |
| 减水剂 | 3483 | 97 | * | * | * | |

注："*" 表示隐藏信息。

说明：累计水泥进场*t，粉煤灰*t，减水剂*t。混凝土材料消耗总体可控。

（3）混凝土以外的地材、其他主要材料分析。

说明：累计黄砂进场*t，碎石*t。压浆料进场*t，柴油进场*t，锚具进场*套，铸铁泄水管*套，防落梁减震模块各类型号进场*个，均用于正常施工，且在结算时已扣除相应费用。

（4）周转材料管理。

本项目周转材料按使用时间分月摊销，目前周转材料包括各种模板共*万元，已摊销*万元，未摊销*万元，残值*万元。具体情况如下表所示。

**周转材料管理表**

| 序号 | 类别 | 规格型号 | 签订合同单价/元 | 合同金额/元 | 收发存数量 | 收发存金额/元 | 已摊销 |
|---|---|---|---|---|---|---|---|
| 1 | 圆柱模板 | $\phi$1.4 | 6185 | 178009 | 28 | * | * |
| 2 | 圆柱模板 | $\phi$1.6 | 6185 | 170129 | 27 | * | * |
| 3 | 圆柱模板 | $\phi$1.6 | * | * | * | * | * |
| 4 | 圆柱模板 | $\phi$1.8 | * | * | * | * | * |
| 5 | 系梁模板 | 1.6 m | * | * | * | * | * |
| 6 | 系梁模板 | 1.8 m | * | * | * | * | * |
| 7 | 系梁模板 | 2.0 m | * | * | * | * | * |
| 8 | 盖梁模板 | 1.6 m | * | * | * | * | * |
| 9 | 盖梁模板 | 1.8 m | * | * | * | * | * |
| 10 | 盖梁模板 | 1.8 m 抱箍 | * | * | * | * | * |
| 11 | 盖梁模板 | 桥台台帽 | * | * | * | * | * |
| 12 | 箱梁模板 | 30 m | * | * | * | * | * |
| 13 | 防撞墙模板 | 防撞墙 | * | * | * | * | * |
| 14 | 箱梁模板 | 30 m | * | * | * | * | * |
| 15 | 箱梁模板 | 30 m | * | * | * | * | * |
| 16 | 帽梁模板 | 平模 | * | * | * | * | * |
| 17 | 箱梁模板 | 30 m | * | * | * | * | * |
| 18 | 箱梁模板 | 30 m | * | * |  | * | * |
| 合计 |  |  |  |  |  | * | * |

注：“*”表示隐藏信息。

目前本项目仍在使用的周转材料有 30 m 的箱梁模板两个，按照扣除 30%的净残值之后按月平均分摊的原则对其进行按月摊销，剩余摊销月份为两个月，截至月初累计已摊销*元，季度摊销额为*元，剩余未摊销额为*元。

（5）材料调差（若不涉及请文字说明）。

一是在 2019 年底，钢筋低点单价为*元/t，采购屯料*/t，满足现场使用*个月，使用过程中钢筋价格上涨到*元/t，涨幅*元/t，节约成本*万元。

二是业主确定了以计量工程量、信息价为计算依据的调差原则。2021 年底因当地水泥限产，水泥单价从*元/t 暴涨到最高价*元/t，涨价后项目部进行集中计量，此时间段内计量金额合计*亿元，材料调差收入大幅增加。

三是业主规定以对外计量为准，项目部暂停内部计量，调差以对外计量为准，避免了材料调差金额的减少。

四是积极向上级反馈，成本部下达文件要求业主尽快对各标段调差，突破了合同约定施工过程中单价不予调整的条款限制，现场资金压力也随之得到缓解。

### （三）船机设备费成本偏差分析

项目部在成本策划时，充分总结以往项目的经验教训，通过对比不同分包模式，采用最经济的分包方案。在以往项目桥梁结构施工模式中，一般是项目部租赁吊车、板车等机械供分包方使用，同时发现此种模式下机械使用效率极低，分包方投入少量工人，主要依靠机械施工，导致机械占用时间过长，施工效率低下且进度缓慢，同时项目部需投入大量人力进行机械加油等工作，柴油消耗量无法监管，造成大量浪费。基于此，本项目采取由分包方自带机械，费用包含在分包单价中的模式。此种模式有效提高了分包方对于机械的管理效率，填补了燃油的监管空缺，由于少了机械租赁方的参与，机械租赁成本和项目部管理成本大幅节约。

### （四）临时设施成本偏差分析

土建 11 标为桥梁预制标，施工跨距大，工期紧，任务重。该项目与其他标段的协调工作多，容易出现窝工、怠工与赶工现象，增加施工成本。制架梁工期贯穿整个雨季，受地形限制，架梁通道只能选择路基顶面，其使用和维护成本较高。

我标段现场施工进场困难，需修筑较多的临时便道、便桥，并利用村民现有道路，同时需要进行临时征地，而 11 标清单中均未列支此部分费用，实际施工中，预制梁的运输架设均需较多纵向便道，且广西地区雨季时间较长，为保证施工进度，对便道的修筑标准要求较高，部分路面需进行硬化，因此此项目为亏损项。

### （五）现场管理费成本偏差分析

截至季度末，本项目自有人员薪酬合计*万元，占产值的*%，随着后续产值减少，项目存在管理费超标的风险。各岗位人员根据岗位以及产值限定奖金、补贴等。项目部在20×× 年7月—20×× 年12月期间，职工人数达到高峰，此时项目处于大干期，技术人员较多，平均月工资总额约*万。

目前项目存在以下问题。

①管理人员普遍年轻，管理经验不足，项目管控能力和专业技术能力较为薄弱，故员工数量需求较多。

②管理骨干较少，关键岗位人员经常发生变动，不利于工作开展。

解决措施有以下几点。

①在公司层面，加强项目管理人员培训，加大取证奖励及考核力度；在项目部内部，落实好导师带徒计划和员工学习计划，做到因地制宜、有的放矢，通过多种形式开展学习培训，营造良好学习氛围。

②保证关键岗位管理人员的稳定性，优化各部门工作流程，增强部门间的沟通协作，形成部门联动机制，提高内部管理水平。

## 六、变更索赔批复情况

1. 变更设计

第一，项目商务团队于20×× 年底进驻业主单位，采用集中办公的形式，推进完成首次变更计量，后期通过有序推进，目前所有变更全部形成签认手续，累计发生变更*项，增加收入*万元。

第二，勘误等问题*项，以其他方式获得*补偿。

第三，向业主提出利息索赔，以此向业主施压，要求尽快解决我部收款途径中断问题，已获得*方式获得*金额补偿。

2. 保险理赔

第一，累计上报各类保险理赔案件*起，已全部结案，累计获得保险公司赔款*万元。

第二，积极挖掘其他补偿途径。其中：因施工原因导致附近村民房屋地基下沉，进而产生裂缝、倾斜案件，村民要求项目及时赔偿，并多次阻工，项目部及时处置安抚，未因此产生窝工成本，在获得保险公司赔付后，项目部挖掘其他补偿途径，最终由*负责补偿。某塌方案件：在获得保险理赔的同时，获得**变更计量*万元。

正在与保险对接，准备后续付款资料。

## 七、技术方案、质量、安全、环保对成本的影响

### （一）技术方案管理

以技术为核心，为效益护航。注重施工方案的技术经济比选，首先，在临建布置及选址方面，项目部在策划阶段认真讨论、研究了项目驻地、混凝土拌和站、梁场及钢筋加工厂场地布置，在满足正常施工及业主标准化要求的条件下，尽量减少占地，减少硬化面积，优化设备基础尺寸及料仓尺寸。

采用路基智能压实系统，管理者可通过终端远程查看现场施工动态，亦可指导驾驶员完成碾压作业，避免因漏压、少压、超压引起的返工，减少资源、时间的浪费。

预制箱梁采用整体式液压模板，外模板实现了全液压操作，大大提高了生产效率，与普通模板施工相比，每榀箱梁施工可节省 3~4 个木工日工，有效提高了整体施工效率，降低了成本。

同时，整体式液压模板整体安装无拼缝，混凝土观感质量较好，模板变形小，使用生命周期长，工程之间可重复使用，同样降低了施工成本。

### （二）质量管理

（1）因前期分包施工质量问题导致地基下沉、边坡滑塌等问题，项目部为避免损失扩大，及时进行了现场修复，可能导致分包扣款扯皮。

（2）因暴雨导致路基骨架受损、边坡垮塌等问题，业主要求项目负责维修，目前，项目仅对损失较小的部分工程进行维修，大部分工程尚未处理。

# 八、其他需说明或解决的问题

## （一）上期问题落实情况

问题 1：月底房租到期，若继续保留，将增加小临租赁及管理费成本。

落实情况：管理人员已全部撤场，收尾工作由其他项目兼管；现场仅保留 1 间资料室，预计保留 3 个月，项目部尽快组织资料交接。下一步工作是项目经理协调原项目总工安排人员交接，商务经理督促并随时关注交接进展。

问题 2：进入汛期，可能导致雨损，增加克服缺陷成本。

落实情况：已对现场雨损、路面下沉等问题进行梳理，认真分析责任划分情况，属于分包责任的问题，已书面要求分包单位及时整改，否则由项目自行组织施工并扣除其质保金，后续及时关注现场情况，避免损失扩大。下一步工作，若由项目自行组织施工，由计合部牵头扣除分包单位的质保金。

## （二）本期问题

1. 现场克服缺陷整改问题

业主在现场检查过程中新发现隧道存在渗漏水、雨损等问题，下达整改通知，现场一边解决旧缺陷，一边又产生了新缺陷。

责任分工：工程部应及时划分责任，计合部根据责任划分以书面形式通知下游单位负责整改，非我方原因导致的缺陷问题由项目经理沟通业主，尽量转嫁成本。

2. 计量收款及法律风险问题

年底所有分包质保期满，面临分包催款高峰，亟须解决业主与二公院之间的投资价差问题，否则可能产生较多分包起诉催款的情况。

责任分工：计合部做好分包沟通工作，一旦发现风险迹象，及时汇报分管领导；商务经理督促并重点关注计量收款进展，发现问题及时汇报项目经理，必要时由项目经理向公司请示解决方案。

3. 永临结合回收问题

永临结合费用包含在其他标段清单中，施工过程中为了保证现场施工进度，由我项目负责施工，业主虽已口头同意调整此项费用，但尚未与项目签订正式文件。

责任分工：机务部负责原始资料，商务经理牵头与业主相关的职能部门以及公司内部相关部门对接，项目经理负责和业主领导班子对接。